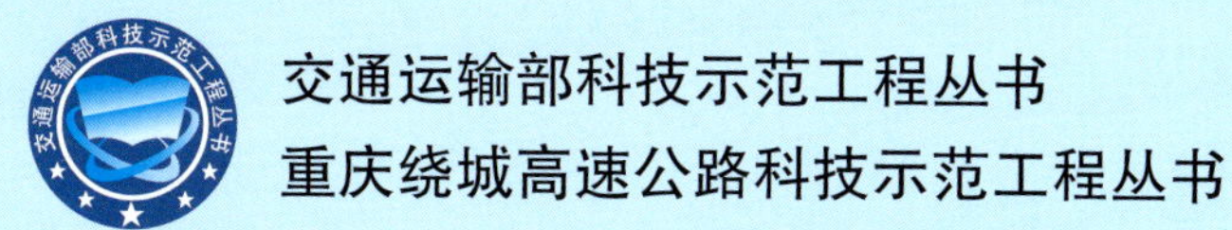

统筹城乡的绕城高速公路规划与管理技术

李祖伟　钟明全　刘　浪　邓卫东　编著

内 容 提 要

本书是《重庆绕城公路科技示范工程丛书》之一，以重庆绕城高速公路建设为背景，主要阐述了绕城高速公路在路线规划布局、服务设施的规划布局与运营管理等方面采用的理论方法与相关的探索实践。全书共八章。第一章主要阐述了重庆绕城高速公路的基本情况。第二章至第三章主要阐述了路线规划的原则、方法与相关指标的合理采用。第四章至第八章主要阐述了绕城高速公路“城乡统筹”的服务理念，以及基于此理念的便民客运系统、基础设施共享、换乘枢纽等的规划与管理方法及相关措施。

本书可供交通行业的科研人员、管理人员、工程技术人员等学习和参考。

图书在版编目（CIP）数据

统筹城乡的绕城高速公路规划与管理技术 / 李祖伟等编著. —北京：人民交通出版社，2013. 7
（重庆绕城高速公路科技示范工程丛书）
ISBN 978-7-114-10495-4

Ⅰ. ①统… Ⅱ. ①李… Ⅲ. ①高速公路—公路规划—研究②高速公路—公路管理—研究 Ⅳ. ① U412. 36

中国版本图书馆 CIP 数据核字（2013）第 059376 号

交通运输部科技示范工程丛书
重庆绕城高速公路科技示范工程丛书

书　　名：统筹城乡的绕城高速公路规划与管理技术
著 作 者：李祖伟　钟明全　刘　浪　邓卫东
责任编辑：韩亚楠　赵瑞琴　张一梅
出版发行：人民交通出版社
地　　址：（100011）北京市朝阳区安定门外外馆斜街 3 号
网　　址：http://www.ccpress.com.cn
销售电话：（010）59757973
总 经 销：人民交通出版社发行部
经　　销：各地新华书店
印　　刷：北京盛通印刷股份有限公司
开　　本：880 × 1230　1/16
印　　张：12.5
字　　数：350 千
版　　次：2013 年 7 月　第 1 版
印　　次：2013 年 7 月　第 1 次印刷
书　　号：ISBN 978-7-114-10495-4
定　　价：84.00 元

《重庆绕城高速公路科技示范工程丛书》编委会

参　编　单　位

重庆市交通委员会

重庆高速公路集团有限公司

招商局重庆交通科研设计院有限公司

重庆交通大学

四川省交通运输厅公路规划勘察设计研究院

西南交通大学

中铁大桥局集团武汉桥梁科学研究院

江苏省交通科学研究院有限公司

交通运输部公路科学研究院

前言

preface

重庆市是我国中西部地区唯一的直辖市，是全国统筹城乡综合配套改革试验区，在促进区域协调发展和推进改革开放大局中具有重要地位。

重庆市绕城高速公路地处重庆主城区外围，是未来主城区拓展的边界，与内环高速公路及8条放射性高速公路一起，构成了主城的基本高速公路交通骨架，是我国目前山区组团城市绕城高速公路设计标准最高的快速通道，具有统筹城乡，服务城市内外转换和城市对外交通的特殊功能，在城乡统筹配套综合改革试验中居于重要地位。其规划与管理受到诸多因素影响，需要体现出可预见性、规划性、系统性和服务性。

在重庆绕城高速公路的建设中，针对绕城高速公路特点与需求，在路线规划布局、服务设施的规划布局与管理等方面，进行了诸多有益的探索与实践。本书结合有关理论与方法，就其服务理念、便民客运系统规划、基础设施的共享规划与管理、换乘枢纽的规划、路线规划进行阐述，以期可为类似工程的建设提供参考和指导。

重庆绕城高速公路是2007年度交通运输部和重庆市科委科技示范工程。在项目的实施和本书的撰写过程中，得到了交通运输部科技司、西部交通建设科技项目管理中心、重庆市科委的倾心关怀和支持，得到了项目承担单位的大力帮助和指导，项目其他参加人员为此付出了辛勤的劳动，在此，一并表示深切的谢意。

由于笔者理论水平和实践经验有限，书中难免存在欠缺、不妥甚至错误之处，望各位读者批评指正。

作　者

2013年5月

目录

contents

目录

contents

第一章 绪 论

第一节 重庆绕城高速公路及其建设的意义

一、重庆绕城高速公路概况

重庆市位于北纬 28° 10′ ~ 32° 13′，东经 105° 11′ ~110° 11′，地处中国西南、长江上游、四川盆地东部，东邻湖北、湖南，南连贵州，西靠四川，北边与陕西省接壤，总面积 8.24 万 km^2，辖 40 个区县，2007 年末人口达 3 200 万人。

重庆绕城高速公路（图 1-1）起于渝长高速公路鱼嘴互通附近（K0+000），经天堡场、穿铁山坪山脉、经水土、跨嘉陵江、穿尖山子山脉，西行经施家梁、歇马，再南下经青木关、曾家、白市驿、西彭，在江津观音岩处越过长江后，转东行穿环山坪山脉，经马宗、一品、南彭，再转东向经忠兴、惠民、广阳坝，再次跨长江回至鱼嘴互通（K187+480），合龙形成环线。

图 1-1 重庆绕城高速公路线位示意图

重庆绕城高速公路是“7918”国家高速公路网西部开发省际通道的重要路段，路线全长 187.48km，

全线双向6车道，共设互通式立交29处，桥梁96座/24 968延米，隧道11座/16 434延米，涵洞452道，通道183个，是迄今为止重庆建设标准最高、车道数目最多的高速公路。其主要工程量见表1-1。

重庆绕城公路主要结构物数量表　　表1-1

名称		数量	合计
		分计	
互通式立交	枢纽互通式立交	8个	29个
	一般互通式立交	19个	
	预留	2个	
隧道	特长隧道	2座	11座
	长隧道	2座	
	中短隧道	7座	
桥梁	特大桥	5座	96座
	大桥	62座	
	中桥	27座	
	小桥	2座	
涵洞			452道
通道			183个

绕城高速公路，由东南西北四个段落闭合而成，路线两跨长江、一跨嘉陵江，与已建成的渝长、渝邻、渝合、成渝、渝黔、渝遂、渝湘、渝泸8条高速公路放射线相接，并对规划的沿江大通道、成渝复线预留了接口，是实现重庆"半小时主城区"、"一小时经济圈"和"八小时大重庆"战略目标的重要交通骨架。全线贯穿巴渝、南岸、江北、渝北、北碚、沙坪坝、九龙坡、江津七区一市，并串联重庆主城周边鱼嘴、两路、蔡家、北碚、鱼洞、西彭、西永、长生、白市驿、界石、一品等十一大经济组团，在城乡统筹配套综合改革试验中居于重要地位。

（1）西段

西段起于朱家坪，终于重庆市九龙坡区与江津市交界的滴水岩，与拟建的重庆绕城公路南段相接，路线全长51.060 1km。路线总体方向为北南走向，途经北碚、歇马、青木关、虎溪、曾家场、金凤镇、走马场、响水岩、滴水岩。

（2）南段

南段起于江津滴水岩，止于南彭花溪河，路线全长50.169km。路线总体走向为西东走向，途经滴水岩、西彭、江津（槽坊）、仁沱、马宗、一品、南彭。

（3）东段

东段起于与渝湘（重庆～湖南）高速公路相交叉的花溪互通枢纽，并与绕城公路南段相接，终于下果园。路线全长为36.777km，途经忠兴村、鱼溪河、惠民镇、规划迎龙湖水库、黄明公路、重庆华运农业基地、长江、西南重庆油气站、渝怀铁路等。

（4）北段

北段起于新龙湾，终于朱家坪，路线全长49.286km。路线总体方向由东向西，途经新龙湾、复盛、玉峰山、王家、仁睦、水土、施家梁、朱家坪。

二、重庆绕城高速公路建设的意义

重庆市是我国的历史文化名城和重要的工业城市，是长江中上游的经济中心、水陆交通枢纽和对外贸易港口，也是综合性、多功能的特大城市。1997 年 3 月，重庆市被全国人大批准为我国第四个直辖市。随着西部大开发战略的实施，重庆市将成为我国西部地区最重要的经济中心之一。

2007 年重庆市总体规划，以全面落实科学发展观为指引，在国家实施西部大开发和振兴老工业基地战略的背景下，为实现中央提出的“把重庆加快建设成西部地区的重要增长极，长江上游地区的经济中心，城乡统筹发展的直辖市，在西部地区率先实现建设全面小康社会”的总体战略，重庆“二环八射”高速公路路网和城市主骨架网开始实施，重庆绕城高速公路实施迫在眉睫。其建设具有以下意义。

（1）是重庆努力实现全面建设小康社会奋斗目标的迫切需要

作为西部区域经济中心之一的直辖市，未来重庆市社会经济发展的总体战略目标是：保持经济持续、快速、健康发展，建立社会主义市场经济，转变经济增长方式，逐步形成以高新技术产业为先导、工业优势产业为重点、第三产业发达、农业产业化程度较高的现代经济体系。

重庆主城区被重山所环绕，城市的发展空间严重受地形条件的限制。重庆的社会经济要获得快速发展，必须要打破自然条件和自身经济条件的束缚，寻求经济发展空间的延伸与拓展，寻找新的经济增长点。为此，《重庆市城市发展总体规划》提出了加快建设主城外围的北碚、鱼洞、两路、西彭、鱼嘴、西永、长生、蔡家、白市驿、界石和一品等十一个经济组团的设想，进一步拓展城市的发展空间，支撑 21 世纪经济发展和现代化建设，最终使重庆市成为层次分明、规模适度、功能合理的都市圈。经济组团的建设与发展，必须要依托于经济组团与主城区之间以及经济组团之间的紧密沟通与联系，必须以交通基础设施建设为先导。建设重庆绕城高速公路，对促进重庆外围经济组团的开发与建设，增强重庆主城区对周边地区的经济辐射，加强重庆外围经济组团之间的沟通与联系，加强快速过境交通，进而使重庆逐步发展成为国际性的大都市具有十分重要的意义。

（2）是完善西部开发省际公路通道和组织好重庆过境交通的重大举措

在国家“五纵七横”国道主干线系统中，有“一纵一横”经过重庆市。“一横”是上海至成都国道主干线及其支线（在重庆的骨架公路网规划中称为“成渝高速公路”、“渝长高速公路”及“垫江至南充公路”），“一纵”是重庆至湛江国道主干线（在重庆的骨架公路网规划中称为“渝黔高速公路”），两条国道主干线交会于重庆市。除了上述两条国道主干线外，还有西部开发省际公路通道中的阿荣旗至南宁公路通道（在重庆的骨架公路网规划中称为“渝邻高速公路”）和重庆至长沙公路通道（在重庆的骨架公路网规划中称为“重庆至南川公路”）。另外，根据最新规划的国家重点干线公路布局方案，包头至友谊关、宁波至樟木等四条国家重点干线公路（在重庆的骨架公路网规划中分别称之为“重庆至合江公路”、“渝合高速公路”、“渝遂高速公路”）也交会于重庆。这些国道主干线、西部开发省际公路通道及国家重点干线公路构成的八条高速公路，均以重庆为中心呈放射状布局，使重庆的过境交通成为迫切需要解决的问题。

在国道主干线建设初期，重庆形成了半径仅有 11km 的内环高速公路，暂时缓解了城市过境交通压力。但由于内环高速公路过于靠近主城区，随着城市规模的扩大、经济的迅速增长，内环高速公路难以担当起作为八条高等级国家骨架公路连接线和城市过境线的重任，必须在更大的区域空间上构筑绕城公路，从根本上解决重庆市的过境交通问题。建设重庆绕城高速公路，对于发挥国道主干线、西部开发省际公路通道和国家重点干线公路的功能与作用，缓解重庆市的过境交通压力具有十分重要的意义。

（3）是完善重庆规划建设的公路主骨架的重要组成部分

根据《重庆市骨架公路网建设规划》，重庆市的骨架公路网由主骨架公路和一般骨架公路组成。主骨架公路应由国道主干线、西部开发省际公路通道和国家重点公路共同组成，一般骨架公路由国道和重要的省道组成。重庆是西部地区的区域经济中心，地形地貌上又是山城，特殊的经济地位和地理地貌决定了重庆路网不宜采用平原地区的“棋盘式”布局，应适应城市组团布局和山区地形采用环形加放射的路网结构。修建绕城高速公路是完善、优化这一路网体系的需要，八条放射状高速公路和两个半径适度、规模合理的环线高速公路，将构筑起支撑重庆市 21 世纪经济振兴和社会进步的现代化公路路网体系，有力推进城市建设和经济的发展。因此，重庆绕城公路的建设，对于完善重庆市的骨架公路网、提高重庆市公路网的整体运输效率、强化重庆市的过境交通能力起着十分重要的作用。

（4）是建设重庆都市圈、推动重庆社会经济向小康目标迈进的需要

与快速发展的经济和高速增长的交通需求相比，重庆交通基础设施仍然比较落后，交通供需矛盾仍十分突出，城市出入口交通拥挤、过境交通压力大。随着重庆社会经济的迅速发展，主要城镇之间以及城市内部的人员交往、物资交流不断增加，仅有内环高速公路，是远远不能满足日益增长的交通需求。经分析研究认为，到 2010 年，重庆市内环高速公路的交通量已达到 60000 辆 / 日以上（小客车），趋于饱和，部分路段将形成交通拥堵。若不及时修建新的绕城公路，重庆市内环高速公路将面临巨大的交通压力，致使过境交通不畅、行车受阻、运营成本提高、交通事故增多。根据重庆绕城高速公路建设规划和预可行性研究的结论，重庆绕城高速公路中的西段对经济开发作用最强，未来交通需求最大，2030 年将达到 71 700 辆 /d（小客车），迫切需要及早进行建设。

（5）对重庆旅游业、外向型经济的发展有积极的促进作用

重庆旅游资源丰富，主城区周边的游览景点繁多，每年吸引着大量的中外游客。但由于重庆市的交通运输在总体上还滞后于经济的快速发展，部分旅游资源未能得到有效的开发利用。重庆绕城高速公路及其配套工程的建成，可以大大节约主城区与各旅游景点以及旅游景点之间的到达时间，缩短各旅游景点之间的时空距离，大大提高旅游景点的吸引力和旅游的连续性，增加中外游客的旅游人数和地方财政收入，促进旅游事业的发展。

重庆绕城高速公路的建设，在相当程度上改善了重庆市的投资环境，加强了主城区与周边经济组团以及经济组团之间的经济联系，大大拓展了重庆市的经济发展空间，有利于国内外投资商和企业在重庆主城周边地区的投资，开发其丰富的自然资源，增加重庆工农业产品的输出，对重庆市外向型经济起到推动和促进作用。

第二节　本书阐述的主要内容与思路

重庆是典型的“大城市带大农村”，城市比较发达，农村又特别落后。全市总人口为 3 200 万人，其中城市人口为 1 200 万人，农村人口为 2 000 万人，城市化率 46.7%。这种突出的城乡二元结构，也是我国基本国情的缩影。再加上大库区，又处内陆腹地，因此，统筹城乡发展在重庆特别具有代表性，以“一圈两翼”为代表的发展规划进一步明确了今后重庆城乡统筹发展的方向。

重庆绕城高速公路是我国山区组团城市绕城公路设计标准最高的快速通道，具有统筹城乡交通、服务城市内部交通转换和城市对外交通的特殊功能，影响因素极其复杂。绕城高速公路建设与管理必须结合重庆“城乡统筹”和“一小时经济圈”建设，尽可能地在规划建设和运营管理中体现出可预见性、规划性、系统性和服务性，使绕城高速公路更好地服务于“城乡统筹”和“一小时经济圈”建设。

本书以绕城高速公路为载体，通过对可行性研究、初步设计与施工图设计的分析与评价，就组团

城市绕城高速公路规划和技术标准进行探讨；在分析服务于“城乡统筹”的绕城高速公路服务理念与模式基础上，就便民客运系统、基础设施共享、换乘枢纽布局等的规划与管理进行了阐述。主要内容如下。

（1）组团城市绕城高速公路规划与技术标准

通过重庆绕城高速公路规划与设计的分析评价，阐述分析组团城市绕城高速公路总体设计、线形设计与立交设计的原则与指标。

（2）服务于“城乡统筹”的绕城高速公路服务理念与模式

通过调查分析绕城高速公路影响区域的社会与经济特征，提出绕城高速公路服务重庆城乡统筹发展的服务理念与服务模式。

（3）服务于“城乡统筹”的绕城高速公路便民客运系统规划

从绕城高速公路的功能定位入手，提出绕城高速客运站的服务类型；通过居民出行调查，分析绕城高速公路沿线居民的出行特征，在此基础上，对客运站的选址方法进行研究，提出选址与管理建议。

（4）服务于“城乡统筹”的绕城高速公路基础设施共享技术

通过对绕城高速公路基础服务设施调查与共享分析，对绕城高速的物流配送中心系统进行规划，建立物流信息平台，提出基础服务设施的规划与管理建议。

（5）服务于“城乡统筹”综合运输系统的绕城高速公路换乘枢纽布局规划

确定绕城高速公路换乘枢纽的功能定位，在此基础上，对绕城高速公路换乘量进行需求调查与预测；研究绕城高速公路换乘枢纽的布局规划与规模，提出换乘枢纽的运营管理机制与换乘衔接组织管理建议。

（6）重庆绕城高速公路北碚至江津段通行能力扩充方案

对绕城高速公路交通分布特征与北碚至江津段道路条件、北碚至江津段通行能力与服务水平、基于行车轨迹的横断面组成要素进行分析，提出绕城高速公路北碚至江津段通行能力扩充方案，并对通行能力的扩充时机进行分析。

（7）分析评价重庆绕城高速公路对重庆社会经济发展的影响

从引导城市空间战略布局及功能调整、完善重庆主城高效快捷的综合运输体系、推动城市产业经济及社会发展等方面，分析评价重庆绕城高速公路对重庆社会经济发展的影响。

第二章　重庆绕城高速公路规划与设计的分析评价

第一节　对规划及可行性研究的分析评价

规划及工程可行性研究主要完成了项目与城市规划适应性、项目可行性及必要性、项目交通预测、项目走廊带及重大方案论证、项目环境与经济论证等问题的研究和分析评价。

一、公路发展与城市规划发展适应性分析

重庆改直辖市十年来，全市 GDP 由 1 000 多亿元跃升至 3 000 多亿元，人均 GDP 也从 750 美元增加到 1 500 美元，地方财政收入由不到 100 亿元增至 500 亿元，年均增长 25.4%。固定资产投资为 2 450.8 亿元。

十年来，重庆城市拓展迅速，主城建成区面积从 1997 年的 161.08km^2 扩大到 2005 年的 3 63.51km^2，年均增长约 25km^2，增长率达到 16%，已超过 1998 年总体规划确定的 2020 年用地规模。城市发展基本按总体规划确定的方向有序、高速推进，交通建设与城市发展的互动关系日趋明显，逐渐达到高潮。以 2002 年为分界线，交通引导城市发展可分为两个阶段：

（1）1997~2001 年，交通建设主要集中在对城区原有道路的拓宽、改造上。这期间，内环高速公路以内的部分组团逐渐连绵成片。

（2）2002~2006 年，城市交通建设迎来高峰，以高速公路建设为导向，城市道路建设极大地带动了沿线土地的开发，形成干道建设—干道周边地块开发—次干道建设—路网形成—区域地块开发的良性循环模式。在此阶段，轨道交通二号线的开通运营带来了交通与土地开发之间更加强劲的互动，交通对城市发展的带动和引导已由单一的道路交通向道路和轨道交通并重的模式转变。

在第一个发展阶段，高家花园大桥、黄花园大桥、鹅公岩大桥、大佛寺大桥、马桑溪大桥、渝澳大桥、马鞍石大桥等众多跨江桥梁的建成通车，使两江不再是束缚城市发展的主要屏障，市民工作、居住、上学有了更多的选择。这一时期，内环高速公路以内的南滨路、沙滨路、北滨路、陈庹路、石桥铺立交、五童路、杨家坪环道、长江二路、建新南路、南坪北路、红石路等交通设施的建设和改造，有力推动了两江四岸以及溉澜溪、大渡口、鱼洞、李家沱、上桥、二郎等地区的发展。由于此时的高速公路尚未形成网络，主城区难以突破“两山”，获得更大规模发展。

在第二个发展阶段，以内环高速公路全线通车为标志，渝邻、渝武、渝黔、遂渝（至大学城段）高速公路相继建成通车，高速公路将东部、南部、西部、北部、中部有效地串联起来，带动了新区发展，支撑了城市的北移、东进和西拓。“北移”分为三个方向，分别以渝武高速、金开大道、渝宜高速公路为轴推进；“东进”以内环高速公路真武山隧道、茶园立交为突破口，通江大道、南北干道为基础推进；“西拓”以遂渝高速公路及大学城区北干道为轴向推进；南向发展较为缓慢。

在高速公路网络基本建成的基础上，加快了金渝大道、海峡路、学府大道、余松路、火炬大道等城市快速路以及新溉路、新南路、五桂路、龙化大道、四公里立交、大坪立交、石坪桥立交、红旗河沟立交等关键工程的建设，同时轨道交通二号线也建成通车。这些交通设施的建设，强有力地推动了

北部新区、大学城、茶园、北碚城南、西彭、龙头寺、冉家坝、唐家沱、新山村、四公里、二塘、李家沱、井口等地区的发展。

在经济的发展过程中，城市和交通是不可分割的历史产物。以高速公路为主导的交通模式迅速改变着人们的时空观念，对城市的空间布局和区域发展也产生了巨大而深远的影响。规划与可行性研究中，在对交通与城市发展演化传统理论进行系统总结的基础上，结合我国国情，从理论上阐述了交通发展尤其是高速公路建设与城市空间演化的互动关系，分析了高速公路对不同尺度城市空间演化的作用及其影响机制，采取定性研究和定量分析相结合，综合比较与归纳论证相结合，就重庆高速公路发展与城市发展适应性，形成以下分析结论。

（1）高速公路与区域城市相互影响共同发展

高速公路的建设与区域经济发展水平、城市化水平显著相关，相关系数都在 0.90 以上。一方面，经济社会发展从农村时代到城市时代，交通主流由城市—乡村转变为城市—城市，激发了对高速交通的迫切需求，突破了高速公路建设运营的各种门槛瓶颈。另一方面，高速公路对经济社会发展以及城市空间演化产生强大的反作用力，高速公路形成的区位效应、产业发展和乘数效应、机动和可达效应以及城市区域的关联效应，带动了区域城市的快速发展。重庆十年来是城市化迅速发展的时期，同样是高速公路大规模建设的时期。以高速公路产业带和城市带形成的发展格局将影响到今后我国经济社会发展的各个层面。从重庆的发展实际看，尽管影响区域城市发展的内外因素很多，但高速公路无疑是近年来最为显著的影响因素之一。

（2）高速公路对区域城市规模和体系发展产生较大影响

高速公路影响了城市的经济区位和产业布局，从而影响了城市的空间规模，影响到区域城市体系。高速公路是区域经济和城市化水平达到一定阶段的产物，其规划建设和运营完善的主要动力来自区域经济社会发展的内在需求。同时，它又对区域城市化带来较大影响，在促进经济发展的同时，也促进了人口集聚和城市建设面积的扩大。一方面，高速公路为沿线城市的发展提供了动力支撑，不仅促进了新城市的产生，而且提高了中心城市的辐射力度和范围。另一方面，正是由于高速公路的快速联结和促进作用，导致相邻城市的空间联系日益方便和紧密，逐渐在城市领域出现“大城吃小城”的城市兼并现象，导致了某些城市的“消灭”，促成了一种不同于自身膨胀的全新的城市拓展模式——合并重组型空间拓展模式，由此导致中心城市的急剧扩张和区域城市体系的改变。但对于不同规模、不同区位的城市，高速公路的影响具有明显差异。

高速公路促进城市布局由单体发展向群体共进。区域内的城市最初是散点分布，独自发展。随着高速公路的建设、完善和联网，作为区域主导交通的功能迅速提升，使其成为城市之间的最大联系，促进了区域城市由小城市—中等城市—大城市的演化，转向都市圈—城市密集区—城市群—大都市区—都市连绵带的方向发展。通过区域城市体系的相互联系，形成了不同规模的城市群。

（3）高速公路极大地影响了城市的空间形态

不同的交通方式带来不同的城市形态，高速公路对现代城市空间形态再次带来了巨大影响。高速公路由于产业布局的走廊集聚效应，影响了城市发展的主导轴线和拓展速度，从而改变了城市的发展形态。从重庆近年来城市建设指数变化可以看出，随着全市高速公路网的形成，城市空间拓展加速，促进了城市人口和空间的有机疏散，城市建设指数下降，城市趋向分散化和组团式，向散状的都市区方向迈进。

（4）高速公路促进了城市用地结构和布局的转变

高速公路的建设和网络化发展使城市用地结构布局进入一个转型期。随着高速公路作用的增强、整个社会发展的机动性和可达性的提高，人们的城市理念和生活需求也在变化。再加上高速公路的通

达性引起的城市土地价值的转化，巨大的市场筛选效应形成了城市土地空间利用的规律性圈层变化，促进城市建成区用地结构和布局不断优化。从总体上看，不同用地类型的比例结构发生明显变化。居住用地比例开始提高，工业用地比例呈下降趋势，最为明显的是城市绿地比例的提高。从用地比例的变化上看，在城市化相对发达的重庆主城，城市功能开始从生产型城市向生活型城市过渡。根据高速公路对不同用地的影响差异，总体可以分为强导向型、弱导向型和弱影响型三种类型。

（5）高速公路对城市空间的优化影响日益显著

通过对重庆城市空间利用的多指标定量分析可以发现，尽管重庆近年来各方面发展很快，但由于市区面积的超常扩大，城市用地未能达到集约化高效率的要求，郊区用地呈现粗放式的无序蔓延，用地的优化指数却有所降低，城市用地呈现粗放型增长态势。在21世纪初期，必须充分发挥以高速公路为主导的交通走廊的强大作用，通过强化高速走廊的规划建设、优化高速公路与城市的衔接、促进区域内外的交通联系、合理开发交通走廊用地等，优化用地形态和结构，进一步提高城市空间发展的集约性，进而提升城市的综合竞争力。

（6）重庆绕城高速公路对重庆城市发展规模具有导向性

重庆城市发展规模与重庆绕城高速公路紧切相关。2001年12月27日，重庆内环高速公路建成，重庆主城周长扩展到75km，面积扩展到275km^2，沿内环催生出一大批科技园、工业园、开发区等新兴产业集群。

2009年重庆绕城高速公路建成，重庆主城向四面扩张，城市主城范围为1 062km^2，基本以187km绕城高速公路周边为界。由此可见，21世纪初规划的绕城高速公路不仅适应了重庆城市发展的需求，而且引导重庆主城向四面八方发展，引领重庆走向二环社会经济发展时代。

二、走廊分析

重庆绕城高速公路布局方案的拟订，要满足两个主要功能：一是强化城市外围组团之间、近郊区县之间的连接；二是解决国道主干线、西部开发省际公路通道、国家重点公路在重庆的过境问题，从而达到缓解市区交通压力的目的。

影响绕城高速公路布局方案的主要控制因素如下。

（1）重庆市外围组团的布局及发展因素

为了保持重庆市经济快速、持续、健康发展，1995年，重庆市对市区和近郊区县的行政区划进行了调整，规划了11个外围组团，在市区周边形成一个经济走廊带。因此，外围组团的布局及其开发规划是本项目走廊带位置确定的基本依据。

（2）重庆市城市总体规划

从重庆市城市总体规划中可以看出，未来重庆将形成以市区为主城区、外围分布“卫星”城的城市格局，外围“卫星”城即规划中的11个外围组团分别为鱼嘴、两路、蔡家、北碚、西永、白市驿、一品、鱼洞、界石和长生。重庆市绕城高速公路将环绕主城区外围并沟通上述外围组团。绕城高速公路方案，应结合城市组团的分布和布局，选择与外围组团相对位置最佳的路线方案。

（3）重庆高等级公路网规划

重庆绕城高速公路影响区内已经形成了紧邻主城区的“内环高速公路”，向四周辐射的高等级公路，如机场一级公路、成渝高速公路、渝长高速公路、渝黔高速公路、渝合高速公路、渝邻高速公路、渝遂高速公路、重庆—合江及界石—南川高等级公路等。重庆绕城高速公路布局方案的选择，应重点考虑与这些高等级骨架公路的交叉位置和连接方式，以完善重庆高等级公路网络。

（4）现有主城道路网规划

重庆绕城高速公路建设区内地方道路分布密集，路线方案的选择必须考虑与地方道路的衔接问题，

使得建设区内交通流能方便地上下重庆高等级公路网。

（5）绕城高速公路的建设规模及投资因素

绕城高速公路的规模大小，直接影响到其在高等级公路运输网中连接功能的实现。如离城市中心太近，路线长度过短，则绕城高速公路的建设无太大实用价值，也无法体现重庆高等级公路网的辐射功能；如离城市中心太远，路线长度过长，则势必增加营运里程，降低绕城高速公路对影响区域交通流的吸引。因此，绕城高速公路的规模大小对能否发挥其功能作用十分重要。

（6）跨越长江、嘉陵江桥位因素

重庆绕城高速公路跨嘉陵江一次、跨长江两次，跨江特大桥桥位的选择是绕城高速公路的控制因素之一。

（7）特长隧道轴线位置及地质条件因素

重庆绕城高速公路分别穿越铁山坪、缙云山、环山坪山脉，特长隧道作为另一个控制因素，轴线位置的选择直接影响两端接线方案的确定。

（8）复杂的地形、地质及社会条件因素

重庆主城被缙云山、中梁山、铁山坪、真武山等山脉环抱，决定了重庆绕城高速公路总体方案应布局在上述山脉外侧。从路线经过的局部地带地形看，均属丘陵地形，地势起伏大、沟壑众多，路线方案的选择应尽量与自然景观协调，充分利用地形展线以减少工程数量。因此，合理利用沿线地形对局部路线方案的选择至关重要。

（9）综合交通协调控制因素

除上述因素外，绕城高速公路布局尚有两处受到规划限制：

①受鱼嘴组团规划和渝怀铁路布置限制；

②受渝北区两路镇重庆国际机场限制。

由于机场即将扩建和渝北区高新科技园区的规划实施，绕城高速公路需要与这些规划区域协调统一。

综上所述，重庆绕城高速公路选择的走廊带应为：西侧受缙云山、中梁山控制，将路线置于其外侧；东侧受铁山坪、真武山控制，将路线置于其外侧；北侧主要考虑组团布局、机场等因素，线路应布设在王家—水土—北碚一线的走廊带上；南侧则主要考虑跨江桥位的选择及与组团的关系等，线路应布设在西彭—马宗——品一线的走廊带上。

三、交通量预测分析与评价

1. 思路与方法

采用"四阶段"法对重庆市绕城高速公路的交通量进行预测。其总体思路是在机动车起讫点（OD）调查的基础上，通过分析社会经济与交通运输发展两者之间的相关关系，把握未来交通量的增长趋势，研究区域未来的交通生成和交通分布情况与客货流量和流向特点，考虑了正常增长的趋势型交通量，并考虑了绕城高速公路建成后对区域形成的交通诱增，最后得出交通量的预测结果。交通量预测分析流程，如图 2–1 所示。

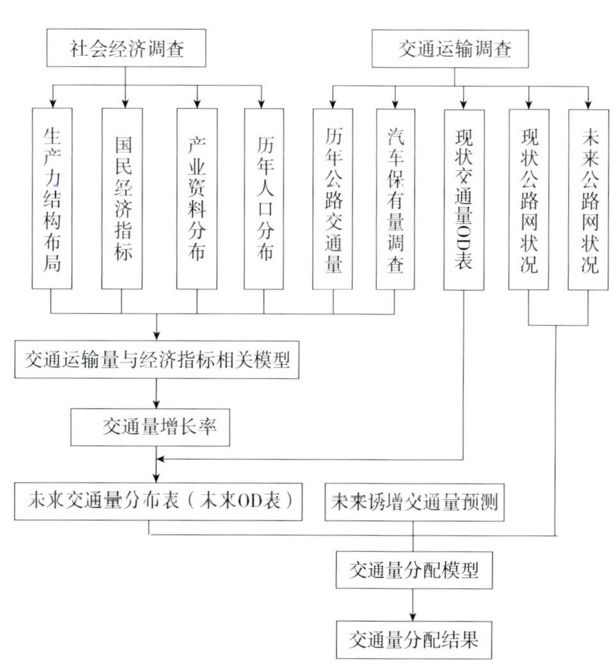

图 2–1　交通量分析预测过程

2. OD 调查的位置及影响区划

OD 调查点的位置见图 2-2。调查将车辆出行区域划分为 33 个影响区，见图 2-3、图 2-4。

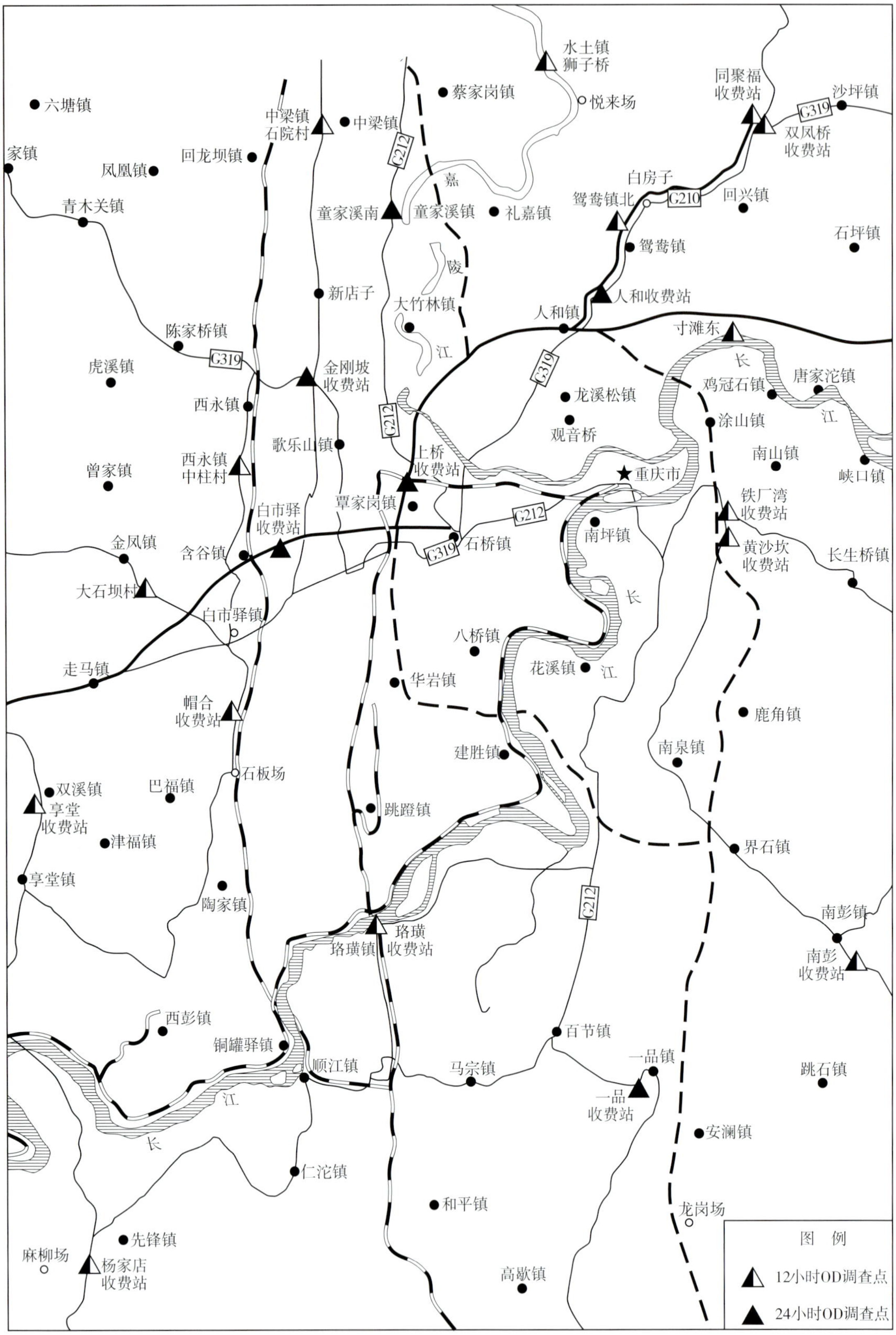

图 2-2　重庆绕城高速公路 OD 调查位置示意图

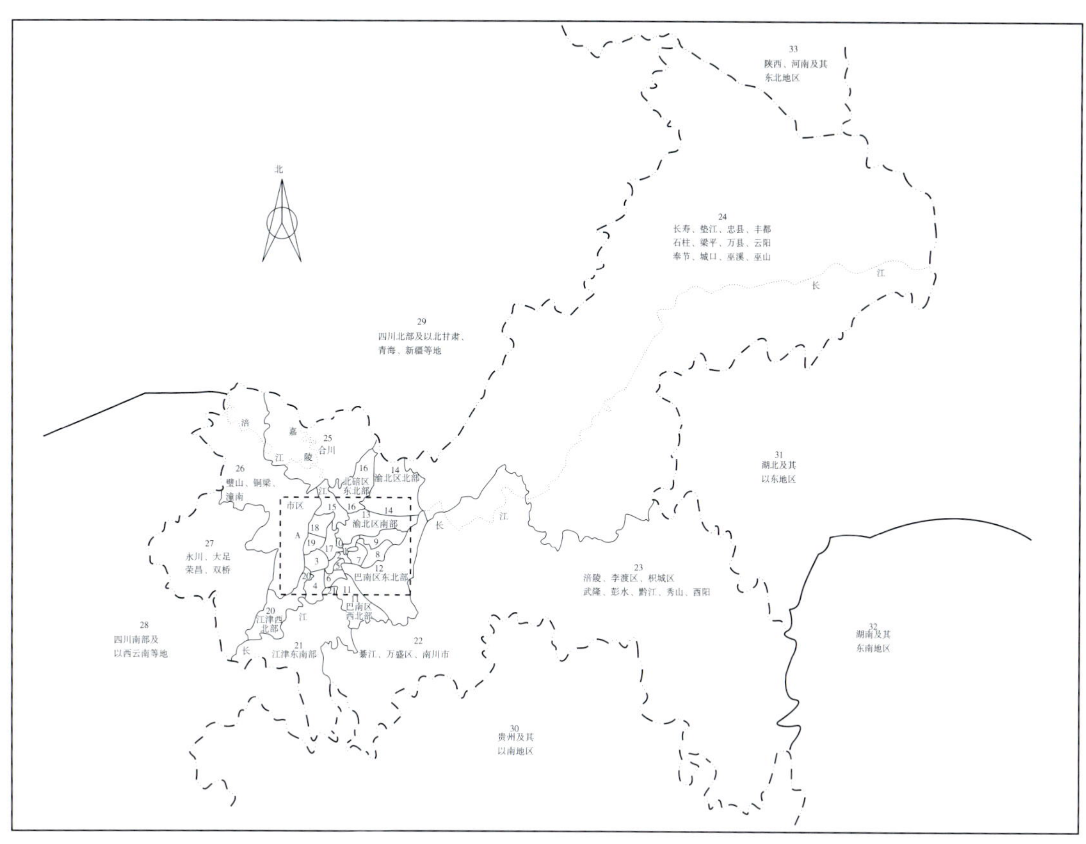

图 2-3　重庆绕城高速公路 OD 调查分区示意图

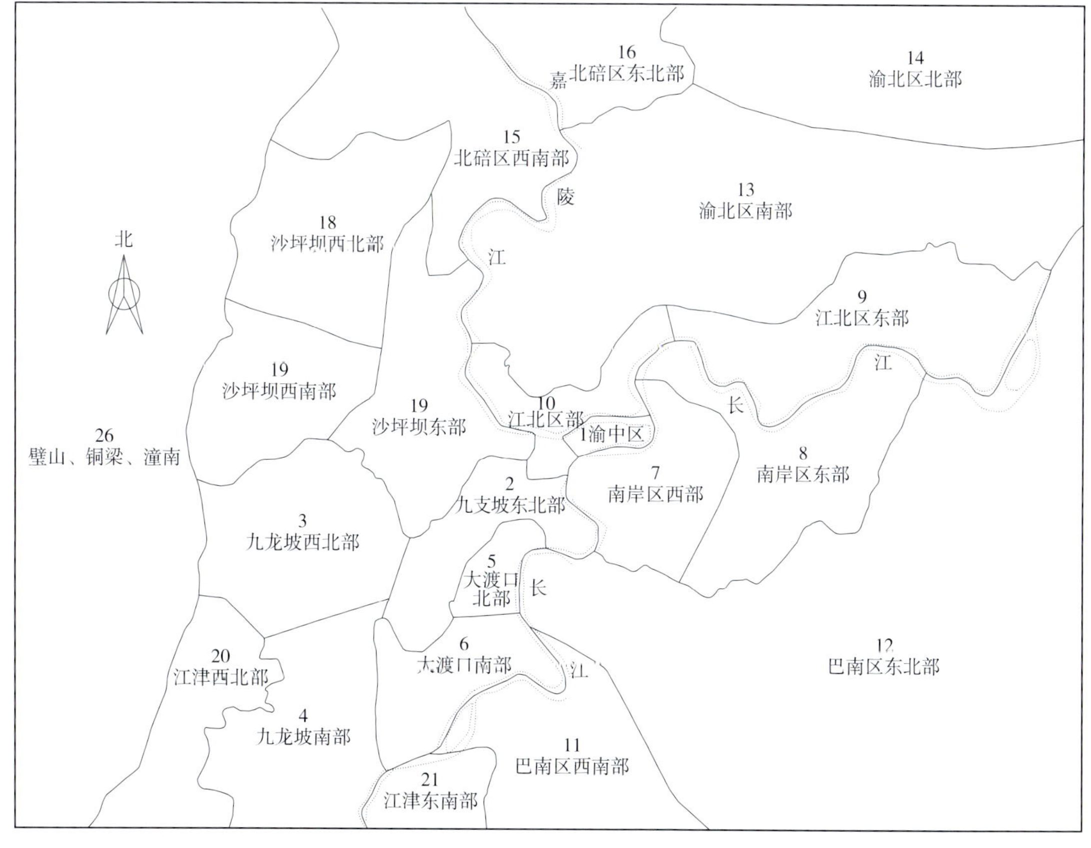

图 2-4　重庆外环高速公路 OD 调查分区示意图（市区）

OD 调查共设调查点 23 个。根据交通量预测的实际需要，为较好地把握重庆市主城区内交通出行对重庆市内环高速公路交通量以及外环高速公路的影响，并客观分析内环高速公路与外环高速公路之间交通量的相互影响，在进行上述 23 个 OD 点调查的同时，还搜集了重庆主城区内长江大桥、嘉陵江大桥、黄花园大桥、石门大桥和李家沱大桥等 5 座过江大桥的交通量观测资料，并经调整后与 OD 调查一起分析处理，以全面掌握重庆市主城区及周边地区主要公路上机动车的交通特性。

3. 交通量预测结果

考虑山区组团城市的基本特征，结合绕城高速地处城乡结合部的条件，以城市发展规划为依据，山区组团城市绕城高速公路交通量分析预测应特别注意以下问题。

（1）交通调查分区应以市域、都市圈、主城的不同范围分系流、分层次划分，并以“远粗近细”，从宏观到局部进行 OD 调查的组织和实施。

（2）绕城高速公路具有城市与乡村地域的双重特征，受城市交通出行的影响很大，日交通量具有不均衡的特征，早高峰、晚高峰与平均交通量差别很大。交通预测时应充分考虑这一特征，根据 OD 调查资料，结合组团城镇开发布局状况，合理确定日交通量不均匀系数。

（3）绕城高速公路还具有截流穿城过境交通的功能，在考虑地区经济发展和连接组团城镇发展需求的同时，还应充分考虑过境绕城交通发展的需求。这就要求将绕城高速公路置于地域干线路网中（含国家路网、省际路网、市域路网）进行宏观分析、综合论证，合理确定通过市区的过境交通量，使其叠加后，作为预测确定设计交通量的基本依据。

（4）山区组团城市大江大河对城市交通的阻隔和控制很大，是影响交通量分配的重要因素。大江大河上桥梁的布局和位置，对交通量的分配和吸引以及交通线路的选择起着重要的影响和控制。交通预测时，应在充分调查现有跨江河大桥的基础上，认真收集跨江大桥的发展规划，充分考虑这些桥梁对交通分配的影响和控制作用。

（5）诱增交通量预测，应结合绕城高速公路特点，充分考虑沿线土地开发利用情况、园区规划建设发展、综合交通规划等变化引起的诱增交通量，并以此为重点，对交通量预测予以调整修正。

根据调查结果，并考虑以上问题，预测的重庆绕城高速公路交通量，见表 2–1。

重庆绕城高速公路交通量预测表（单位：辆 /d） 表 2–1

路线	路段	特征年交通量		
		2012 年	2022 年	2032 年
北段	起点—鱼嘴立交	5 225	8 449	22 504
	鱼嘴立交—天堡立交	4 046	9 919	19 898
	天堡立交—王家立交	3 491	8 887	18 181
	王家立交—仁睦立交	6 587	20 852	54 224
	仁睦立交—水土立交	9 100	21 845	45 017
	水土立交—北碚立交	6 168	14 681	31 358
	本段平均	5 821	14 463	31 478
西段	北碚立交—歇马立交	4 695	12 540	28 146
	歇马立交—青木关立交	9 419	18 205	38 236
	青木关立交—曾家立交	26 071	41 953	54 501
	曾家立交—走马立交	29 522	49 007	70 217
	走马立交—滴水岩立交	9 830	24 110	41 809

续上表

路线	路段	特征年交通量		
		2012 年	2022 年	2032 年
西段	滴水岩立交—西彭立交	6 189	18 486	35 459
	本段平均	15 571	29 049	45 631
南段	西彭立交—仁沱立交	10 844	29 702	50 984
	仁沱立交—马宗立交	10 832	29 792	47 345
	马宗立交——品立交	8 779	22 519	32 779
	本段平均	10 009	26 851	42 439
东段	一品立交—南彭立交	3 225	12 434	28 785
	南彭立交—忠兴立交	5 231	15 010	32 262
	忠兴立交—惠民立交	3 783	13 011	32 142
	惠民立交—广阳立交	4 414	14 403	35 052
	广阳立交—终点	5 225	8 449	22 504
	本段平均	4 318	13 292	31 524
全线平均		9 192	20 774	37 537

四、标准预测分析与评价

根据现行公路工程技术标准，结合远景交通流量及沿线地形条件，重庆绕城高速公路按高速公路标准进行建设，采用双向六车道，路基宽度 34.5m 和 33.5m，设计车速 120km/h、100km/h，桥涵与路基同宽。主要技术指标见表 2–2，相应的建设规模见表 2–3。

主要技术指标表 表 2–2

项目	单位	技术指标采用情况	
公路等级		高速公路	
设计速度	km/h	120	100
停车视距	m	210	160
路基宽度	m	34.5	33.5
行车道宽度	m	3.75	
硬路肩	m	3.25	3.0
土路肩	m	0.75	
中央分隔带宽度	m	4.5	3.0
平曲线一般最小半径	m	1 000	700
最大纵坡	%	4.0	3.0
最短坡长	m	350	
凸形竖曲线一般最小半径	m	10 000	
凹形竖曲线一般最小半径	m	6 154	
车辆荷载		公路－Ⅰ级	
桥涵净宽	m	2 × 15.5	2 × 15.25
设计洪水频率		特大桥：1/300，大中桥、涵洞、路基 1/100	
隧道净宽	m	2 × 14.50	

重庆绕城高速公路工程规模表　　表 2-3

项目		单位	北段	西段	南段	东段	合计
路线长度		km	49.286	51.06	50.169	36.777	187.292
占用土地		亩	4 977.651	6 858.257	5 461.677	4 037.798	21 335.383
拆迁建筑物		m^2	96 590	159 821	82120	114 640	453 171
路基土石方		万 m^3	542.555	877.584	855.811	917.83	3 193.78
桥梁	特大桥	m/ 座	3 541.6/3	0	1 175/1	1 438/1	6 154.6/5
	大桥	m/ 座	6 769.141/30	1 456.12/4	11 696.85/31	1 497.59/7	21 419.7/72
	中小桥	m/ 座	340.654/10	925.04/18	606.475/7	272.43/4	2 144.6/39
隧道	特长隧道	m/ 座	7 971.52/2	—	—	—	7 971.52/2
	长隧道	m/ 座	—	—	3 934/2	—	3 934/2
	中隧道	m/ 座	2 868.7/3	—	—	562.5/1	3 431.2/4
	短隧道	m/ 座	868.47/2	—	296/1	—	1 164.47/3
涵洞		道	116	178	126	43	463
分离式立交		处	7	39	15	10	71
互通式立交		处	7	7	6	4	24
人行天桥		座	26	5	8	30	69
通道		道	55	109	66	51	281

经实践证明，规划及工程可行性研究所确定的两种分路段的等级和标准是合理的，并充分结合了重庆绕城南北向地形较好、东西向地形困难的客观条件。特别是西段，由于大学城及西永保税港区发展的需求量大，采用设计速度 120km/h、近期六车道、远期预留八车道的等级是切合城市发展实际的。总体规模适度，既适应了山区地形、地质条件的影响，又满足了绕城周边主城发展的需求，较好地解决了山区组团城市与环线规模的矛盾。

五、走廊带及重要工程方案论证分析与评价

1. 走廊带论证分析

1）北段走廊带论证

对于北段，主要考虑两路、蔡家、北碚组团的布局，国际机场扩建和渝北区高新科技园区规划等因素，线路应布设在上述区域外侧附近，即王家—水土—北碚一线的走廊带上。该线位外侧区域地形复杂，无大型城镇、厂矿企业分布，将线位外移势必造成绕城公路建设规模过大、工程投资过高、远离城镇等不利因素。因此，绕城高速公路北段的走廊带方案为：鱼嘴—天堡—王家—仁睦—水土—北碚。

北碚区段，建设规划提出了连接北碚组团和蔡家组团的两个路线方案。通过收集已有渝合高速公路尖山子隧道地质资料和对附近区域地质调查，认为绕城公路隧道位于渝合高速公路尖山子隧道右侧（北碚方案）的地质、水文状况明显好于位于左侧（蔡家方案）。左侧区域位置为煤矿采空区，主要病害表现为隧道开挖易造成岩溶突水和坍塌，可能切断山顶农村、山脚厂矿的生产和生活用水，而在右侧修建隧道则有效避免上述病害。因此，推荐北碚方案。

北碚至西彭区段，建设规划分别提出了北碚—走马—西彭和北碚—白市驿—西彭两个走廊带方案。预可行性研究的结论认为：从工程角度看，走马方案和白市驿方案的里程长度、建筑条件、工程造价大致相同；而从更有利于区域经济发展和与城镇规划顺接的角度出发，工程可行性研究推荐走马方案。

2）西段走廊带论证

（1）江津走廊带

对江津区域，规划提出了连接铜罐驿和连接江津的两个过江方案。工程可行性研究的结论认为，绕城公路在铜罐驿附近跨越长江的方案虽然里程长度较短，工程造价较省，建设条件与江津方案相似，但不利于顺直连接江津市，同时应在江津附近再建长江大桥以解决重庆至合江高等级公路与重庆绕城公路的连接问题，高速路网投资增加。工程可行性研究推荐在江津附近跨越长江的方案。

（2）大学城走廊带

处理好大学城规划与路线走廊关系是西段走廊带确定的关键。经反复调研、分析比较，最终采用绕大学城西侧，沿缙云山东侧山脚布线。按“近山不进山、为大学城发展留足发展空间”原则，较好地解决了大学城与西段路线的矛盾，并使大学城、西永组团在几何空间上较好地融入主城，扩大了城市主城的空间，适应重庆城市外扩的目标。

3）南段及东段走廊带方论证

对江津至南彭区域，规划考虑到区域地形、地质比较复杂，而连接的经济组团和城镇相对比较单一，路线走廊带具有唯一性，因此仅提出了江津——一品—南彭的路线走廊带方案，与规划方案基本一致，无重大走廊带方案可选择。

对于东段，受铁山坪、真武山等控制，同时考虑里一品组团、界石组团、长生组团较近等因素，路线应置于铁山坪、真武山外侧的南彭—忠兴—惠民—鱼嘴一线。路线外侧广大区域无大型城镇、厂矿企业等，且地形条件十分复杂，因此，上述线位为顺沟槽布线的理想路线带，无重大走廊带的取舍。

确定路线走廊带，是绕城路线确定的关键。绕城高速公路在充分调研重庆城市发展动向的基础上，结合重庆2020年城市空间发展规划，按城市发展主城边界布设线路。同时又结合重庆三山南北纵贯、两江东西横穿的地貌特征，对多方案走廊带论证，特别是北段及西段，地形复杂，城乡结合部发展迅速，经多方案论证比较，最终确定的路线走廊带是合理的，也是符合城市周边地形条件的，给重庆主城发展预留了足够的空间，为西部绕城高速公路的走廊选择提供了宝贵的实践经验。

2. 重大工程方案比选分析

重庆绕城高速公路重特大工程较多，主要是“三桥两隧”工程，即水土嘉陵江特大桥、江津观音岩长江特大桥、鱼嘴长江特大桥、环山坪特长隧道、施家梁特长隧道。

1）水土嘉陵江大桥

桥位内未出现护坡、崩塌、泥石流等不良地质现象。下桥位百塔坪桥位西岸河段河道顺平直，江面开阔，水流平缓，岸坡离河床（河水位）约100m，漫滩发育，河流侧蚀作用不明显，岸坡总体稳定性好；东岸岸坡地形较陡，受河流侵蚀作用明显，不存在产生沿外倾结构面滑移的可能，该岸岸坡间夹砂岩，砂、泥岩差异风化可能出现局部掉块现象。

上桥位黄堂庙桥位河道侵蚀堆积作用明显而变化频繁，桥位上游东岸河段以堆积作用为主，形成宽阔的河漫滩，西岸则以侵蚀作用为主，江心形成一纺椎形江心舟。拟建桥址段河流对岸坡的作用则相反，即西岸河流以堆积作用为主，东岸河流以侧蚀作用为主。西岸受岸坡漫滩发育，岸坡第四系覆盖较厚，受江水岸再造的影响较大，易产生土质塌岸；东岸岸坡较陡，岸坡基座由抗风化能力较弱的

粉砂质泥岩组成，该岸岸坡稳定性较差。上桥位下游河段，江面陡然变窄，水流变急，河流对两岸的侧蚀作用变强。综上所述，两桥位均适宜修建大桥，但下桥位百塔坪桥位河流岸坡的稳定性优于上桥位黄堂庙桥位，经分析论证拟推荐下桥位—百塔坪桥位。

2）江津观音岩长江大桥

桥位区内未发现滑坡、崩塌、泥石流等不良地质现象。桥位长江河床宽阔平坦，漫滩发育，洪枯水期水位变幅大，河流以冲蚀作用为主，新构造运动不强烈，下切受长江侵蚀基准面影响，总体稳定性好。

观音岩桥位西彭岸岸坡离河床（河水位）远达200~250m，故本岸岸坡河流侧蚀作用不明显，土体厚度薄且分布零星，不会出现长江水位涨落的坍岸现象。此外，岸坡以粉砂质泥岩为主，卸荷裂隙不发育，左岸岸坡存在190°~195°∠60°~75°外倾裂隙不利组合，可能产生沿外倾结构面滑移；江津岸岸坡江边地势较陡，中下部分布为砂岩，因其抗风化冲蚀能力强，岸坡卸荷裂隙不发育，存在产状为25°~35°∠80°~85°与280°~290°∠80°~85°组合裂隙的影响，可能产生楔形体破坏。

土湾桥位西彭岸岸坡离河床达250~300m，岸坡河流侧蚀作用不明显，岸坡土体厚度薄且分布零星，故不会出现长江水位涨落的坍岸现象。岸坡以粉砂质泥岩为主，卸荷裂隙不发育，存在产状为86°∠87°与181°∠74°组合裂隙的影响，可能产生楔形体破坏；江津岸岸坡，江边地势较陡，中下部分布为砂岩，因其抗风化冲蚀能力强，受江水冲蚀的沿腔不明显，岸坡中上部为粉砂质泥岩，坡度角为50°~60°，右岸岸坡卸荷裂隙发育，存在产状为213°∠79°与348°∠78°组合裂隙的影响，可能产生楔形体破坏。

综上所述，两桥位均适宜修建大桥，但观音岩桥位的桥墩、台基础地质条件相对土湾桥位好，经分析论证拟推荐观音岩桥位。

3）鱼嘴长江大桥

桥位内未发现滑坡、崩塌、泥石流等不良地质现象。石盘凼桥位处长江河岸平直，河床宽阔平坦，漫滩发育，洪枯水期水位变幅较大，河流冲蚀作用不明显，河道稳定。大坝子桥位河道较为弯曲，南岸冲刷严重，北岸堆积层厚，河流的冲蚀作用较为强烈，北岸岸坡主要由黏土及粉土组成，河流冲刷易产生塌岸，受三峡蓄水影响易产生库岸再造，对岸坡稳定十分不利。

综上所述，两桥位均适宜修建大桥，但石盘凼桥位河流岸坡的稳定性优于大坝子桥位，石盘凼桥位地质条件也明显好于大坝子桥位，经分析论证拟推荐石盘凼桥位。

4）铁山坪隧道

铁山坪隧道隧址区属新华夏系第三沉降带之川东褶皱带东缘，铜锣峡背斜东西两翼。该背斜不对称，西翼缓东翼陡，箱状，轴线呈弧形展布，向南西方向倾没，以铁山坪为高点。东翼岩层转折部位见清灵寺、高坎子两条断层。隧址地区地层岩性以沉积岩为主。隧址区地下水分为松散岩类孔隙水、碎屑岩类裂隙孔隙水及碳酸盐类裂隙溶洞水。隧址区主要不良地质现象有：隧道洞身段穿越背斜核部地段岩层中岩溶较发育；隧道出口外400m处有一小型滑坡体；隧道进口端由于岩层倾角较大，岩体裂隙发育而形成局部顺层滑塌现象；隧址区有频繁的人类工程活动——煤层采空区。

5）尖山子隧道

隧址位于扬子江准地台四川台坳的川东褶皱束范围内，形成于喜马拉雅运动早期，有一系列不对称的背向斜组成，构造形迹呈北东向展布。隧址区地层岩性以沉积岩为主。隧址区地下水分为松散岩类孔隙水、碎屑岩类裂隙孔隙水及碳酸盐类裂隙溶洞水。

隧道区不良地质现象有：隧道中部岩溶较发育；隧道出口段由于地形坡度较陡而形成滑坡堆积层；有煤矿采空区。

“三桥两隧”重庆绕城高速公路上的重大工程，对路线位确定、工程规模有较大的影响。方案比选以工程地质为依托，综合路线、环境、功能等多因素，最终实施方案是可行的，并具有较好的综合技术经济效益。

第二节　对初设及施设的分析评价

一、初设与施设概况

2004 年初重庆绕城高速公路初步设计分东、南、西、北四段展开，根据工程可行性研究批复意见进一步对路线方案、工程结构方案、总体设计方案等方面进行了优化。全线进行了同精度路线比较 27 段，累计初步设计总里程长度 311.183 8km，为推荐线长度的 168.91%，比选全面、论证充分，优化效果突出。

1. 路线方案比选

在全线 27 段累计 311.183 8km 路线比选中，大树至施家梁段及大学城以及桥口坝三段效果突出。

（1）北段大树及施家梁段（K32+047~K42+504）

路线将 K 线与 A 线进行比较。K 线较 A 线长度减少约 0.8km，最小平曲线半径增大约 350m，最大纵坡由 3 处减少到 1 处，占地面积减少约 540 亩，房屋拆迁减少约 76 000m^2，各项工程量均有较大的减少，推荐采用 K 线方案。

（2）大学城段（K69+335~K86+687）

大学城段受西永组团内的大学城规划区影响。西永组团的规划人口规模近期 18 万人，远期控制在 50 万人，建设用地规模 76.61km^2。大学城规划中确定人口规模 35 万人，用地规模为 2156.09hm^2。根据实际情况布设两个方案进行比选，结果见表 2–4。

大学城段方案比较　　表 2–4

序号	项　　目	单位	正 线 方 案	B 线 方 案
1	起讫桩号		K69+335.245~K86+687.882	BK69+335.245~B K87+303.049（L）
2	路线总长	km	17.35	17.97（长 0.615）
3	占用土地	亩	1711（含服务区 105）	1867（含服务区 105）
4	拆迁建筑物	m^2	56 558	51 547
5	土石方数量	万 m^3	168.308 2	209.148 1
6	路面	千 m^2	17.228 8	24.557 5
7	大、中桥	m/ 座	519.722	542.563
8	隧道	m/ 座	344/7	414/7
9	互通式立交	处	1	1
10	涵洞	道	1 083/20	1 174/24
11	通道	道	1 102/30	1 107/31
12	二级公路改建	m	1 088/29	754/24
13	建安费 + 征地拆迁费	亿元	4.078 8	4.368 4

经比较虽 B 线方案造价较正线方案高，但避开了直穿大学城，有利于环保、景观，有利于大学城示范工程的建设，最终推荐 B 线方案。

（3）桥口坝路线方案（K132+012~K143+498）

桥口坝林场是重庆市巴南区打造的健康、休闲旅游胜地，温泉资源丰富、植被茂盛，箭滩河蜿蜒其间，风景优美。因距重庆市主城区较近，因此更具有较大的旅游开发价值。目前，沿老210国道及箭滩河两侧，以森林、温泉为度假，休闲的酒店、疗养中心、度假村和农家乐等旅游设施正陆续形成规模。

重庆绕城高速公路有长约4km的路线穿越桥口坝林场，公路建设与自然景观的相互关系非常敏感。如何更好体现“以人为本、全面、协调和可持续发展”的科学发展观，形成公路与自然景观和谐统一的“亮点”工程，选择最佳的路线穿越方式是关键。初勘阶段，经多次现场踏勘和反复沟通，拟订了三个各具代表性的路线方案，即K线方案、C线方案及D线方案作同精度比较，结果见表2-5。

各方案主要优缺点　　表2-5

特点＼方案	K线方案	C线方案	D线方案
主要优点	1. 路线平面标准较高，顺适； 2. 桥梁长度较短； 3. 基本避开了对桥口坝温泉群出水口的影响	1. 工程造价较省； 2. 基本避开对桥口坝林场，温泉群出水口的影响； 3. 隧道长度较短； 4. 对景观视觉效果和旅游资源开发影响较小； 5. 寨子坡（一品）枢纽互通造价较省	1. 工程造价较低； 2. 对地表破坏面积较小
主要缺点	1. 工程造价较高； 2. 隧道长度较长； 3. 对桥口坝林场景区视觉效果差，旅游开发有影响	1. 土石方工程量大； 2. 桥梁长度较长	1. 对箭滩河泄洪能力及水环境有一定影响； 2. 顺河桥梁与景区的自然景观不协调； 3. 距现有的宾馆、度假村过近，粉尘、尾气和噪声污染较大
推荐意见		推荐	

经反复论证、比较，最终选用工程较省、对桥口坝生态环境影响最小的C线方案，取得了良好的社会效益、经济及环保效应。

2. 公路设计等级及主要技术指标

绕城高速公路全线采用双向六车道高速公路，设计速度分为100km/h和120km/h两种，其主要技术指标见表2-6。

绕城高速公路主要技术指标　　表2-6

指标名称		单位	设计速度为120km/h	设计速度为100km/h
			K49+950~K118+100	K0+000~K49+285.619　K118+100~K186.760.914
服务水平			二级	二级
路基宽度	整体式	m	34.5	34.5
	分离式	m	17.0	16.75
设计荷载			公路－I级	公路－I级
设计洪水频率	特大桥	次/年	1/300	1/300
	大、中、小桥、涵洞	次/年	1/100	1/100
设计里程		km	68.34	118.952

3. 立交布局方案

为最大限度地发挥拟建项目的交通功能和社会效益、经济效益，促进地方区域经济的发展，方便

群众生活，根据路线的总体布局、公路网现状和规划、沿线城镇规划布局，按照交通部工程可行性研究批复文件精神，在初步设计中反复比较，不断优化，充分结合山区自然条件，灵活布设，共作出41个具有可比性的方案，最终推荐出25个方案。一般互通17处，枢纽互通8处。互通式立交中心间距最小为3.806km，最大为14.460km，平均间距为约8km。枢纽互通匝道设计速度采用40~60km/h，单喇叭形互通设计速度采用40km/h。

二、初设与施设的分析与评价

1. 工程技术标准

施工图工程技术标准见表2–7。

主要技术指标采用情况　　表2–7

指　标		单　位	各路段指标				
			鱼嘴—北碚（100km/h）	北碚—滴水岩（120km/h）	滴水岩—江津（120km/h）	江津—南彭（100km/h）	南彭—鱼嘴（100km/h）
平曲线最小半径		m/ 处	1 000/2	1 000/1	1 168.01/1	1 000/1	1 000/1
最大纵坡		%/（m·处）	3.8（450/1）	2.918	2.9（1 440/2）	3.95（750/1）	3.9
交点间最大直线长度		m	2 181.04	3 443.37	2 681.02	2 181.04	1 997.767
竖曲线最小半径	凸形	m/ 处	8 660/1	19 000/1	11 000/1	12 000/1	10 000
	凹形	m/ 处	5 000/1	17 000/1	12 000/2	10 000/1	6 000

一般路段路基横断面：整体式路基宽度34.5m或33.5m。其中，行车道6×3.75m，中央分隔带3m或2.0m，路缘带宽2×0.75m，硬路肩宽2×3.0m（含0.75m路缘带）m，土路肩宽宽2×0.75m。分离式路基宽17.00m或16.75m。其中，行车道宽3×3.75m，左侧硬路肩宽1.25m和1.00m，右侧硬路肩宽3.00m，土路肩宽2×0.75m。分离式路基主要用于上下行分离隧道的连线设计。

隧道横断面：主洞限界净宽14.25m，净高5m；西段和南段主洞建筑限界净宽14.75m，净高5.0m。横断面布置为：检修道2×0.75m，行车道宽度3×3.75m。侧向宽度为：左侧0.5m或0.75m，右侧1.00m。

桥梁横断面：桥梁与路基同宽，一般采用上、下两幅分离设计，中央分隔带两侧设波形梁护栏，行车道右侧设防撞护栏。

2. 主要经验

从绕城高速公路设计实践，得出以下经验。

1）认真执行项目批复意见是把握设计方向的关键

项目批复依据是国家或地方对公路基本建设项目最具权威性的文件，是公路勘察设计的重要依据，设计时应遵照执行。

初步设计阶段应着重对路线方案进行研究，不仅要针对工程可行性研究阶段提出的方案，还要着手寻找和发现新的路线方案。在此过程中要特别注意三个问题：一是研究分析建设标准与路线方案的关系；二是研究分析工程方案与路线方案的关系；三是综合分析建设标准、路线方案、工程方案与建设规模、建设投资的关系。在具体工作中要始终将这三个问题贯穿于勘察设计的全过程，维护工程可行性研究批复的严肃性，实事求是地反映项目的全貌，更进一步地合理确定项目的建设标准、建设规模，有效地控制建设投资。

由于山区高速公路的复杂性，在施工图设计现场勘察中要特别注意三个问题：一是善于对局部路线方案及路线技术指标进行研究；二是对典型工程方案进行研究；三是分析局部路线方案和典型工程方案的变化对建设投资的影响。

2）认真贯彻总体设计原则是确保设计总体质量的根本

总体设计是设计的主体，是把握设计质量的重要环节，设计中应遵循以下原则：

（1）坚持围绕生态环境保护，实施“统筹城乡发展”两个主题，进行多方案论证比选的原则。

环保与“城乡统筹”是绕城路设计的两个重要主题，设计全过程应进行多方案的比选，把方案做深入、细致的研究，在论证比选时，不仅要着眼于路线和工程方案本身，还应将生态环境保护和城乡统筹列为重要的比选内容，使拟订的方案具有利于环保、技术可行、经济合理的优点。

（2）坚持技术指标与地形条件相互协调的原则

在设计中采用较高的技术指标有利于车辆的良好运行，较低的技术指标会对行车条件产生不利影响。但由于山区复杂的自然条件，较高的技术指标必然会使填挖工程量增大，直接影响到区域的生态环境，同时工程构造物的数量也会增多，导致工程造价上升。因此，应在保证行车安全的前提下，强调因地制宜选用技术指标，坚持路线与地形条件相互协调的原则，不应片面追求高指标。

（3）坚持按地质条件选线的原则

山区地质构造复杂，地质灾害的类型多，分布面广且成因复杂。有些灾害具有极强的隐蔽性，在路线测设的某个阶段中有时不被人们所认识，这些灾害会给公路施工和运营带来不可估量的影响。同时，地质灾害的发生将直接影响到区域的自然环境，造成水土流失，甚至会诱发其他新的灾害，形成连锁式的不良反应。在路线方案拟订过程中，往往由于地质灾害的可治性及治理费用的原因，使得在其他方面表现较优的方案最终被舍弃。因此，在路线布线时，应首先研究路线走廊内的地质条件，并应坚持地质条件选线的原则。

（4）坚持对典型工程方案进行综合比选的原则

在山区高速公路设计中不可避免地会出现高路堤、高架桥、深路堑、隧道、高边坡、半边桥或纵向桥等典型工程。这些工程不仅对路线总体方案和工程造价有极强的控制作用，而且不同工程方案在山体开挖及土石方数量方面有较大的差异，从而严重影响区域的生态环境，同时还会影响道路的安全运营。因此，在山区高速公路设计中，必须强调对典型工程方案的综合比选。

（5）正确处理公路建设与自然景观和人文景观的关系

山区独特的自然条件往往是名胜、古迹的诞生地，优美的生态环境也会形成独特的自然景观，是人们休闲、度假、旅游的好去处。因此，公路总体设计应从自然和人文景观这一重要因素出发，不仅要做到与周围环境、景观的相互协调，还要有利于开发当地的旅游资源。

（6）正确处理公路建设与占地拆迁的关系

虽然山区的土地资源较为丰富，但用于农业耕作的土地却十分贫乏，高产农作物耕地大多分布于山间平原或河谷阶地，同时居民的居住地也往往分布于此，而这些区域往往也是较为优越的路线走廊。因此，公路总体设计应尽量少占高产田、经济作物田或经济林园，以保护当地人民赖以生产的土地资源，并综合考虑占地、拆迁与路线绕避及增加结构物比选方案，合理确定造地还田和居民搬迁的实施方案。

（7）综合考虑路线与水源地、水利设施的关系

山区独特的地形和生态环境形成了丰富的水资源条件，为了充分利用水资源，人们建设了各种水利设施，以满足生产、生活的需要。目前，由于全球气候环境的变化，生态环境的脆弱，以及人们对水资源的过度开采、使用等原因，局部水资源已相当贫乏。因此，公路设计必须重视保护水源地，避免污染，尽量减少对既有水利设施的损坏，并做好水土保持工作。

（8）合理利用路线走廊资源，充分进行分期修建的论证

山区路线走廊资源十分贫乏，公路建设一般采用一次建成的方案。对处于边远区域的高速公路，由于区域自身的交通总量较小，大部分交通为过境交通，且增长速度较慢，加之采用一次建成方案所需的资金量巨大，因此可考虑采取分期修建方案，并应进行充分分析论证。

（9）综合考虑铁路、管线、公路等的交叉处理

由于考虑到地形、地质、区域经济布局、公路施工及运营等方面的原因，拟建公路往往与既有铁路、公路、管线等位于同一走廊带，出现平行或交叉情况，对此一般应采取切实的保护措施。与铁路交叉的上跨桥梁，除留有足够的净空外，还应考虑如电气化、复线等改扩建的需求；与管线交叉时，应设置检修通道。既有公路是高速公路建设中各种物资十分重要的运输通道，也是高速公路建成后交通来源的路径，应注意保护。

（10）充分考虑土石方平衡，减小土石方数量，做好土地复垦、弃方造地和回复植被设计

山区高速公路建设中土石方工程数量较大，往往出现挖方大于填方的情况，从而导致大量弃方。挖方和弃方不仅直接破坏了山体植被，影响区域生态环境，而且极易造成水土流失。因此，在设计时应重点寻求开挖土石方利用的路径和途经，尽力做到土石方平衡。除合理布设路线方案、恰当运用技术指标外，还要对“以桥代路、以隧代路”以及为减小边坡开挖所采取的工程措施进行全面的评价比选。从各个角度出发，综合寻求减小土石方数量的途径。对于取土场，应做好土石复垦和植被恢复设计；对于弃土场，首先应做好防洪设计，防止水土流失，进而做好造地工作，进行植被种植设计，并将由此而发生的工程全部计入公路工程中，进行综合造价比较。

3）认真把握住各环节设计要点是搞好设计的重要保证

（1）初步设计

初步设计的任务是确定技术经济合理的设计方案。从适应环境考虑，设计要点为：

①以运行车速理论为指导，灵活、合理地运用路线平、纵面线形指标。只要公路实际运行速度均衡、连续，即使个别或少数路段采用极限指标，也是一个好的设计。对于山区高速公路，在保证行车安全（均衡的行驶速度、良好的通视条件）的前提下，可采用接近标准中、下限的指标。

②结合地形等条件，考虑技术经济合理性，分段选用不同的技术指标。在设计路段的划分上不应刻意追求定值，应根据驾驶员的适应程度，并配合交通管理措施灵活掌握。

③贯彻尊重自然、保护环境的理念。“尊重自然、恢复自然”的理念应贯穿线位布设的始终，将最大限度地减少公路对自然和人文环境的影响作为公路设计的重要目标。公路线形设计，应基本顺应原地形、地貌走向，尽可能拟合等高线，避免横切等高线，以减少高填深挖，努力将对自然的扰动、破坏控制在最小限度内。

④从多角度进行路线方案比较。充分考虑环境治理和保护费用，把对环境的破坏及可恢复程度列为主要比选条件。当受地形等限制，路线平、纵面确实没有调整的余地时，应进行高路堤与高架桥、深路堑与短隧道、半边桥（或棚洞）与高边坡的综合论证。一般情况下，高路堤超过20m、深路堑超过30m时，原则上应考虑采用桥梁和隧道方案。

⑤降低路基填土高度是平原微丘区应考虑的主要因素。高路堤占地多、土方数量大、造价高；发生事故时驾驶员难以控制，易造成恶性事故；噪声传播范围大，噪声污染相对严重；路基在自重作用下沉降大并危及路面，在软土地基段尤为严重。随着我国农村集约化生产程度的提高，农村居民以非机动车为主的出行模式正在改善。因此，应加大协调力度，在得到沿线政府及群众理解的前提下，尽量选择被交路上跨高速公路的低路堤方案。

⑥注重互通式立交匝道出入口段的线形设计。互通式立交设计的重点是满足功能。满足通行能力，

其关键在于匝道出入口段的线形。在满足功能的前提下，互通式立交的设计不应追求规模宏大，应选择简单紧凑的形式，对于山区高速公路尤为重要。服务区等设施的规模要把握得当，不宜追求大规模，以采用一次规划、分期实施方案较为合理。

⑦桥隧工程的总体布置方案应贴近自然。桥隧工程的总体布置，应充分与环境协调，与周围山川、沟谷等自然景观搭配，设计要充分考虑美学效果，结构外观应与当地建筑风格一致。隧道进出口的处理对环境的影响最大，应真正做到洞口零开挖，洞口处理力求简洁，不应追求人工造景的洞门结构形式。上跨主线的结构物影响公路行驶视觉效果，因此，其孔跨布置应尽量留有较大空间，上班结构轮廓线条应简洁明快，下部结构尺寸选择不宜笨重，结构应轻巧不压抑。

（2）施工图设计

施工图设计的重点应在“精、细、美”方面下工夫，高度重视线形、结构及每个局部、细节的技术处理，精雕细琢，满足功能，提高视觉效果。其设计要点如下。

①不断优化平纵线形，降低边坡高度。山区公路线位的布设影响着路基边坡的高度，平面线位即使横移 1~2m，对边坡高度的影响都非常显著。山区公路地形条件复杂，植被茂密，测设困难。因此，测设时需比平原区公路投入更多的时间和精力。只有设计人员多花时间、反复推敲、不断思考，才能设计出合理的路线。

②路基横断面是施工图设计阶段的重中之重。路基横断面是公路景观的重要载体和主要体现，是公路自身最可视的部分，因此也是施工图设计阶段的重中之重。路基横断面的布置，应综合考虑边坡坡率、排水工程、防护工程等多种因素，使多种因素相互协调，并与公路所处的外部环境协调一致。

③应特别重视结构物的美学设计。公路结构物为永久性建筑，通常又是庞然大物，应特别重视结构物的美学设计。结构美学并非指装潢或装饰，而是指其规模、比例、形状、线条、质地、色彩等。施工图阶段应充分重视结构物的细节设计，在人迹罕至路段，公路结构物的设计以追求自然、简捷、古朴为宜；在城镇等人文气息浓厚区域，适当强调人文景观，赋予公路结构物以特定人文气息也不失为一种选择。

④应把原有天然地物如小片沼泽地、小溪、小块岩体和小树等纳入互通式立交设计范围。互通式立交一般在视觉上雄伟壮观，无论是从路内还是从路侧观看，都能成为引人注目的焦点，有时还会点缀一方佳色，勾绘一幅图画。开车经过一座多层互通式立交，由于结构的画框效应，以及“画面”变幻和方向改变，会给驾乘人员以激动的感觉。互通式立交的所有组成部分，包括结构形式、质感与细节、栏杆、照明、轮廓坡线，以及绿化等都必须搭配和谐，使总体设计既满足功能要求，又能给人以宏伟的气魄感。

⑤施应重视沿线附属设施的美学设计。沿线附属设施包括标志、照明、隔离栅及护栏等。这些设施的设计与安装应审慎考虑，协调好这些设施之间的关系对于实现统一的布局和减轻杂乱无章的视觉印象至关重要。例如，桥头引道护栏应与桥栏杆融为一体；电缆应尽可能敷设于地下；公用设施的立柱、电灯杆与标志杆等应合并使用，数量越少越好；照明设备与交通标志的设置应避免与行道树冲突；设计停车设施或综合运输设施时，应协调好照明与树木栽植的关系，以保证为绿化提供空间，且不损失预期的照明光度。为避免生活污水排放污染环境，高速公路服务区应建立污水处理系统，服务区污水必须经处理达标后排放；经处理的水当地表排放困难时，则应采用漫灌方式通过渗管排入地下，对需排入河流的路面径流水，则应经沉淀和过滤后排放。

⑥公路绿化以保护沿线生活环境和自然环境、提高行车安全性和舒适性、提供和谐的公路景观为根本目的。植物是所有地表的最佳覆盖物。植物分草本植物（如草和豆科植物）和木本植物，包括灌木与乔木。各种植物的组成与散布应赏心悦目，与公路的总体环境相协调。用当地野生花点缀景观是

较好的办法，设计野花景观时，环境条件与色彩、质感及线条同等重要，应避免“行道树”等明显的人工绿化痕迹，使路域植被与周围环境融为一体。

4）认真做好设计典型方案优选是设计深化和优化的重要手段

多方案优选是山区高速公路总体设计的精髓。由于山区自然条件极为复杂，总体设计方案不仅会受到地形、地质、水文条件的严重制约，而且也受到生态、水资源、人文、交通等环境的影响，这些因素使得路线总体设计方案及工程方案多样化。一般遇到的典型方案问题是：整体式路基、分离式路基、高路堤、高架桥、深路堑、隧道。这些典型方案相互联系、相互制约，每一个方案的变化，不仅仅只是表现在具体的工程方案上，也可能会导致较长路段总体方案的变化。因此，必须对不同总体设计方案在路线布置、工程设置、环境保护等方面作全面分析比较。

第三节　总体技术指标的分析与评价

一、线形指标分析与评价

重庆绕城高速公路西段长 51.06km，占总长度的 27.26%，设计速度为 120km/h，东、南、北段设计时速为 100km/h，总体线形标准高在国内困难山区绕城公路上尚少见。重庆绕城高速公路线形指标见表 2-8。通过对表 2-8 中线形指标进行分析，可以得出以下结论。

重庆绕城高速公路线形指标汇总表

表 2-8

序号	指 标 名 称	单位	北段	西段	南段	东段	合　计	备　注
	一、平面线形							
1	路线长度	km	49.286	51.06	50.169	36.777	187.292	
2	交点数	个	28	23	28	22	101	
3	平均每公里交点数	个 /km	0.568	0.45	0.558	0.6	0.539	
4	延长系数		1.217	1.08	1.426	1.055		
5	平曲线长度	km	33.291	28.645	31.256	24.08	117.272	
6	平曲线长占路线总长	%	67.546	56.1	62.3	65.48	62.6	
	平曲线半径							
7	① $R \geq 10000m$	处	0	0	0	0	0	
8	② $5000m \leq R < 10000m$	处	3	12	0	8	27	
9	③ $1000m \leq R < 5000m$	处	25	11	28	14	78	
10	④ $R < 1000m$	处	0	0	0	0	0	
11	缓和曲线最小长度	m	150	225	160	180	150	
	曲线组合形式							
12	①单圆曲线	处	6	13	1	12	32	
13	②基本形曲线	处	22	10	27	10	69	
14	③ S 形曲线	处	6	3	2	7	18	
15	④ C 形、卵形曲线及其他	处	0	0	0	0	0	
	直线长度							
16	①最长直线	m	2 709.122	3 374.636	2 379.97	1 946.57	3374.636	

续上表

序号	指标名称	单位	北段	西段	南段	东段	合　计	备　注
17	②同向曲线间最小长度	m	715.444	879.206	738.48（610.11）	1 058.78	738.48（610.11）	120km/h（100km/h）
18	③反向曲线间最小长度	m	202.01	366.524	248.97（205.04）	211.07	248.97（202.01）	120km/h（100km/h）
	构造物处平面线形							
19	①桥上平曲线最小半径	m	1 000	1 000	1 000	1 178.5	1000	
20	②立交主线平曲线最小半径	m	1 000	3 000	1 050	2 150.72	1000	
21	③隧道内平曲线最小半径	m	1 345	—	1150	2400	1150	
22	④洞口不满足“3S”条件的情况	处	3	0	0	0	3	三处为45m、52m、30m
	二、纵面线形							
23	变坡点数	个	40	49	56	56	201	
24	平均每公里纵坡变更次数	次	0.811 6	0.96	1.12	1.5	1.073	
25	最大纵坡	%/处	3.95/1	3.0/1	2.944（4.0/1）	3.9/3	3.0/1（4.0/1）	120km/h（100km/h）
26	最短坡长	m/处	495/1	440/1	550/1（500/1）	350/1	440（350）	120km/h（100km/h）
	坡度≥3%的连续坡长							
27	① 500~1000m	处	8	0	5	12	25	
28	② 1000~2000m	处	0	0	0	0	0	
29	③ >2000m	处	0	0	0	0	0	
30	④最大坡长	m	920	—	2 213.68	820	2213.68	
	深挖值							
31	①最大挖深	m	33.96	35.41	28.55	23.81	35.41	
32	②≥20m	处	12	3	7	4	26	
	填高值							
33	①最大填高	m	22.5	16.01	32.82	25.05	32.82	
34	②≥20m	处	6	0	6	4	16	
	竖曲线半径							
35	①凸形竖曲线最小半径	m	10000	13000	20000（13980）	12000	13000（10000）	120km/h（100km/h）
36	②凹形竖曲线最小半径	m	10000	11000	15000（9230）	6154	11000（6154）	120km/h（100km/h）

注：738.48（610.11），此种写法表示：括号外数字为设计速度120km/h路段的技术指标采用情况，括号内数字表示设计速度为100km/h路段的技术指标采用情况。

（1）总体线形标准较高，与重庆绕城高速公路的功能任务相适应。

（2）全线交点101个，平均每公里交点数0.539个，平均边长达1.85km。总体来看设计较合理，与绕城高速快捷舒适的功能要求相匹配。

（3）路线延长系数南段较长达1.426，东段较小仅1.055。这一数据表明路线的绕行度与重庆地形山脉为南北走向是一致的。这表明山区线形的绕行度与地形困难度成正比。

（4）平曲线半径常用的为 1 000~5 000m，共 78 处，占全线的 70%；小于一般最小平曲线半径的数量为零，说明平曲线形标准总体采用较高。

（5）最大纵坡为 4%，仅 1 处（南段），全线均未增加 1%，说明纵面线形完全满足标准要求，且标准较高。

综上分析，在山区绕城高速公路，根据不同段落的地形及环境条件灵活设计、合理布线，采用适宜的线形及技术标准，是确保公路行车安全、快捷、舒适，提高公路服务水平的关键。

二、互通立交指标分析与评价

重庆绕城高速公路共设互通立交 24 个，其中枢纽互通 10 个（预留 2 个），一般互通 14 个（预留 1 个），见表 2-9。通过对互通立交指标的统计分析可以看出：

重庆绕城高速互通立交技术指标表

表 2-9

序号	指 标 名 称	单位	北段	西段	南段	东段	合　计	备　注
	一、基本情况							
1	互通立交数	处	6	7	5	4	22	花溪互通列入东段
2	立交类型：①单喇叭	个	4	4	2	3	13	
3	②双喇叭	个	0	1	0	0	1	
4	③组合式	个	0	2	1	1	4	
5	④半定向	个	2	0	1	0	3	
6	⑤混合式	个	0	0	1	0	1	
7	立交间距：①最大间距	km	13.069	13.964	11.478	14.975	14.975	
8	②最小间距	km	3.813	5.165	3.697	6.69	3.697	
9	③平均间距	km	8.214	7.294	10.034	9.194	8.51	
10	立交（中心）与隧道出口最小间距	m	943.4	—	1 912	1 878	943.4	
11	立交与服务区（停车区）最小间距	m	3 634	2 487	2 745	5 080		北段 1 处立交与服务区并设
12	立交占地面积	亩	1 967.602	2 683.93	1 234.93	696.297	6 582.759	
	二、匝道情况							
13	匝道长度	m	24 662.91	34 838.523	21 889.71	13 638.2	95 029.343	
14	匝道设计速度	km/h	40、50、60	40、60	80、60、40	35、40	80、60、50、40、35	
15	匝道宽度：①单向单车道匝道	m	8.5	8.5	8.5	8.5	8.5	
16	②单向双车道匝道	m	无	无	10.5、12	无	12、10.5	
17	③双向双车道匝道	m	15.5、16	12、15.5	15.5	15.5	16、15.5、12	
18	④双向分离三车道	m	无	无	17.5	无	17.5	
19	最小平曲线半径	m	60	60	50	50	50	
20	最大纵坡	%	4.98	5.163	5.521	4.969	5.521	
21	加速车道最小长度	m	199.794	235.86	188.854	200	188.854	
22	减速车道最小长度	m	114.456	112.16	127.697	125	112.16	

续上表

序号	指标名称	单位	北段	西段	南段	东段	合计	备注
	三、收费站							
23	收费站数	处	4	4	3	3	14	未计南段1处临时收费站
24	收费站距平交口最小距离	m	150	150	352	238	150	
25	收费站距分岔点最小距离	m	80	90	—	150	80	

（1）全线互通立交个数多、间距密，平均间距为8.51km，而一般射线高速公路的平均间距为15km左右，绕城高速公路的平均间距远高于一般射线高速公路。绕城高速公路联系城市组团发展、连接射线路网缓解主城过境压力的双重功能本身决定了绕城高速公路小间距、大密度立交布局的特征。

（2）绕城高速公路立交不仅密度大，而且分布不均，全线平均最大间距为14.975km，最小间距为3.697km。这也是山区绕城高速公路所独有的特征。由于地处山区，受山水分割，地块的可利用水平差异大，组团及工业园区布局不均，对高速公路的开口需求程度不一。

（3）立交中心与隧道出口最小间距为943.4m，不满足相关规范中隧道出口至前方互通式立交减速车道渐变段起点距离不应小于1 000m的规定。虽采取了相应的交通安全设施提高其被动安全防护，但尚需进一步深入研究。

互通立交设置布局是绕城高速公路的一个重要问题，对服务地方组团、工业园区，构建交通枢纽等具有重要意义。在绕城高速规划设计时，曾前瞻性地规划设计了24个互通立交（3个预留），且根据相关规划，为今后可能的开口需求尽量提供适宜的互通设置条件。随着绕城高速公路的建成通车，带动经济的飞速发展，工业园区的不断成立，以及物流、战场枢纽及城市快速路网的后期发展，在绕城高速公路上又新增了一些互通，如双福、小湾、果园等互通立交。这些新增立交能够得以顺利实施，在一定程度上证明了前期设计预留互通设置条件这一举措的前瞻性和全局思维。

第三章　山区组团城市绕城高速公路主线规划与设计

第一节　规划的原则与标准

一、山区组团城市特征及环线功能

山区组团城市与平原城市不同，受自然环境的影响和约束较大。由于自然条件的差异，对城市的布局及环线高速定位影响很大。在山区绕城高速公路规划设计中，应注重对区域自然环境的调查，认真分析和研究复杂的自然环境条件对绕城高速公路的影响，充分利用有利的条件，避让不利条件，在规划设计中有针对性地采取有效可靠的工程措施，力求做到路线与环境的协调，在满足可持续发展的条件下，达到安全、合理、经济的目的。

1.组团城市的基本特征

受自然条件的约束和影响，山区城市大多为组团式的布局，城市的社会和经济发展状况对组团的分布、规模、性质和发展方向影响很大，从而也直接影响绕城高速公路的等级、规模和基本线位。因此，深入对城市发展规划、社会经济资料和城市现状的调查，摸清城市远期布局范围、发展性质及规模，找准城市的基本特征，对于做好绕城高速公路规划布局至关重要。以重庆为例，山区组团城市布局有以下基本特征。

（1）城市发展呈多中心组团式布局

平原城市由于地形平坦，对城市布局制约很小，其城市布局比较规整，城市发展基本围绕城市政治、经济中心，随着城市化的进程向四周较均衡地扩张，即所谓“摊大饼”的发展规律。而山区组团城市的发展就不同，当城市中心饱和时，由于受自然条件的约束，不可能均衡地向四周扩张，而是在城市中心周围，利用山间平台、浅丘平原等区域建立组团城镇，组团间及城市中心与组团间是不连续的，在城市中心周围有许多副中心（组团），副中心周围又有一些次中心，在整个城市区域内形成多中心的组团式的布局。

多中心组团式城市，在很大程度上依赖于交通线路的串连作用，特别是灵活机动的公路交通成为组团间交通联系的重要方式，其中都市区四周的组团城市之间主要依赖于环线公路进行交通联系。

（2）都市区与周围组团联系密切，周边组团间联系相对薄弱，路网呈星光放射形布局。

都市区是城市的核心，城市的政治、经济、金融、商贸的中心，由于历史的原因，中心与组团间路网较发达，呈星光放射的路网布局。这些放射状的路网，加强了城市中心与组团及外部的联系；在功能上还可有机地疏散城区人口密度，改善老城拥挤和环境恶化的状况。但这种放射布局的道路，容易把外围交通迅速引入市中心区，引起市中心区交通过分集中，造成市区的交通拥塞。

另一方面，城市的环线布局相对较少，分布在主城四周的各组团城镇之间的联系相对薄弱。因此，在分散布局的山区组团城市，加强城市环线建设，确保各分散组团间的横向联系，应是山区组团城市交通建设的重点。

（5）环境保护

环境保护是评价技术标准运用合理性的重要指标，应研究路线布设对环境的影响程度，重点分析生态环境和水环境，了解和掌握区域生态环境的特点和水资源的分布情况，从定性和定量两方面综合论证技术标准的合理性。

（6）工程造价

较高的技术标准必然有较高的工程造价，有时采用不同的技术标准其工程造价有较大的差异，但有时技术标准的波动对工程造价影响的量级不大。因此，应按照不同技术标准的工程造价，结合前述因素进行综合分析，根据建设项目资金筹措的方式和数量，从公路的建设需求和国家、地方的财政投入几方面综合考虑技术标准的合理性。

2. 等级与标准的确定

1）绕城环线等级

绕城环线等级应根据环线的功能、性质及适应交通量，通过技术论证在环线规划和工程可行性研究阶段确定。

绕城环线可结合城市的规模、交通量、环线位置及条件，选用高速公路和城市快速路两种，其设计速度如表 3-3 所示。

绕城环线设计速度　　表 3-3

道路性质	环线高速路			环线快速路		
设计速度（km/h）	120	100	80	100	80	60

一般情况下，大、特大城市宜采用高速公路，中小城市宜采用城市快速路。对于多环的大、特大城市，因用地宽、规模大，除最外层的环线采用高速公路外，其余层次环线宜采用城市快速路。为适应城市化发展和城市规模扩大的需求，绕城环线可考虑近期采用高速公路、远期转变为城市快速路的模式。

受地形及沿线开发不均衡的影响和限制，山区组团城市绕城环线可分路段采用不同的设计速度。分段设计速度相邻段速度差应为 20km/h，不同设计速度的路段最小长度不应小于 15km，并注意选择合适的过渡位置，做好过渡段设计。

设计速度变化应结合山区组团城市绕城高速公路环线的特点，从交通量分布情况、地形条件的变化情况等几方面分析考虑。

按照高速公路不同技术标准所适应的交通量范围，在考虑技术标准工作变化时，路段交通量的差异一般应在 5000pcu/d 以上。绕城环线不同速度、不同车道数所适应的交通量见表 3-4。

绕城环线能适应的年平均日交通量　　表 3-4

设计速度（km/h）	4 车道（pcu/d）	6 车道（pcu/d）	8 车道（pcu/d）
120	40 000~55 000	55 000~80 000	80 000~100 000
100	35 000~50 000	50 000~70 000	70 000~90 000
80	25 000~45 000	45 000~60 000	60 000~80 000

2）绕城环线技术标准

环线技术标准主要包括路基宽度和设计速度两项，设计速度与等级同时确定。因此，技术标准主要是路基宽度问题。

（1）车道宽度

绕城环线行车道宽度按设计速度及设计车型确定，应符合表 3-5 的规定。

车道宽度 表 3-5

道路性质	环线高速公路		环线快速路		
车道宽度（m）	大型车或混行车	小汽车	设计速度（km/h）		
	3.75	3.50	120	100	80
			3.75	3.75	3.75

（2）车道数

绕城环线按交通量和服务水平可采用单向 2 车道、3 车道、4 车道三种。

（3）红线及路基宽度

绕城快速路的红线宽度，按城市规划的红线宽度确定；绕城高速公路的路基宽度按设计速度及车道数确定，应符合表 3-6 的规定。正常情况下采用“一般值”，条件受限时可采用“最小值”。

绕城高速公路路基宽度 表 3-6

设计速度（km/h）		120			100			80	
车道数		8	6	4	8	6	4	6	4
路基宽度（m）	一般值	42.00	34.50	28.00	41.00	33.5	26.00	32.00	24.50
	最小值	40.00	—	25.00	38.50	—	23.50	—	21.50

3. 技术指标运用

技术指标运用的基本原则是：主要指标强制执行，次要指标灵活运用，突破指标论证使用，对“好中求好”的主要指标可灵活掌握。技术指标灵活运用要点见表 3-7。

技术指标运用要点 表 3-7

序号	指标名称	指标主次	考虑因素		规范用词	灵活运用要点
			安全	美学、视觉		
1	最大直线长度	次		√	宜	放松或忽略
2	同向曲线间最小直线长度	次		√	宜	放松
3	方向曲线间最小直线长度	次	√	√	宜	放松
4	缓和曲线参数	次	√	√	应	半径大、取小值
5	最小缓和曲线长度	主	√		应	不应突破
6	圆曲线一般最小值	主	√	√	应	一般不突破
7	圆曲线极限最小值	主	√		应	不应突破
8	不设超高圆曲线半径	主		√	应	宜设超高
9	圆曲线超高	主	√		应	按规定设置
10	超高过渡渐变率	次	√	√	必须	不应突破
11	圆曲线加宽	次	√	√	应	按规定加宽
12	平曲线长度	次	√	√	应	应满足
13	小于 7° 的小偏角	次	√	√	应	般不突破
14	最大纵坡	主	√	√	应	不应突破
15	最小纵坡	次			宜	可突破、处理好排水
16	缓和坡度	次	√		应	不应突破
17	坡长限制	主	√		应	一般不突破
18	平均纵坡	主	√		应	不突破

续上表

序号	指标名称	指标主次	考虑因素		规范用词	灵活运用要点
			安全	美学、视觉		
19	最小凸形竖曲线半径	主	√	√	应	一般不突破
20	最小凹形竖曲线半径	主	√	√	应	一般不突破
21	极限最小凹形竖曲线半径	主	√	√	应	不应突破
22	极限最小凸形竖曲线半径	主	√	√	应	不应突破
23	平纵组合	主	√	√	应	平纵指标高可放松或忽略
24	视距要求	主	√	√	应	不应突破
25	隧道洞口线形一致	主	√	√	应	困难路段，可突破，增设标志
26	互通区主线纵坡	主		√	应	合理突破
27	互通区主线凸形竖曲线半径	主		√	应	可采用极限值

第三节　互通立交规划与设计

一、互通立交规划

1. 规划原则

山区绕城高速公路具有公路与城市道路双重性质。环线立交的规划，直接关系到立交功能的发挥，以及投资的经济性和使用的合理性。在立交规划时，应遵循以下原则。

（1）功能性原则

立交是道路上车辆转换的重要设施，其设计首先应满足交通功能的要求，主要包括：确保行车安全，减少交叉口行车事故；车辆行驶快速、顺畅，路线短捷，使交叉口延误时间尽可能缩短；行车路线方向明确；主次分明，确保主线交通的原则；通行能力大，能满足远景设计年限交通的要求；立交布局应与城市社会经济发展、交通运输发展相协调、适应。

（2）经济性原则

在保证交通功能、满足行车要求的前提下，立交工程要尽量节省造价，满足：投资少，工程费用省；少拆迁，少占地；运营费以及车辆行驶的油耗、轮耗、车损最小；养护及管理费用最省。

（3）适应性原则

立交具有很强的区域性，应与立交所在的区域条件相适应，主要体现在：立交方案及布设应机动灵活、因地制宜，应与立交的环境条件、自然条件以及社会、经济等条件相适应；立交应与该立交在路网中的地位和作用相适应，发挥其在路网中应有的功能；立交应与其周围的土地利用与开发以及经济发展相适应；立交规划应与区域规划和区域交通规划相适应。

（4）艺术性原则

立交是人工环境之一。因此，立交设计应满足：立交的造型和结构具有建筑艺术的完美性和独特的艺术风格；区域建设和自然景观相协调，达到与外界相融洽的自然美；立交的建设不能对区域的自然景观产生削弱和破坏作用。

2. 立交规划设计的内容

立交设计范围宽、内容多，包括多层次、多方面的设计内容。按照立交设计的阶段不同，可有立交规划、方案设计、初步设计、施工图设计几个阶段。各阶段的内容与要求不同。

（1）立交规划

立交规划设计重点，应放在对项目区内沿线城镇规划、路网规划、综合交通规划分析以及现有路网资料的调查和收集、交通量的分析上，并结合有利于城市社会、经济发展，重点确定立交设置与否、立交间距和立交规模、立交分类及分级，初步确定立交类型。

（2）方案设计

方案设计是指立交总体安排和布局，核心是类型选择。其主要内容有：立交的形式和类型选择，方案拟订和比选，方案的推荐和确定，立交的总体布局，工程估算等方面。其目的是通过方案设计最终为初步设计和施工图设计提供适用、可行、合理、经济、美观的最优立交方案。

（3）初步设计

初步设计是在规划设计和方案设计的基础上，对立体交叉进行深化设计。其内容包括：立交的定位、方案确定、初步测量、初步设计图表编制、设计概算编制等工作。初步设计成果是上报立项、审批的重要资料。

（4）施工图设计

施工图设计是提交详细的施工图。它包括详细测量、施工图表编制和施工图预算编制等工作。

3. 等级与标准规划

1）立交等级

根据绕城高速公路立交规划设计的实践和分析研究，考虑绕城高速公路立交外接射线高速及地方公路、内连主城城市快速及主干路的特点，按立交的性质、功能以及相关道路等级划分，组团城市环线高速公路立交可分为枢纽互通、次枢纽互通及一般互通三级。

枢纽互通是指绕城高速公路与放射线高速公路相交形成的互通式立交，立交等级采用一级，匝道设计速度 60km/h。次枢纽立交是指绕城高速公路与城市快速路相交形成的互通式立交。此类立交等级采用二级，匝道设计速度 50km/h 或 40km/h。一般立交是指绕城高速公路与地方道路（一般为二级公路或城市干道及城市次干道）相交形成的互通式立交。该种立交多为绕城高速公路为发展城市及地方经济开设的进出口，立交等级为三级，匝道设计速度为 40km/h。

2）立交技术标准

根据上述三级立交的功能要求，结合重庆绕城高速公路规划及实践的经验，各级立交主要技术标准见表 3-8。

各级立交技术标准　　表 3-8

等　级	枢纽立交	次枢纽立交	一般立交
	一级	二级	三级
匝道设计速度（km/h）	60	50、40	40
匝道平曲线最小半径（m）	120（小环道 60m）	100（小环道 50m）	80（小环道可用 45m）
匝道回旋线最小参数（m）	70	50	35
匝道最大纵坡（%）	4	4.5	5
匝道停车视距（m）	75	65	45
匝道宽度	单向双车道 10m，双向双车道 15.5m（设分隔带）	单向单车道 8.5m，单向双车道 10m，双向双车道 15.5m	单向单车道 8.5m，单向双车道 10m

3）立交规划指标

（1）立交间距指标

立交数量直接影响环线对区域的服务性，立交数量越多，间距越小，则吸引上下高速公路的车辆越多，服务性能就越好，特别是对沿线开发区的经济发展至关重要。但随着立交数量增加，不仅使工程投资费用增大，而且进出口过多会对主线车辆运行造成干扰，影响行车安全。因此，合理选择立交数量及位置，严格控制立交间距及立交与隧道间的净距是立交规划中至关重要的问题。根据重庆绕城高速公路的资料，平均间距为7.188km。结合规范要求，考虑沿线山区组团城市发展需求，应适当增加绕城高速公路的立交密度，建议互通立交平均间距以5~10km为宜，特殊情况可按1km控制。

当条件限制，迫使立交间距或立交与隧道出口间距小于1km且位置无法调整改动时，可考虑采取以下措施补救：

①优化立交方案，调整立交进出口位置，尽量满足最小间距；

②特殊情况下立交间净距按500m控制，使之能设置一个出口预告标志牌；

③设置补充出口预告标志，在出口前100~400m设置短距离预告标志，加强出口位置提示，减少驾驶员误判；

④考虑出口预告标志的不足，在小间距两互通立交间，隧道出口与立交出口间外侧车道设置路侧警示带，提示驾驶员注意，以免车辆误行。

（2）立交用地指标

根据重庆绕城高速公路的经验指标，建议互通立交用地平均按200~300亩❶为宜。对于枢纽互通按250~300亩控制；对于次枢纽互通按200~250亩控制；一般互通按150~200亩控制。

（3）服务性指标

根据绕城高速公路的特点，立交的服务性指标主要有服务人口和服务面积两类指标。重庆绕城高速公路主要串连重庆主城外围8个区、市，主要服务人口约630.35万人，服务面积为8 402.97km^2。平均每个互通立交服务人口为27.4万人；服务面积为365.35km^2。由此可见，绕城高速处于主城边缘，受城市开发建设的影响，人口密集，立交服务范围人口较多，一般每个立交服务人口在20万~30万人为宜，一般每个立交服务地区面积以300~400km^{2}为宜。

（4）通道及天桥数量指标

绕城高速沿线居民多、开发区多、组团城镇多，为解决高速公路两侧之间的地方交通往来，应设置足够的横向联系的通道及天桥。如重庆绕城高速公路上共设分离式立交、人行通道、人行天桥，共421座，平均每公里2.25座。据此分析，建议绕城高速公路通道及天桥密度以2~3座/km，平均间距以350~500m为宜。

二、互通立交设计

1. 互通立交设计基本原则

互通立交设计应遵循以下基本原则。

1）确保行车安全的原则

绕城高速公路地处主城外围，城乡结合部，组团间联系交通的所有车辆均在环线互通立交上交织、转换，交通流线相互干扰，影响很大，安全问题十分突出。为确保环线互通立交车辆安全、畅通的转换，应满足以下基本要求。

（1）清晰的方向

通过互通式立交各部位的构造，使驾驶员能在高速行驶状态下较易识别前方路线走向，即所谓“易感知前方”的要求。

❶ 1亩=666.6m^2。

（2）良好的运行

所采用的分合流方式和匝道线形，符合驾驶员行为和车辆行驶动力学的要求，并保证运行速度的连续性。

（3）适宜的位置

各互通式立交之间以及各出入口之间有足够的时间和空间距离，以给驾驶员提供足够长的判断和反应时间。

（4）完善的信号

通过完善的交通信号标志，预告、警告和引导驾驶员，保证车辆安全和高效运行。

（5）尽量消除不良区段

立交设计应尽力消除不良区段，如流出点不明确；流入点合流方向不明确；不自然的分合流形式；匝道上速度急剧变化路段；能见范围不够，视距不足；多个连续的出口，容易造成误行的区段。

2）重视环境保护与景观的原则

避免大填大挖对周围环境与景观造成较大的破坏，避免对原有地貌的破坏可能造成水土流失、引发地质灾害等。

在景观设计中，应使互通立交的布设能与周围的地形、地貌相结合，坡面修饰、绿化等能与周围的地貌、植被相协调；避免人为造景等现象，造成驾驶员注意力分散，影响行车安全。

互通式立交的绿化其植物配置以乔木、灌木为主，地被或密植小灌木覆盖，草坪尽量少用或不用，通过植物配置建成生物群落，通过植物高低、色彩、季相变化诱导视线、丰富景观。互通式立交根据其所处的位置、功能特点、当地自然景观、风土人情来决定其表现形式。城郊附近的可设计抽象或规则的图案。一般地段以自然式为主，营造湿地景观，融入周围田野。利用植物形、色，刚柔之美，与景观设计相呼应。

3）重视择位及方案比选的原则

互通式立交的定位形式和规模，应综合考虑相交公路的功能、等级、匝道设计车速、地形、地物、用地条件、交通量、造价等因素来确定。

应在互通立交形式、布设方案、位置、交叉方式等方面进行方案比较，并注意方案比选的“可比性”和“同精度”的要求。

处理好坚持技术标准与工程造价、环境保护等的关系，始终将安全放在第一位，处理好立交功能与造价间的综合协调，确保方案合理、最优。

2. 互通立交位置选择

当交叉处可能因地形、地物限制不能或难以布设互通立交，需移位选择布置场地。

当主线在山区中独自穿行较长距离（如20km以上）后，与其他道路相交或接近地汇入同一狭窄的走廊带内，其互通立交的理想位置应是相交或第一次接近点，但应考虑交通量的方向性和布设的地形场地条件，尽量选择技术经济合理的位置。

当主线与被交道路（或地方道路）在同一河谷、沟谷内平行布线时，互通位置应根据地形、河流、地物、村镇、连接道路等场地条件进行比较选择。

当根据城镇布局、交通源、交通方向需要设置互通，而受地形条件限制，设置一个全互通立交困难时，可将其拆分为不同位置的两个不完全方向互通或将邻近交通源的一处按全互通设置，另一处按半互通设置。

当两个位置明确的互通立交其间距过大，为弥补间距过远而拟增设一处互通时，该立交的位置可以考虑多处场址进行比较。

当路线附近区域、近旁，甚至路线上有著名的自然、人文、历史、工程等景点可能成为人们观光、休息、欣赏的目的地时，应考虑设置互通立交或出入口、停车区等。

互通立交作为路线上的重要控制点，在主线布线时，应充分考虑互通立交的布设特点，主线线位一般不应布设在河边、悬崖边、山脚下，主线线位两侧应兼顾互通立交的布设场地条件。

在进行立交择位时，应重视路网调查、择位与路网节点调整相结合；路线总体设计与互通立交布局及择位紧密结合；合理设置和预留互通立交位置；综合考虑路网现状与规划以及区位条件。

3. 互通立交选型及方案设计

互通式立交选型应综合考虑相交道路的功能、等级、匝道设计速度、地形、地物、用地条件、交通量、费用以及是否设置收费站等因素，反复比较，综合比选确定。绕城高速公路立交选型应特别注意立交功能与沿线规划发展、节点在城市路网中的地位作用相适应，使之更好地发挥引导出入交通，疏散过境交通的功能。

绕城高速与高速公路相交宜选用四路定向、半定向及其组合的全定向、全互通式枢纽互通。当条件受限时，可考虑采用带有由小环匝道的构成的组合式立交形式。一般可不考虑收费要求。

绕城高速公路与城市快速路或城市主干线相交宜选用四路定向、半定向、苜蓿叶及其组合的全定向、全互通式次枢纽互通。当交通量较小时，经论证可考虑平交型、交织型互通。一般应考虑收费要求。

高速公路与一般低等级公路交叉，可选择：单喇叭形；菱形；部分苜蓿叶形；半定向 T 形或梨形、半环形；其他形式及变异形式。

在互通立交的位置、现有或规划的连接道路、主要形式基本确定的前提下，应从功能、经济、环境与社会影响三方面，对互通立交的具体方案进行分析、评价，加以比选。

4. 互通立交设计要点

1）匝道

（1）匝道横断面

匝道的横断面标准不宜太低，对环形匝道的对向双车道宽度宜取 15.5m；单向单车道匝道宜采用 8.5m；单向双车道宜采用 10.5m。

（2）匝道通行能力

立交形式不同，其对疏导立交的交通量大小的能力也不同。匝道车行道通行能力在立交选型中应重点考虑。

根据日本资料，设计车速小于 50km/h，单车道匝道的设计通行能力为 1 200 辆 /h（小轿车）。结合重庆地区交通量组成情况，单车道匝道的设计通行能力可按照 600~1200 辆 /h（小轿车）控制。双车道匝道时，只有在流入或流出的端部，车辆能以两列流入或流出主线时，才可以采用上述值的两倍。

2）设计速度

设计速度是立交设计的重要综合指标，直接影响匝道的功能和规模，应结合相交道路等级、立交等级、立交区条件、设计交通量等因素确定。立交设计速度一经确定，则立交的条项技术指标、主要尺寸、行车条件就基本确定，合理确定设计速度是保证充分发挥立交功能的关键。

（1）立交直行车辆设计速度

立交直行车辆设计速度应与主线设计速度相同，由于立交区路段受分、合流的干扰和影响，其线形指标应按规范规定的立交主线线形指标。条件容许时，应尽量取较高的线形指标。

（2）匝道设计速度

匝道设计速度一般指对左转匝道设计的控制最小速度，应根据立交等级确定。枢纽互通匝道设计

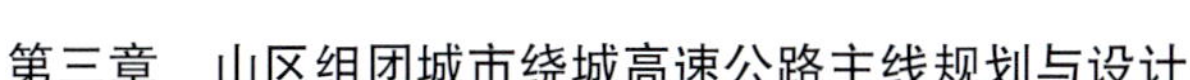

速度一般为 60km/h、50km/h、40km/h；次枢纽互通匝道设计速度为 50km/h、40km/h、35km/h；一般互通匝道设计速度为 40km/h、35km/h、30km/h。立交日平均设计交通量大于或等于 15 000 辆 /h 时，宜采用上限值；立交日平均设计交通量为 15 000~10 000 辆 /h 时，宜采用中限值；立交日平均设计交通量小于或等于 10 000 辆 /h 时，宜采用低限值。右转匝道容易满足控制最小速度的要求，一般均大于匝道设计速度的要求，宜采用上限或中限值；小环匝道及迂回式匝道宜采用下限值；环道宜采用中限及下限。

考虑绕城环线交通量的不均衡性，立交用地困难，以及城市交通的影响，与一般高速公路立交相比，匝道设计速度不宜选择过高。

第四章　服务于“城乡统筹”的绕城高速公路服务理念与模式

第一节　绕城高速公路对“城乡统筹”的作用与服务理念

一、主要影响区状况分析

重庆绕城高速公路所涉及的影响区为：北碚区、沙坪坝区、九龙坡区、江津区、巴南区、南岸区、江北区和渝北区 8 个区。截至 2007 年底的基本情况如下。

（1）人口情况

区域总人口数量为 655.62 万人。其中，城镇人口为 343.14 万人，农村人口为 312.48 万人，就业人员为 383.43 万人，闲置劳动力达到 76.85 万人，如图 4-1 所示。

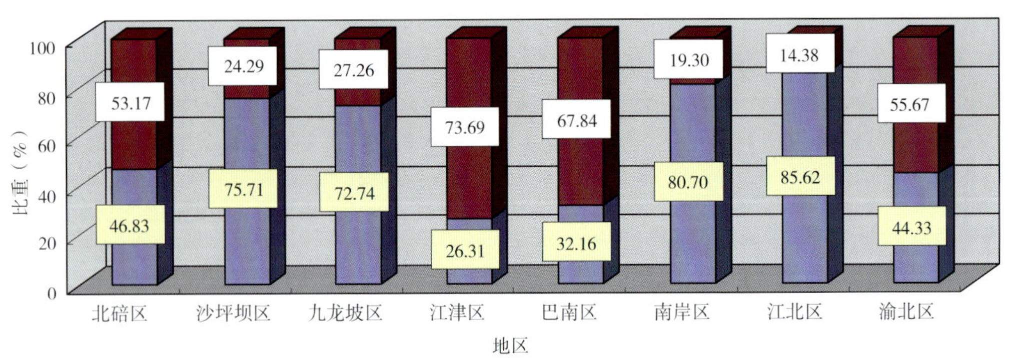

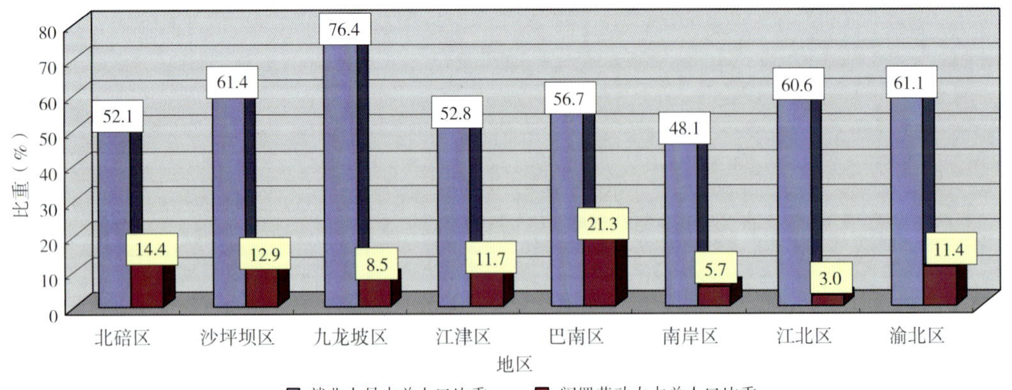

图 4-1　2007 年重庆绕城高速公路影响区域人口情况比较图

（2）经济发展情况

区域生产总值合计 1 614.94 亿元，社会消费品零售总额为 704.47 亿元，固定资产投资总额为 1 529.73 亿元，财政收入总额为 116.73 亿元，财政预算内总支出 211.08 亿元，如图 4-2 所示。

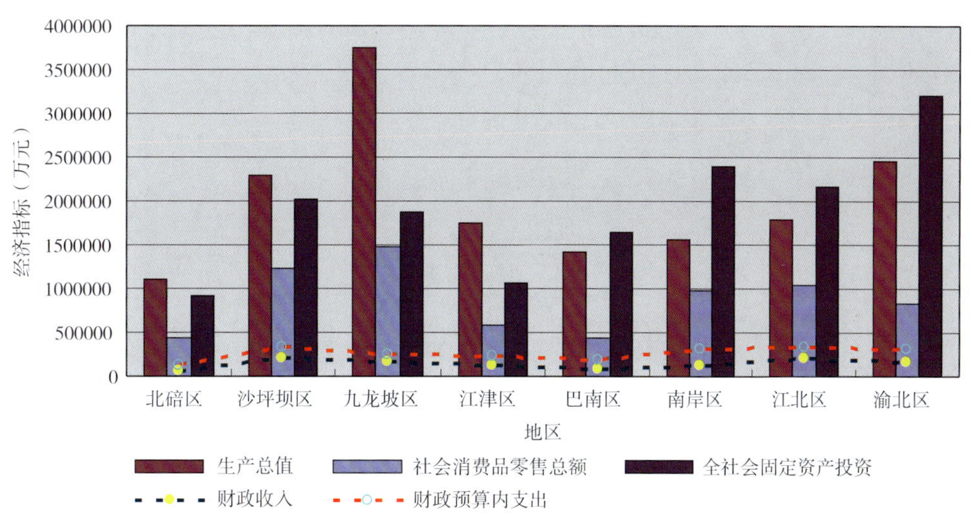

图 4–2　2007 年重庆绕城高速公路影响区主要经济指标比较图

（3）各产业收入与分布情况

区域生产总值合计 1 614.95 亿元。其中，第一产业、第二产业和第三产业收入分别为 94.84 亿元、859.83 亿元和 660.28 亿元，分别占生产总值的 5.9%、53.2% 和 40.9%。在第三产业中，服务业、旅游业、物流业和其他收入分别为 257.81 亿元、65.98 亿元、69.19 亿元和 267.3 亿元，分别占第三产业收入的 39%、10%、10.5% 和 40.5%，如图 4–3 所示。

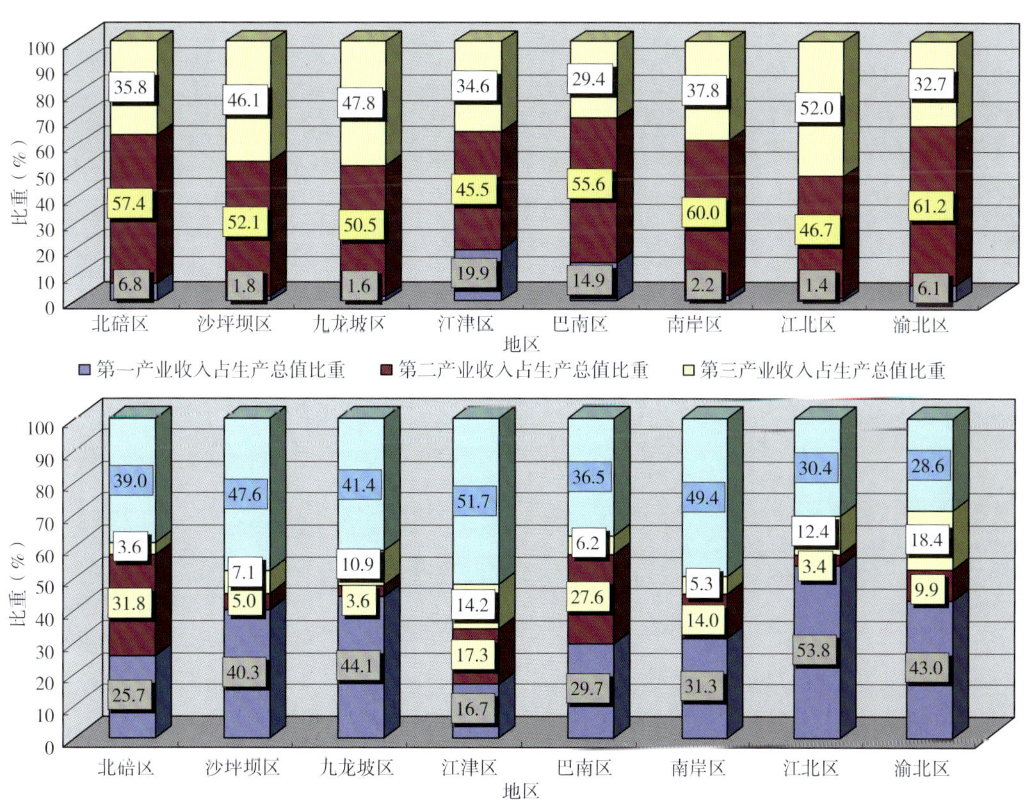

图 4–3　2007 年重庆绕城高速公路影响区各产业收入情况比较图

（4）社会就业人数情况

区域总人口数量为 655.62 万人。其中，社会就业人数 383.43 万人，占总人口人数的 58.5%。在社会就业人员中，第一产业、第二产业和第三产业就业人数分别为 88.36 万人、155.82 万人和 139.25 万人，分别占就业人数的 23%、40.6% 和 36.4%。其中，城镇就业人数 225.9 万人，就业率为 58.9%，农村就业人数 157.53 万人，就业率为 41.1%，如图 4-4 所示。

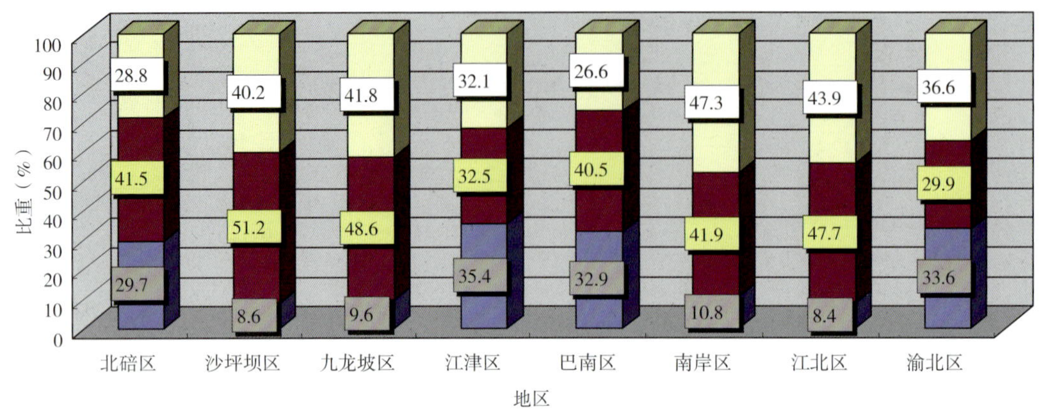

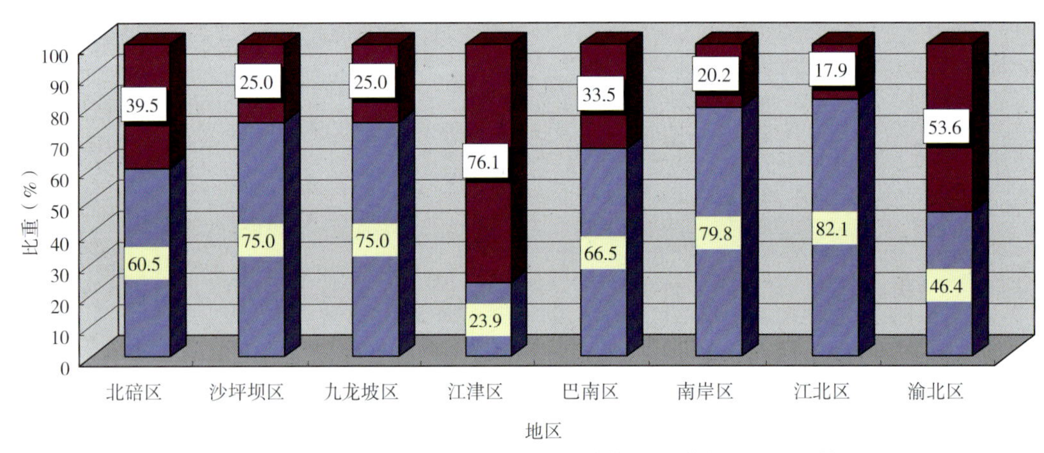

图 4-4　2007 年重庆绕城高速公路影响区产业就业人数比较图

（5）农村基本情况

区域农村总人口为 312.48 万人。其中，农村劳动力人数 251.21 万人，占农村总人口的 80.4%，农村从业人员 200.41 万人，占农村总人口的 64.1%；影响区农业生产总值共计 76.76 亿元，粮食总产量 146.47 亿 t，水果总产量 24.1 万 t，蔬菜总产量 213.96 万 t，农民人均纯收入共计 41 122 元，农民人均生活消费性支出 31 838 元，如图 4-5 所示。

（6）交通运输基本情况

区域公路总里程为 12 550km，其中等级公路里程 7 963km，占总里程的 63.5%，等外公路里程 4 587km，占总里程的 36.5%，高速公路里程 335km，仅占总里程的 2.7%；公路客运总量 20 922 万人，公路货运总量 9 366 万 t，如图 4-6 所示。

通过上述路域资源的分析，可总结出以下特点：

①城乡人口比例不均衡，农村人口数量较多，社会闲置劳动力较多。

②社会生产总值较高，但社会生产水平和消费水平不均衡。

③产业布局以第二产业和第三产业为主，第一产业为辅。第三产业中，以服务业和旅游业为主，物流业为辅。

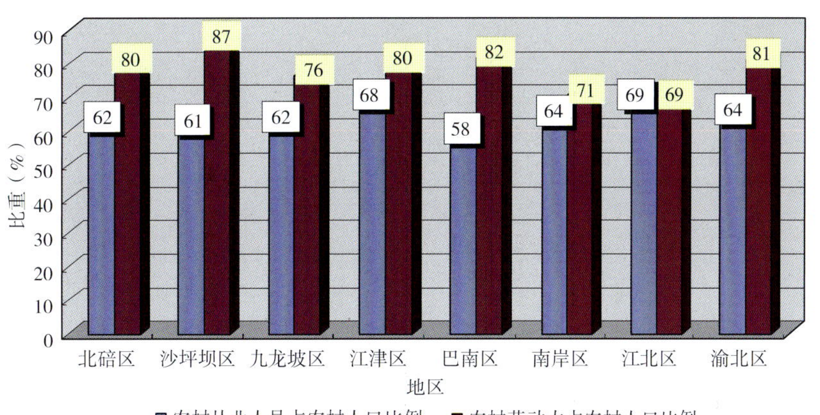

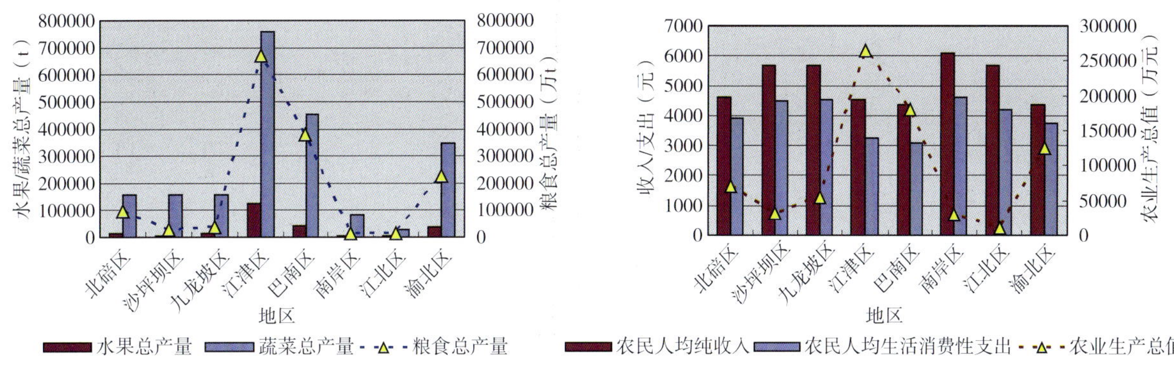

图 4-5　2007 年重庆绕城高速公路影响区农村基本情况比较图

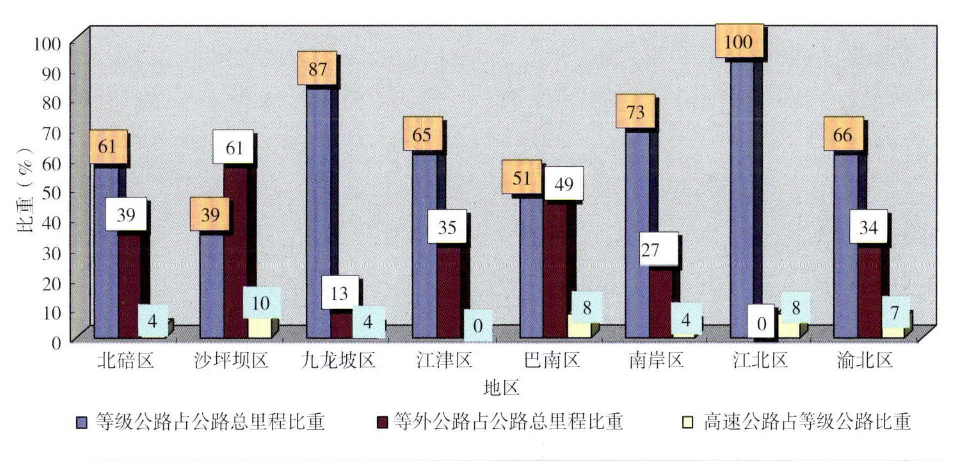

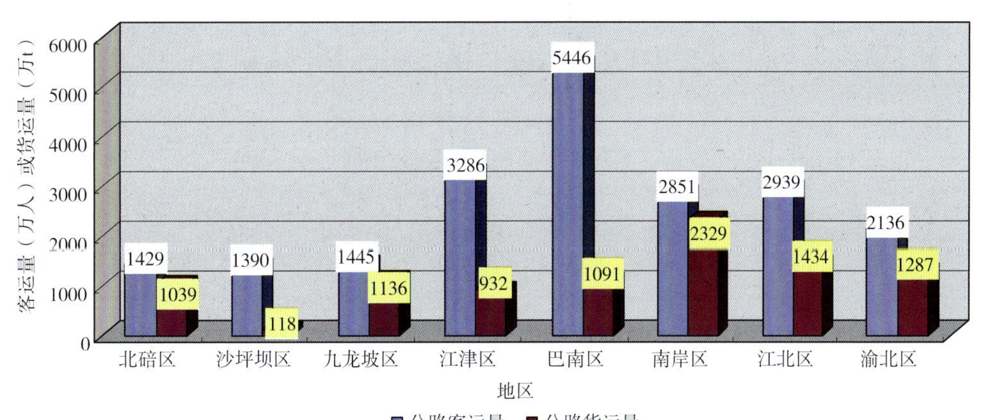

图 4-6　2007 年重庆绕城高速公路影响区交通运输基本情况比较图

④社会就业人员中，以农商为主，工业为辅，以城镇就业为主，农村就业为辅。

⑤农村劳动力充足，粮食、水果和蔬菜产量较高，农民收入和消费水平有所提高。

⑥公路里程较长，技术等级较低，公路客运量和货运量较大。

对重庆市历年的国内生产总值进行回归分析，建立以下模型：

$$Y=0.1651X^3-2.987X^2+55.48X+125 \tag{4-1}$$

式中：Y——国内生产总值，亿元；

X——年次。

项目所在区县主要经济指标的预测，是在对其进行时间序列分析的基础上，采用定量分析与定性分析相结合的方法确定。根据重庆市社会经济发展目标、“重庆市城乡总体规划（2007~2020 年）”、“重庆市国民经济和社会发展第十一个五年计划”以及社会经济发展的规律，预测重庆绕城高速公路八个主要影响区未来社会经济发展情况，如表 4–1 所示。

二、绕城高速公路对“城乡统筹”的作用

重庆绕城高速公路与内环高速公路及 8 条市区高速公路放射线一起构成了重庆市的基本交通保障，是实现重庆“半小时主城区”、“一小时经济圈”和“八小时大重庆”战略目标的重要交通骨架，并在城乡统筹配套综合改革试验中居于重要地位。绕城高速公路穿越重庆的北碚、沙坪坝、九龙坡、江津、巴南、南岸、江北、渝北八区并连接 10 个外围组团，如图 4–7、图 4–8 所示。其覆盖区域面积约 2 500km^2，直接影响和间接影响人口达 650 万人。经预测，到 2015 年小客车每日的交通流量将达到 6 万辆次以上，趋于饱和状态，同时它还将承担国、省干道在重庆的过境交通功能。

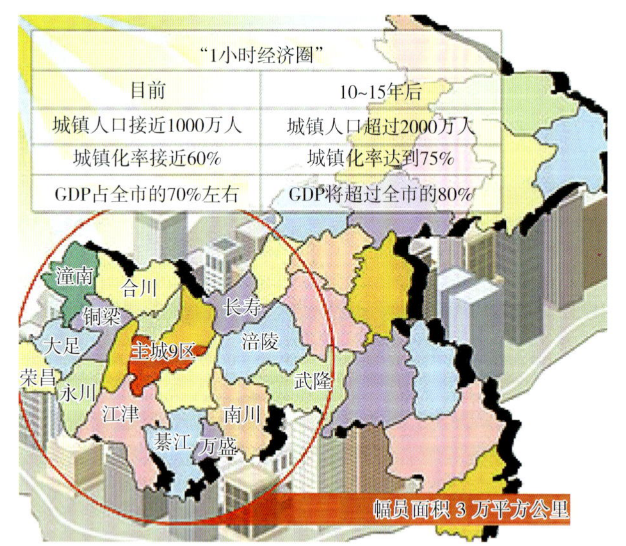

图 4–7 重庆绕城高速公路与“一小时经济圈”关系示意图

重庆绕城高速公路在服务于“城乡统筹”方面，具有以下作用。

（1）绕城高速公路穿越重庆 8 区，并连接 10 个外围组团，使沿线百姓享受到快捷方便的交通出行方式，并在主城区周边形成各具特色的“卫星城市”，既拓展了城市发展的空间，也缓解了主城区的交通压力。

（2）绕城高速公路与 8 条向外辐射的骨架高等级公路交叉形成 8 个枢纽互通式立交，重庆市连外通内的交通网络构建而成。

表 4-1

项目影响区未来社会经济发展预测情况表

项目	年份（年）	北碚区			沙坪坝区			九龙坡区			江津区		
		人口（万人）	国内生产总值（亿元）	人均生产总值（元）	人口（万人）	国内生产总值（亿元）	人均生产总值（元）	人口（万人）	国内生产总值（亿元）	人均生产总值（元）	人口（万人）	国内生产总值（亿元）	人均生产总值（元）
现值	2005	65.38	80.15	11 955	74.65	163.23	19 090	78.89	270.41	28 827	145.85	133.29	10 520
预测值	2010	67.57	126.2	18 226	79.87	287.7	28 705	84.32	445.5	44 354	148.20	214.7	16 637
	2015	69.76	189.7	26 533	85.11	422.7	39 513	89.77	669.9	62 792	150.58	330.3	25 247
	2020	71.91	266.1	36 013	90.21	579.1	51 154	95.05	896.4	79 380	152.93	474.2	35 743
	2030	74.02	347.8	45 744	95.00	756.9	63 443	100.05	1 144.1	96 115	155.16	649.7	48 285
年均增长速度（%）	2005~2010	0.66	9.5	8.8	1.36	10.0	8.5	1.34	10.5	9.0	0.32	10.0	9.6
	2011~2015	0.64	8.5	7.8	1.28	8.0	6.6	1.26	8.5	7.2	0.32	9.0	8.7
	2016~2020	0.61	7.0	6.3	1.17	6.5	5.3	1.15	6.0	4.8	0.31	7.5	7.2
	2021~2030	0.58	5.5	4.9	1.04	5.5	4.4	1.03	5.0	3.9	0.29	6.5	6.2

项目	年份（年）	北碚区			沙坪坝区			九龙坡区			江津区		
		人口（万人）	国内生产总值（亿元）	人均生产总值（元）	人口（万人）	国内生产总值（亿元）	人均生产总值（元）	人口（万人）	国内生产总值（亿元）	人均生产总值（元）	人口（万人）	国内生产总值（亿元）	人均生产总值（元）
现值	2005	86.19	100.9	12 325	54.51	115.6	17 459	49.57	133.72	20 717	87.72	145.32	17 228
预测值	2010	90.23	158.8	18 533	58.69	194.8	27 359	51.82	215.4	31 876	93.80	244.9	27 999
	2015	94.27	238.8	25 730	62.89	306.7	40 200	54.06	323.8	45 975	99.91	385.5	41 522
	2020	98.20	342.9	36 795	66.95	461.1	56 911	56.25	475.8	64 784	105.79	566.4	57 695
	2030	102	480.9	49 706	70.79	662.0	77 244	58.36	667.3	87 517	111.41	794.4	77 573
年均增长速度（%）	2005~2010	0.92	9.5	3.5	1.49	11.0	9.4	0.89	10.0	9.0	1.35	11	10.2
	2011~2015	0.88	8.5	7.6	1.39	9.5	8.0	0.85	8.5	7.6	1.27	9.5	8.2
	2016~2020	0.82	7.5	6.6	1.26	8.5	7.2	0.80	8.0	7.1	1.15	8	6.8
	2021~2030	0.76	7.0	6.2	1.12	7.5	6.3	0.74	7.0	6.2	1.04	7	6.1

注：表中经济指标为 2000 年不变价，增长速度按可比价。

图 4-8　重庆绕城高速公路与经济组团关系分布图

（3）绕城高速公路与快速干道和沿线经济组团配合，构成城乡快速机动化公路网络，促进城市与地方城镇的长远发展。

（4）结合铁路、高速公路和机场规划，构建城市物流交通系统，加强物流市场，实现货运交通一体化。

三、绕城高速公路的服务理念

重庆的二元对比系数为 0.18，低于全国 2004 年的平均水平（0.20）。这说明重庆城乡差距较大，二元结构突出。随着城乡统筹、城市化的推进，针对重庆市突出的二元结构经济模式，绕城高速公路需要突破传统交通运输的服务理念，增强以下几方面的服务。

1. 服务于“外环时代”发展与城市空间结构优化

绕城高速公路建成，标志着重庆市将进入“外环时代”，主城区工业化、城镇化的主战场从内环向内环与外环之间，以及外环的沿线拓展，形成“外环经济带”，即绕城高速公路与内环高速公路之间所形成的环状经济区域。该经济区域是重庆市未来的产业布局、人口迁移最重要的外延地带，为城市空间的拓展和城市结构、经济结构、社会结构的调整与优化升级创造了条件。规划到 2020 年，重庆将会成为主城人口 1 000 万人、城区面积 1 000km^2 的特大城市，成为西部地区经济中心、金融中心、社会发展和内陆开放高地，具体表现在以下方面：

（1）将推动重庆市主城区产业与人口的集聚扩展，优化主城区的空间结构，提升主城区的城市水平，推动城镇化的快速发展。

（2）将促进重庆产业结构实现新的战略布局，形成重庆特殊的“多中心、组团式”城市发展模式，实现建设国家中心城市的目标。

（3）将改善重庆交通环境，缓解内环路进出拥堵的矛盾，减轻机动车出行经济负担，拓展城市发展空间，加快城乡一体化进程。

2. 服务于城乡劳动就业和农村富余劳动力转移

（1）绕城高速公路施工建设阶段可就地转移部分劳动力，并开发就业新岗位；

（2）绕城高速公路投入运营后的收费、养护和绿化环保工作可转移部分劳动力；

（3）绕城高速公路提供营运服务过程中，公路服务区、客运休息区和旅游观景区的交通秩序、商业开发和第三产业服务等方面可转移部分劳动力；

（4）绕城高速公路部分服务区通过提供沿线百姓农副产品自产自销平台可转移部分劳动力；

（5）利用高速公路资源，与公共就业服务体系相协调，进行服务劳动力转移中的技术培训等。

3. 服务于沿线区域经济的发展

（1）开发优质旅游资源

充分利用绕城高速公路沿线特有的旅游资源，重点开发山、水、人文旅游景观及农业生态旅游，发展现代旅游业。通过加大宣传力度、创立旅游品牌、优化旅游环境和开发旅游线路，发挥旅游业的带动作用。结合沿线地区旅游资源分布和特色，研究旅游发展模式，使旅游业成为带动区域经济发展的新的增长点。

（2）发展休闲农业及其相关服务

随着人们生活水平的不断提高，人们对接触大自然、回归俭朴生活的需求快速增长。通过绕城高速公路，人们可以快速、便利地到达环境优美的农村地区观光旅游。服务模式可以通过建立休闲农业区和建立休闲农业园实现。

（3）发展规模化名特优农产品

绕城高速公路的建设，可以促进沿线地区名特优农产品的发展，建成规模化程度高、产业化经营能力强、产品质量安全的鲜活农产品供应基地，如无公害果蔬及禽蛋类。

（4）发展现代物流产业

绕城高速公路不仅方便了沿线居民的交通出行，而且也给货物的运输带来了便捷。目前，现代物流业在重庆的市场格局尚未完全形成，发展现代物流业有着得天独厚的优势，未来发展空间很大。服务模式可以采用建立物流园区、物流中心和货运站分层次的布局。

4. 服务于沿线百姓实现便捷安全的交通出行

（1）通过设立在绕城高速公路上的互通式立交和通道，与已有的骨架高速公路相结合，形成了重庆市连外通内的交通网络。

（2）利用已有市内交通设施，在服务区（或出入口）设置长途汽车停靠站点，实现市区与绕城高速公路沿线地区的直达，以及沿线地区间的直达。

5. 服务于区域之间的联合与协作发展

绕城高速公路沿线地区一般经济较为发达，资源较为丰富。由于绕城高速公路的修建，使得区域间的人流、物流、信息流和资金流等生产力要素流动活跃，促进了区域间联合与协作。这将有利于产业结构调整，形成规模化，创造较高的经济效益；有利于带动近郊地区的经济繁荣，缩小与城市中心的差距，加速城乡一体化的进程；有利于区域间优势互补，优化资源配置，实现共同和谐发展。

第二节　绕城高速公路“城乡统筹”服务模式

一、绕城高速公路服务重庆未来城市空间发展

1.“外环经济带”发展必然性与城市定位要求

1）建设“外环经济带”是重庆城市发展的必然

2009年重庆人均GDP达到3300美元，城镇化率为52%，正处于城市化和工业化发展的中后期阶段。重庆市主城区人口与产业长期在内环以内近300km^{2}的区域里集聚，人口目前已近饱和，城市功能已呈现向外环区域加速拓展的趋势。

绕城高速公路建成通车，整个外环以内的面积是2 253km^2，外环与内环之间面积是1 958km^2，该区域有足够的空间承接内环各种城市要素向外环的拓展。主城进入外环时代，外环高速就是城市“扩张线”，随着重庆主城版图的再次扩张，主城发展的重心必将由内环全面向外环区域转移，重庆主城建设已呈倍增式发展态势。因此，主城区由内环向外环延伸所形成的“外环经济带”，不仅是符合城市发展的一般规律，也是重庆主城发展到现阶段的一个必然结果。

2）建设“外环经济带”是实现国家对重庆城市定位的要求

国家对重庆的定位，一是中央对重庆直辖市的定位，它是中西部地区唯一的直辖市；二是314部署，对重庆有三大定位，即长江上游地区经济中心，国家重要的现代制造业基地，西南地区综合交通枢纽；三是国家提出的五大中心城市，包括北京、天津、上海、广州、重庆。建设“外环经济带”可以从以下三方面支撑国家对重庆城市定位的要求。

（1）支撑主城区集聚拓展

目前“外环经济带”是重庆主城区用地条件最好的区域，可以在未来5~10年内继续聚集起数万亿的产业和近千万的人口，有利于重庆建成1 000km^{2}和1 000万人口的城市要求。

（2）支撑重庆主城区空间结构的优化，提升主城区城市水平。

加快建设“外环经济带”，可以分流调整内环以内的人口和产业布局，可以解决在内环由于用地条件以及区域对城市发展的约束，促进主城区功能布局的优化，提高主城区城市空间的使用效率。

（3）满足中心城市窗口示范的要求

作为全市发展基础最好、条件最优的区域，“外环经济带”在很多方面发挥着重要的窗口示范作用。例如，城乡一体化的示范，目前“外环经济带”人口城镇化率为85.6%，户籍城镇化率达到60%以上，城乡居民收入的差距仅仅只有2.6元，这相当于东部地区发展水平。同时，“外环经济带”内有两江新区和两个保税区，有山有水，生态资源丰富，使其有条件成为内陆开放的示范，生态城市建设的示范。

2.“外环经济带”开发原则与发展目标

1）开发原则

“外环经济带”的开发，可遵循以下六个方面的原则：

（1）坚持产业发展高端化的原则；

（2）坚持开放创新的原则，依托两江新区、保税港区等平台，营造良好的投资环境，建设西部最具投资潜力的城市；

（3）坚持城乡一体化原则，促进城乡居民的公共环境共享；

（4）坚持三生协调原则，即生产、生活和生态相互协调，合理配置空间资源的分布；

（5）坚持"以人为本"的原则，促进人口的合理积聚；

（6）坚持可持续发展原则。

按照上述原则，可把"外环经济带"的发展定位为中心城市重要的功能区，现代制造业主要的集聚区，新增人口的承载区和科学发展的示范区。

2）发展目标

按照这种城市定位，"外环经济带"的发展目标如下：

（1）产业方面，"外环经济带"应成为现代制造业高地。到2020年底，工业总产值应达到2.5万亿元以上，相当于整个重庆工业总产值的60%左右。

（2）人口集聚方面，应新增集聚人口700万，加上目前的300万人口，到2020年应集聚1000万人口，同时户籍城镇化率达到100%。

（3）城市功能方面，到2020年底，城市建设用地应达到1000平方公里以上，同时形成一系列的城市功能设施的集聚。

（4）生态环境方面，到2020年底，重庆市将建设成为生态型城市，森林覆盖率达到40%，人均绿地率达到35m^2。

3."外环经济带"人口就业与城镇化发展

未来10年，将是重庆城市化加速的关键期，在主城核心区功能转型和承载能力减弱的背景下，主城区产业和人口将进行有序的转移，内外环之间的公共租赁房布局、城市新组团发展和新兴产业崛起将使"外环经济带"成为集聚人口的主要空间，劳动就业承载的主要区域，成功吸纳500万人口，形成20~30个20万~30万人口的集聚区，创造就业岗位100万个，成为破解户籍制度、城乡困局等中国现代化难题的重要试验田。

在外环时代，重庆主城将新增城市人口500万人。实现这一目标，必须推动区域间农民身份的转换，解决吸引农民变市民的政策问题；势必促使重庆统筹城乡综合配套改革进行有效试点并重点突破，尤其是以农民工问题为突破口，在户籍制度和农村土地制度改革，以及小城镇建设等重点领域和关键环节上必须取得重大进展。同时，随着主城规模的倍增和综合实力的提升、城市辐射带动力的增强、公共财政统筹城乡发展支撑力的加大，重庆统筹城乡综合配套改革的力度将进一步强化。重庆外环时代，应该是统筹城乡综合改革大推进、城乡互动大发展的时代。

同时，"外环时代"也将极大地推动城镇化快速发展，以特大城市为依托，构建大都市连绵带，形成与增长极、经济中心相匹配的城市发展空间。未来10年，"外环经济带"城镇化率将由目前的81.5%增至100%，将形成1个主城大城市、6个区域性中心城市、20余个区县城中等城市以及百多个重点集镇组成的千平方公里、千万人口特大城市。

4."外环经济带"产业布局与城市空间结构发展

1）"外环时代"将促进重庆产业结构实现新的战略布局

2010年，绕城高速公路全线通车，重庆工业总产值突破万亿，两江新区、两路寸滩保税港区、西永综合保税区同时启动，给重庆加速构建新的产业结构、培育新的产业优势带来了前所未有的机会。"外环经济带"将重点布局先进制造业和现代服务业，促进产业向辐射型、带动型转变。

（1）制造业方面

建立鱼嘴、空港、茶园、西永、西彭等重大产业基地。在产业基地的基础上，布局提升一批高科技产业园区和工业园区，包括鱼嘴、石船、西永等工业产值上亿的大型园区。以两江新区为核心，2012年将形成汽车产销量250万辆，约占全国的1/5，跻身全国汽车城市三甲；摩托车产销量突破1500万辆，成为名副其实的世界摩托车之都。同时，还可能崛起全国直升机制造、重大装备制造、

TD、现代物流、创新金融等高端产业基地。

（2）现代服务业方面

重点发展五个方面：一是现代物流业，要建设一批物流基地和物流中心，如沙坪坝团结村的铁路枢纽基地，江北国际机场的空港物流基地，巴南南彭的公路物流基地等；二是商业，要建立四个片区性的商贸综合体、12个大型的购物中心，同时按居住人口每5万人左右规划一个社区的商业中心；三是休闲旅游业；四是软件服务业；五是会展业。

（3）农业方面

重点是发展水果、花卉、苗木等观光农业和休闲农业。

因此，未来重庆主城核心区将大力集聚总部经济、高端服务、信息经济、创意经济和生活服务业的业态，而高科技产业园区、加工业基地、物流基地则分散到由外环高速连接的经济带，实现从重工业为主的工业城市向现代服务业为主的服务型城市的重大转折。

2）"外环时代"将形成重庆特殊城市空间结构

重庆是山地城市，城市规划以"一城五片、多中心组团式"的模式发展，即"5个片区、1个中心，6个副中心、16个组团"。其中，"5个片区"是指中部片区、北部片区、南部片区、西部片区、东部片区。"1个中心"，即中央商务区和商业中心，由江北嘴、解放碑、弹子石滨江地带共同组成，是面向西部地区和重庆区域的中心。"6个副中心"由沙坪坝、南坪、杨家坪、观音桥、西永、茶园城市副中心组成，主要培育为区域性的商务办公区、商贸服务和文化娱乐区，同时分担部分市级公共服务设施。城市副中心将主城共划分为16个组团和6个独立功能区，中部片区包括渝中、大杨石、沙坪坝、大渡口组团；北部片区包括观音桥、两路、蔡家、礼嘉－大竹林组团和唐家沱组团；南部片区包括南坪、李家沱－鱼洞组团，以及江津珞璜地区；西部片区包括北碚、西永、西彭和走马功能区，以及江津城区和双福地区；东部片区包括茶园、鱼嘴组团以及五宝、界石、南彭、一品、惠民功能区。

目前，"外环经济带"将城乡总规划的8个城市功能区、6个副中心城和鱼嘴、两路、蔡家、北碚、渔洞、西彭、西永、长生、白市驿、界石、一品11个发展组团串联起来，并与空港、轻轨、铁路、工业园区、公交客运枢纽站场相接，将这些区域打造成为城市新的经济组团。一方面可为主城现有核心区减压，另一方面将形成新的经济增长极。更多新兴区域也将成为大都市核心区，如北部的两路、蔡家、悦来、礼嘉等，西部的西永、西彭、双福等，南部的渔洞、鸡冠石、李家沱、一品等，东部的茶园、鱼嘴、界石等，中部的跳蹬、建胜等。

2010年2月8日，在住房和城乡建设部编制的《全国城镇体系规划》中，国家首次将重庆提升为国家五大中心城市之一。为构建中心城市，重庆将重点实现北拓东跨和西进南优，即以两江新区为依托，全面打造内陆开放高地，解决动力不足的问题；提升西永组团和西彭组团，优化南部老城区，建设外围卫星城，解决培育腹地、均衡发展的问题，使得重庆完成以下五个方面的使命：突出的区域辐射功能，在我国西部经济发展中具有重要影响力；成为内陆直接对外开放的城市；成为西部、乃至全国的物流、交通和人流门户与枢纽；肩负更重要的产业职能和经济职能；成为国家改革开放的重要试验区。

5."外环经济带"交通建设与城乡统筹一体化发展

1）改善重庆交通环境

"外环时代"将改善重庆交通环境，加快交通体系建设，缓解内环路进出拥堵的矛盾，减轻机动车出行经济负担。

自2003年内环高速公路纳入主城区路桥年票车通行范围后，随着城市规模的不断扩大，内环路已

成为连接主城各区的道路交通主骨架，交通流量急剧增加，收费站拥堵现象日趋明显。2008 年，全市高速公路机动车日均 31.45 万辆次。其中，通过内环路的机动车日均 25.76 万辆次，占高速公路车流通行量的 82%。

2009 年，随着绕城高速公路的通车，19 个内环收费站和 8 个射线收费站已全部撤销，另在射线高速路上新建 7 个主线收费站和 1 个绕城高速北碚枢纽站，代替内环收费站实现“封闭”功能。内环外移后，绕城高速将承担重庆过境交通压力，内环高速变为城市快速干道，这将促使主城核心区向外拓展，也将缓解内环路上的交通拥堵，对加快城市组团之间连接速度、加快城市化进程有重要意义。

2）促进城乡一体化统筹发展

“外环时代”将拓展城市发展空间，促进城乡一体化统筹发展。

作为西部地区唯一的直辖市，重庆城乡二元结构十分典型。主城区为超过 500 万人口的特大城市，农村常住人口却达到 1 420 万人，农业户籍占到全市的 72%；城乡差距比例达到 1 ∶ 3.4，高于全国平均水平。在外环时代，重庆主城将新增城市人口 500 万人。要实现这一目标，必须推动区域间农民身份的转换，尤其是对于农民工问题，应以户籍制度、农村土地改革以及小城镇建设等作为突破口。同时，随着主城规模的倍增和综合实力的提升，城市辐射带动力增强，公共财政统筹城乡发展支撑力加大，重庆统筹城乡综合配套改革的力度必将进一步强化。重庆外环时代，应该是统筹城乡综合改革大推进、城乡一体化大发展的时代。

重庆市推进城乡统筹一体化发展将采取以下三条路径。

（1）建设公共租赁房

外环高速通车后，重庆市政府将在外环内规划了 21 个人口在 20 万 ~30 万人的大型居民聚居区即城市组团，实施外环组团式发展。同时，推出公共租赁房建设工程。到 2012 年，外环内的公租房可达到 1 000 万 m^2。

（2）改革户籍制度

实现 2012 年前 300 万人、2020 年 1 000 万人的农村人群转户目标，城镇化率从 46% 提高到 70%。

（3）实施农户万元增收工程

到 2012 年，“两翼”农民人均纯收入将年增长 18%，年均增加 800 元，达到 6400 元，农户户均收入比 2009 年增收 1 万元，达到 2.5 万元；有劳动能力的农户，95% 以上实现万元增收。

二、其他服务模式

1. 绕城高速公路影响范围的边界分析

绕城高速公路经济带可以直接推动区域经济增长，促进地区经济结构调整与优化，加快区域范围内的社会经济进步，因此对影响范围边界进行科学界定，对于准确测定高速公路经济带的范围具有重要的意义。

1）公路吸引区域和吸引半径分析

绕城高速公路经济带的形成和发展以资源的集聚和扩散为手段，其空间结构的形态演进遵循“点—片—带”的发展模式：一是高速公路的建成连接了沿线地区一定层次的“经济中心点”；二是经济中心点作为发展节点迅速扩大成“片”；三是以高速公路为轴线的“片”逐渐连成相对较强经济力量的发展带面。在“点—片—带”的发展过程中，区位条件的时间和运费优势是高速公路经济带发展的主动力，因此时间和运费在界定高速公路经济带的空间边界中是最为关键的变量。

以绕城高速公路沿线出口为中心的区域享有最大的高速公路运输优势，其经济发展受到高速公路的直接影响和间接影响。高速公路对沿线区域的影响方式如图 4-9 所示。

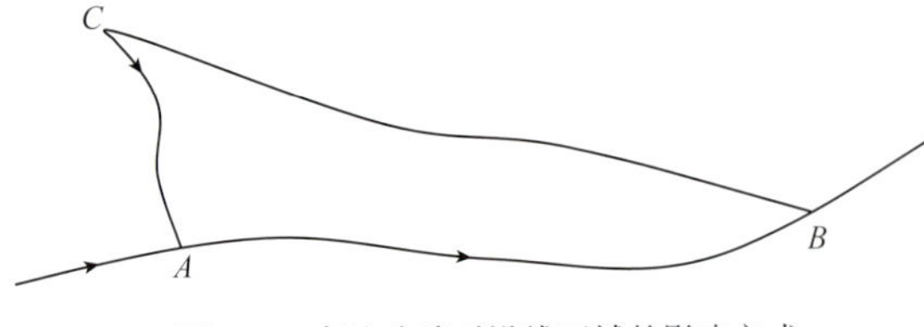

图 4-9　高速公路对沿线区域的影响方式

（1）直接影响体现在高速公路出入口附近区域直接通过高速公路与其他区域发生物资、资金和信息等交换。

如图 4-9 所示，高速公路 *AB* 以 *A* 点和 *B* 点为出入口，*A* 点附近区域可直接通过高速公路与 *B* 点或其他出入口及相关区域发生直接运输联系，直接受到高速公路影响。

（2）间接影响是指高速公路出入口处一条其他交通线路上的区域通过高速公路与其他区域发生间接的交通运输联系。

根据图 4-9，与高速公路出入口 *A* 点相连的交通线路 *AC* 的 *C* 点附近区域可通过 *AC* 线路，再经过 *AB* 线路与其他区域产生联系，高速公路对 *C* 点及其附近地区的影响属于间接影响。

随着绕城高速公路经济带的发展，高速公路对相关区域的影响以间接影响为主。绕城高速公路出入口附近区域经过高速公路的运输费用和运输时间相对较少，而其他交通路线区域的运输费用和运输时间却较多。这就可能使其选择通过其他线路替代高速公路与外界发生经济联系。所以，从某种意义上讲，绕城高速公路所能间接影响的区域范围即为高速公路经济带的空间范围。

2）边界模型的建立

如图 4-9 所示，*CA* 线路和 *CB* 线路都是非高速公路的运输线路，*C* 点既可通过 *CAB* 线路与 *B* 点发生交通运输联系（高速公路起间接影响作用），也可直接通过 *CB* 线路与 *B* 点发生交通运输联系，且与 *A* 点无关，*AB* 段高速公路对 C 点将不发生任何影响。因此，对于存在不同交通路线与高速公路相邻的两个出入口相连的情况，可以将运输费用和运输时间作为决定性变量来测算某一个出入口的影响半径。

假设 l 为交通线路长度，则 *CA*、*CB*、*AB* 的线路长度分别为 l_{CA}、l_{CB}、l_{AB}；假设 C 为单位货物平均运输成本，则 *CA*、*CB*、*AB* 线路的单位运输成本分别为 C_{CA}、C_{CB}、C_{AB}；假设 v 为平均运输速度，则 *CA*、*CB*、*AB* 线路的平均运输速度为 v_{CA}、v_{CB}、v_{AB}；假设 R_A 为高速公路出入口 *A* 点的影响半径，则以运输费用决定的影响半径为 R_t，以运输时间决定的影响半径为 R_t。设 *CA* 线路和 *CB* 线路为 *C* 点到 *A* 点、*B* 点的最佳运输费用路线和最佳运输时间路线，则绕城高速公路出入口影响半径的模型为：

$$\text{opt}R_A = \max(R_C, R_t)$$
$$\text{s.t.}\begin{cases} C_{CA}R_C + C_{AB}l_{AB} \leqslant C_{CB}l_{CB} \\ \dfrac{R_t}{v_{CA}} + \dfrac{l_{AB}}{v_{AB}} \leqslant \dfrac{l_{AB}}{v_{CB}} \end{cases} \tag{4-2}$$

即：

$$\text{opt}R_A = \max(R_C, R_t)$$
$$\text{s.t.}\begin{cases} R_C \leqslant \dfrac{C_{CB}l_{CB}}{C_{CA}} - \dfrac{C_{AB}l_{AB}}{C_{CA}} \\ R_t \leqslant \dfrac{C_{CB}v_{CA}}{C_{CB}} - \dfrac{l_{AB}v_{CA}}{C_{AB}} \end{cases} \tag{4-3}$$

其中：约束条件式（4-2）从运输费用最小角度衡量了运输费用决定的 *A* 点影响半径 R_C；约束条件式（4-3）从运输耗时最小的角度衡量了运输耗时决定的 *A* 点影响半径 R_t。目标函数则是从运输费用影响半径 R_C 和运输时间影响半径 R_t 中选择较大者作为 *A* 点的影响半径 R_A。

如果单纯以绕城高速公路相邻的两个出入口来确定出入口影响半径，则影响半径理论上可变得无穷大。但是现实条件下，由于高速公路出入口之间的交通网络有一定的发展限度，从一些主要的交通线路中可以测算出一定的影响半径，模型所需要的数据也可以从统计资料和经验中获取。因此，对高速公路不同出入口影响半径的测算最终可以勾画出高速公路影响区域的带状形态，如图 4-10 所示。

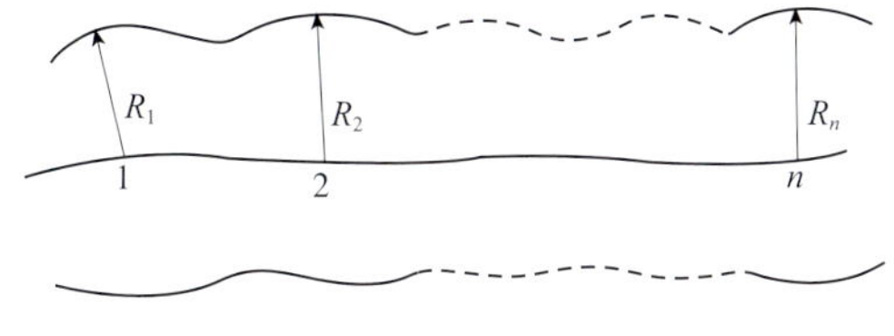

图 4-10　高速公路影响区域的带状形态

假设测算得到 n 个出入口的影响半径，则高速公路经济带的平均半径则为：

$$R = \frac{1}{n}\sum_{i=1}^{n} R_i \tag{4-4}$$

由于绕城高速公路出入口影响半径的大小依赖于另外的出入口及两处入口之间的交通支线状况，因此沿着正反方向可以计算出两个不同出入口的影响半径序列。假设它们是（R_{11}，R_{12}，…，R_{1n}）和（R_{21}，R_{22}，…，R_{2n}），而高速公路一般是封闭式的。由于同一出入口两侧交通支线的状况不同，所以两侧的影响半径也会有所差异，考虑高速公路另一侧的影响半径，假设得到两个影响半径序列（R_{31}，R_{32}，…，R_{3n}）和（R_{41}，R_{42}，…，R_{4n}）。根据测算就可得到四个影响半径序列，绕城高速公路的平均影响半径即为：

$$R = \frac{1}{4n}\sum_{i=1}^{4}\sum_{j=1}^{n} R_{ij} \tag{4-5}$$

需要说明的是，绕城高速公路各出入口的影响半径由于周围交通网络的发达程度和自然条件不同而有所不同，其所形成的带状区域也是不规则的，这也是系统、准确地界定高速公路经济带的难点所在。因此，依据不同方向（或不同出入口）和两侧不同交通支线测算的高速公路影响半径是有所差异的，应该根据具体研究内容的需要进行选择，以反映高速公路对区域经济的实际影响。随着绕城高速公路经济带的空间扩张，出入口的影响半径及其所形成的高速公路经济带的平均半径也是不断增大的。

2. 劳动力转移服务模式

1）劳动力需求模式与分析

将所研究的农村经济体系分为两个子系统，即农业部门与非农业部门。假定农业与非农业部门的生产函数都为 Cobb–Douglas 生产函数型。应用刘易斯转移劳动力理论估算方法，得出以下计算公式：

可推出农村转移的劳动力数量 Z 为：

$$Z = \frac{I_1 L_2 - \gamma Y_1 L_2}{I_2} \tag{4-6}$$

农村剩余劳动力数量 S 为：

$$S = L_1 - \frac{I_1 L_2 - \gamma Y_1 L_2}{I_2} \tag{4-7}$$

式中：I_1、I_2——分别为农业部门、非农业部门的利润；

L_1、L_2——分别为农业部门、非农业部门的劳动力数量；

γ——土地产出弹性；

Y_1——农业毛收入，其估算公式如下：

$$Y_1 = (A_1 L_1)^{\alpha_1} \cdot K_1^{\beta_1} \cdot D^{\gamma_1} \tag{4-8}$$

式中：A_1——国家财政支农支出；

K_1——农业的投入资金，这里用"农村的农业固定资产及生产费用支出"代替；

D——农作物总播种面积。

对式（4-8）两边取自然对数，可得到：

$$\log(Y_1)=\alpha_1\log(A_1L_1)+\beta_1\log(K_1)+\gamma_1\log(D) \qquad (4\text{-}9)$$

根据重庆绕城高速公路路域资源相关统计数据，对模型进行 OLS 估计，其结果如下：

$$\log(Y_1)=0.056\log(A_1L_1)+0.843\log(K_1)+0.1011\log(D) \qquad (4\text{-}10)$$

其中：α_1=0.056，β_1=0.8431，γ_1=0.1011。

由此得到土地的产出弹性 γ=0.101，代入式（4-6），则得到转移的劳动力数量。利用表 4-1 相关数据进行计算，可以预测 1999~2030 年的重庆绕城高速公路影响区农村劳动力的转移数量，见表 4-2。

1999~2030 年重庆绕城高速公路影响区农村劳动力的预测转移数量表 表 4-2

影响区年份（年）	北碚区（万人）	沙坪坝（万人）	九龙坡（万人）	江津区（万人）	巴南区（万人）	南岸区（万人）	江北区（万人）	渝北区（万人）	合计（万人）
1999	0.42	1.01	0.83	2.67	0.26	1.21	0.89	1.05	8.34
2000	0.65	1.37	1.26	2.97	0.46	1.56	1.23	1.35	10.85
2001	1.62	1.65	1.43	3.69	0.78	1.46	0.97	1.65	13.25
2002	0.83	1.76	1.06	7.02	0.24	1.87	0.76	2.98	16.52
2003	0.95	2.53	2.03	1.53	0.93	2.13	1.35	2.97	14.42
2004	1.02	1.83	1.86	0.27	0.54	2.78	1.97	4.02	14.29
2005	0.46	1.32	2.43	0.64	0.63	2.56	0.89	3.97	12.90
2006	0.21	1.13	0.59	0.53	1.25	1.64	1.35	4.17	10.87
2007	0.23	2.63	1.17	0.73	1.31	1.07	2.26	3.99	13.39
2008	0.53	0.95	1.09	1.36	0.63	1.87	1.84	3.12	11.39
2010	0.35	0.91	1.03	1.20	2.68	1.02	1.76	3.04	11.99
2015	0.22	0.6	0.72	0.59	2.97	0.73	0.85	1.09	7.77
2020	0.13	0.22	0.32	0.35	0.97	0.25	0.17	0.56	2.97
2030	0.07	0.05	0.05	0.17	0.11	0.04	0.00	0.12	0.61

由表 4-2 可以看出，用农村剩余劳动力转移模型计算的数据与 1997~2008 年重庆绕城高速公路影响区实际转移的农村剩余劳动力数量上基本吻合，见表 4-3。由此可知，2010 年重庆绕城高速公路影响区可转移农村劳动力 11.99 万人，2010 年可转移 2.97 万人，2030 年可转移 0.61 万人。

1997~2008 年重庆绕城高速公路影响区农村劳动力的实际转移数量表 表 4-3

影响区年份（年）	北碚区（万人）	沙坪坝（万人）	九龙坡（万人）	江津区（万人）	巴南区（万人）	南岸区（万人）	江北区（万人）	渝北区（万人）	合计（万人）
1999	0.51	1.03	0.72	2.53	0.35	1.34	0.82	1.03	8.33
2000	0.70	1.26	1.04	3.01	0.41	1.63	0.97	1.21	10.23
2001	1.56	1.51	1.60	3.40	0.62	1.77	0.71	1.24	12.41
2002	0.87	1.40	1.46	6.74	0.37	1.71	0.61	2.70	15.86
2003	1.03	2.10	2.26	1.19	0.81	2.08	1.45	3.27	14.19
2004	1.31	2.00	1.71	0.32	0.80	2.62	0.91	3.75	13.42
2005	0.48	1.59	2.63	0.52	0.74	2.33	0.92	3.81	13.02

续上表

影响区年份（年）	北碚区（万人）	沙坪坝（万人）	九龙坡（万人）	江津区（万人）	巴南区（万人）	南岸区（万人）	江北区（万人）	渝北区（万人）	合计（万人）
2006	0.22	0.99	0.76	0.58	1.01	1.51	1.47	4.25	10.79
2007	0.06	2.84	1.26	0.95	1.01	1.17	2.24	3.76	13.29
2008	0.40	1.05	1.10	1.17	0.80	1.93	1.79	2.96	11.20
合计	7.14	15.77	14.54	20.41	6.92	18.09	11.89	27.98	122.74

2）主要影响区劳动力转移模式分析

（1）高速公路施工建设施工建设阶段可就地转移部分劳动力，开发就业新岗位。

绕城高速公路建设期间雇用的农民工人数如表 4-4 所示。由表 4-4 和图 4-11 可知，在绕城高速公路建设过程中就地转移的劳动力有 48.9% 来自项目的主要影响区（八区），转移最多的是江津区，高峰期参加重庆绕城高速公路建设的有 3 764 人，占雇用农民工总人数的 17.0%。其次是巴南区和渝北区，分别占到了总雇用人数的 12.4% 和 7.3%。而北碚区、沙坪坝区、九龙坡区、南岸区、江北区的农民工相对较少。这与这几个区城市化水平高（2007 年城镇化率均达到 100%）、工业发达、闲置人口少有很大的关系。

重庆绕城高速公路雇用农民工人数统计表 表 4-4

序　号	家庭所在地	高峰期人数（人）	平均人数（人）
1	北碚区	1 123	773
2	沙坪坝区	895	619
3	九龙坡区	558	397
4	江津区	3 764	2 616
5	巴南区	2 765	1 904
6	南岸区	118	87
7	江北区	5	4
8	渝北区	1 632	1 123
9	其他地区	11 429	7 869
10	合计	22 289	15 392

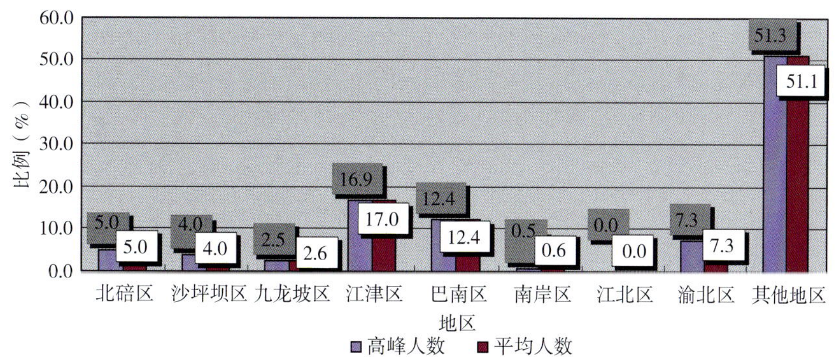

图 4-11 重庆绕城高速公路影响区从事项目建设的农民工占总雇用人数比例图

（2）高速公路建成运营后的收费、养护、绿化环保、服务区工作可转移部分劳动力。

一般情况下，重庆地区高速公路养护每 10km 配置技术管理人员 1 人，养护工人 20 人；收费站，四班三倒，大站一个班 7~8 人，共约 30 人，小站一个班 4~5 人，共约 20 人；服务区配备管理人员 2 人，

保安员和保洁人员 14 人，加油人员 9~15 人，车辆维修人员 3~9 人，特产销售人员 4~8 人。

按照重庆地区高速公路工作人员配备标准，绕城高速公路在运营阶段开辟就业岗位约 731 个。随着车流量的逐渐增多以及高速公路服务区的功能拓展（如在服务区内建立物流配送中心、江津观音岩长江大桥观景台桥梁文化展示平台等），将会开辟更多的就业岗位。

（3）高速公路部分服务区通过提供沿线百姓农副产品自产自销平台可转移部分劳动力。

（4）绕城高速公路有利于沿线工业的引进，推进乡镇企业的发展，大规模促进劳动力转移。

（5）绕城高速公路促进旅游业、现代农业的发展，增大吸纳农村剩余劳动力的就业空间。

（6）促进农村劳动力向异地转移。重庆绕城高速公路建成之后，使广大农村地区与外界的联系越来越紧密，使农民出行越来越容易，为大量农村剩余劳动力的异地转移提供便利。

（7）利用高速公路资源，与公共就业服务体系相协调，进行服务劳动力转移中的技术培训等。

3）主要影响区劳动力转移预测

通过以上分析，重庆绕城高速公路影响区劳动力转移数量如表 4–5 所示。由此可见，重庆绕城高速公路在建设和运营过程中就地转移的劳动力共有 11 591 人。其中，转移最多的是江津区，有 3921 人，占雇用农民工总人数的 33.8%；其次是巴南区、渝北区和北碚区，分别占到了总雇用人数的 24.8%、15% 和 11%。

重庆绕城高速公路影响区直接转移的劳动力数量统计表 表 4–5

影 响 区	建设阶段劳动力转移（人）	运营阶段劳动力转移（人）	合计（人）
北碚区	1 123	147	1 270
沙坪坝区	895	117	1 012
九龙坡区	558	60	618
江津区	3 764	157	3 921
巴南区	2 765	105	2 870
南岸区	118	40	158
江北区	5	—	5
渝北区	1 632	105	1 737
合计	10 860	731	11 591

此外，由于重庆绕城高速公路建成后所带动的土地增值、产业发展、乡镇企业发展和经济带的形成，大量的农村剩余劳动力将由农村部门向工业部门和第三产业部门转移。由于农村剩余劳动力的转移与经济发展相关，与水利、通信、交通、能源等基础设施、就业制度和保障制度等相互交织，这些因素共同促进了农村劳动力的转移。因此，由重庆绕城高速公路单方面间接引起的劳动力转移数量难以确定。

3. 区域经济发展服务模式

1）主要影响区经济发展模式分析

主要影响区经济发展可有以下几种模式。

（1）发展规模化名特优农产品

重庆绕城高速公路影响区可发展规模化农产品的区域有北碚区、九龙坡区、巴南区、南岸区和渝北区，其中名特优品牌包括水土花卉与渔业、歇马“447”锦橙、金凤果蔬、惠民花椒、南彭草莓、石岗苦瓜、吴小平葡萄。

（2）开发优质旅游资源

重庆绕城高速公路影响区可开发旅游资源的区域有北碚区、九龙坡区、江津区、巴南区和渝北区，其中优质旅游资源包括歇马镇磨滩瀑布、海兰湖与九凤山风景区、走马桃花节、金果园旅游综合开发区、澎湖游乐园、江津桥头观景区、南湖风景区、桥口坝温泉风景区、圣灯山森林公园、张关溶洞和玉峰山。

（3）发展休闲农业及其相关服务

重庆绕城高速公路影响区可发展休闲农业及其相关服务的区域有北碚区、沙坪坝区、九龙坡区、巴南区、南岸区、江北区和渝北区，其中可发展休闲农业产业的包括水土镇大地村渔业休闲基地、曾家镇都市生态农业休闲观光区、海兰温泉休闲度假村、西彭镇水帘洞休闲山庄、南彭百里农业生态观光长廊、江南枇杷园果树休闲基地、银湖休闲观光旅游区、塘坎花卉苗木产业化基地、迎龙观赏鱼基地、鱼嘴镇双溪村休闲农业基地、张关镇老君山乡村休闲基地、玉峰村乡村休闲区和龙兴镇生态农业乡村游基地。

（4）发展现代物流业

现代物流包括仓储、配送、运输、绿化基地产业等。重庆绕城高速公路影响区可发展物流业相关服务的区域有巴南区和渝北区，其中可发展物流产业的包括以南彭镇鸳鸯村为中心的仓储物流基地、空港物流中心区。

重庆绕城高速公路影响区经济发展模式的具体布局如图 4-12 所示。

图 4-12　重庆绕城高速公路影响区经济发展模式的具体布局图

2）农业产业化发展模式

根据重庆绕城高速公路路域资源的调查与分析，高速公路影响区内农村人口较多，产业布局以第二产业和第三产业为主，在社会就业人员中，以农商为主，因此农业产业化是绕城高速公路建成后能够大力进行发展的。

（1）休闲农业产业化发展模式

重庆绕城高速公路沿线的休闲农业主要有：

①农园观光观赏型；

②民俗文化体验型；

③农事活动参与型；

④农业特产节庆型；

⑤休闲度假型；

⑥科普教育型。

（2）农业产业化发展模式

农业产业化是指改造传统的自给半自给的农业和农村经济，与市场接轨，在家庭经营的基础上逐步实现农业生产的专业化、商品化和社会化。

4. 沿线百姓交通出行服务模式

可采用以下几种模式，服务于重庆绕城高速公路沿线百姓交通出行。

（1）通过设立互通式立交和通道服务沿线百姓出行

通过设立互通式立交和通道，与绕城路向外辐射的高速公路相结合，方便了项目影响区与其他区县之间的交通联系。

重庆绕城高速公路共设立了8个枢纽互通式立交、14个一般的互通式立交和183个通道，与8条放射线高速公路形成了重庆市连外通内的交通网络。其中，8个枢纽互通式立交包括鱼嘴互通、朝阳寺互通、北碚互通、青木关互通、走马互通、槽房互通、寨子坡互通、花溪互通，这些互通沟通了沿线与相邻区域城镇的联系。

（2）通过开通专线客运班车服务沿线百姓出行

在绕城高速公路内设立服务区，开通专线客运班车，实现沿线地区的直达，方便了各影响区之间的交通联系。

重庆绕城高速公路分别在北碚区、沙坪坝、巴南区、江津区、渝北区设立了复兴服务区、曾家服务区、惠民服务区、马宗服务区、龙兴服务区。

绕城高速公路贯穿主城周边11个经济组团，组团中工矿企业和住宅小区密布，人口众多，但现行道路交通匹配不足，市民出行比较困难。绕城高速公路作为一条"城市快速干道"，出于沿线居民出行的需要，可以在服务区内开通客运班车，成为沿线百姓出行的快速通道，以解决民众安全、便捷出行的需求。为了安全管理的需要，这些客运站点主要考虑设置在服务区内，方便统一管理。

如将曾家服务区和龙兴服务区建设成开放的服务区，服务区内设置客运班车站点，沿线百姓在服务区内候车，到达项目其他影响区时间大为缩短。例如，从沙坪坝区到渝北区，行程可缩短30~40min。

（3）通过在服务区（或出入口）设置长途汽车停靠站点服务沿线百姓出行

利用已有市内交通设施，在重庆绕城高速公路服务区（或出入口）设置长途汽车停靠站点，实现市区与绕城高速公路沿线地区的直达。

重庆市现有的龙头寺、菜园坝、南坪、红旗河沟、陈家坪、沙坪坝等长途汽车站均位于中心城区内。鉴于长途汽车通常需经过绕城高速公路沿线，而沿线百姓乘坐长途汽车又需要去市中心换乘的现状，如果能够直接通过服务区（或出入口）设置的停靠站点上下车，将给沿线百姓带来交通出行的便利，同时，还能在一定程度上缓解中心城区的交通压力。

第五章　服务于“城乡统筹”的绕城高速公路便民客运系统规划

第一节　绕城高速公路沿线居民出行特征

一、出行特征调查方法

居民出行调查可分为行为调查（Revealed Preference，简称 RP）调查和意向调查（Stated Preference，简称 SP）调查。

RP 调查是针对某些已经实施的政策或者已经存在的设施进行相关调查，请被调查者根据他们的实际出行行为填写调查表或问卷，在此调查结果基础上建立相关的概率或其他模型。这是一般传统使用的方法，其最基本目的就是要了解居民的交通需求，分析居民的交通出行特性，为制订近期、远期交通规划提供依据。

RP 调查的主要内容包括：家庭特征信息、个人特征信息、一次出行特征信息等。

RP 调查的主要方法有：家访调查法、电话询问调查法、路边询问调查法、明信片调查法等。

SP 调查指为了获得“人们对假定条件下的多个方案所表现出来的主观偏好”而进行的调查，其最大特点在于调查的内容是尚未发生的事情，通过在假定条件下提供多种虚拟选择方案供被调查者选择，可以获得人们对假定方案所表现出来的主观偏好。

SP 调查的主要流程为：样本的选取—试验设计—方案评价的表述方法—调查的实施。

绕城高速公路客运系统的规划应以方便绕城高速公路周围的居民特别是沿线村镇居民的出行为目的。调查是为了获得沿线居民的出行信息，进而得到沿线居民的出行特征。在此基础上分析周边居民客运出行需求，并根据绕城高速公路周边居民对客运站点建设的意向数据来合理规划绕城高速客运系统。因此，调查对象是绕城高速公路周边村镇居民，主要采取 RP 调查和 SP 调查相结合的方法。RP 调查主要获得绕城高速公路沿线村镇居民出行者的个人和家庭基本信息、最近一个月的出行信息及部分交通方式信息等。绕城高速公路周边居民对绕城高速便民客运系统的期望程度及居民对客运站点设置的相关意向数据等采取 SP 调查。

二、出行特征调查方案与组织实施

1. 调查方案设计原则

国内外经验表明，优良的调查方案设计可以有效地促进调查数据可靠性的提高，在调查方案设计阶段，必须遵循以下原则。

（1）可靠性原则

要求居民出行调查尤其是 SP 调查中各属性数目及水平的确定，必须能够比较客观地反映各选项的特性，既能便于受访者作出选择，又能提高数据的可靠性。

（2）合理性原则

调查方案设计的内容可以是真实的或假设的情景，但必须保证其合理和现实性，符合绕城高速公路居民出行现状及出行意愿，以保证分析结果的正确性。

（3）约束性原则

必须保持选项内容的现实性约束，让受访者根据自己的出行经历来表达嗜好，避免不切实际。

（4）简明性原则

调查表的设计要求简洁、明了、易于理解且在受访者的经验范围内，使受访者能在较短的时间做出明确回答。

2. 调查方案设计

1）RP 调查方案设计

本次 RP 调查的对象是有主动出行需求的 6 岁（含 6 岁）以上的绕城高速周边村镇居民。同时，考虑到本次绕城高速居民出行调查目的是分析居民是否有客运出行需求，本次调查中的出行是指居民离开本行政村的出行，不包括务农、串门等的村内出行。具体的调查内容主要包括以下三个方面：

（1）居民的个人和家庭基本信息如性别、年龄、家中人口等；

（2）居民近期一个月内的出行信息和一次出行的具体信息；

（3）影响居民出行交通方式选择的出行距离、出行时间、换乘地点等因素的信息。

2）SP 调查方案设计

SP 调查问题主要集中在居民会不会利用在绕城高速公路及附属设施内设置的客运站点，以及影响居民选择绕城高速客运站的因素，如居民希望客运站点离家的最大步行距离和居民在客运站点能忍受的最大等候时间等。为了更好地规划绕城高速客运系统，还要询问当地居民目前农村客运系统存在哪些需要改进的问题以及对未来绕城高速客运系统建设与运营的建议。

3. 调查的组织实施

1）绕城高速公路便民客运系统影响范围

应用区域经济的点轴开发理论和生长轴理论，研究高速公路客运站点的吸引区域、吸引半径。

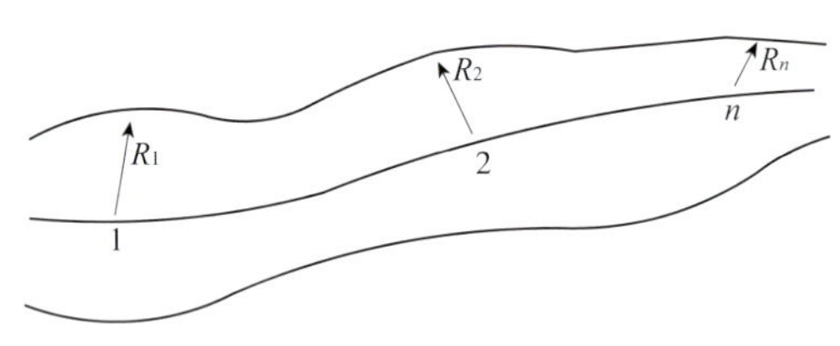

图 5-1　高速公路影响范围边界

由于绕城高速公路客运运输主要以运输时间、运输费用作为路线选择依据，这两个因素就是影响半径的主要因素。那么，以绕城高速公路为“生长轴”，沿线区县为增长极，考虑费用和时间，构建影响半径模型为：

根据图 5-1 和式（4-2）、式（4-3），以服务效益为评价目标函数，确定绕城高速公路的影响半径。

$$R=\max\left(R_{费用}，R_{时间}\right)$$

根据多省道路客运成本的调研数据，假定重庆客运成本如表 5-1 所示。

重庆客运成本价格表　　表 5-1

客车类型	客运成本（元 / 人公里）	客车类型	客运成本（元 / 人公里）
普通客车	0.097 2	高二级客车	0.213 6
中级客车	0.111 6	卧铺客车	0.139 2
高一级客车	0.126		

假设重庆绕城高速公路的平均运输速度为 80km/h，国道的平均运输速度为 60km/h，省道的平均运输速度为 50km/h，县道的平均运输速度为 30km/h。高速公路客车采用高一级客车的运输成本，国道及

省道采用中级客车的运输成本，县道采用普通客车的运输成本。

测量绕城高速公路周边的地区到高速公路客运站点的线路距离，根据影响半径的模型，计算出绕城高速公路的影响半径，如表 5–2 所示。

绕城高速公路影响半径　　表 5–2

典　型　点	影响半径（km）	典　型　点	影响半径（km）
惠民	4.7	水土	2.02
一品	5.32	龙兴	2.48
广阳	5.45	南彭	8.87
曾家	5.5	马宗	7.07
走马	5.5	北碚	3.44
歇马	4.37	水土	2.02

对表 5–2 中的数据取平均值，得出绕城高速公路的影响半径为：

$$R=\frac{1}{n}\sum_{i=1}^{n}R_i=\frac{1}{11}（4.7+5.32+5.45+5.5+5.5+4.37+2.02+2.48+8.87+7.07+3.44）=4.97（\mathrm{km}）$$

因此，确定绕城高速公路的影响半径为 5km。

2）调查地点

为了全面、客观的反映绕城高速公路周边居民的出行特征，在调查中采用了简单随机抽样的方法——整群抽样（Cluster Sampling）的方式进行抽样调查，即按照定点调查的方法对绕城高速公路沿线居民进行抽样调查，将研究对象总体（绕城高速公路周边所有居民）按不同的调查地点划分成不同的群（Cluster）。

为了便于调查，将绕城高速公路分为东、南、西、北 4 段，其中东段起于花溪互通枢纽，止于江北区新龙湾；北段起于鱼嘴长江大桥北岸新龙湾，止于北碚区朱家坪；西段起于北碚区附近，与北段相连，止于九龙坡与江津交界的滴水岩，与南段相接；南段途径西彭、江津、仁沱、马宗。为了保证样本数量，东、南、西、北 4 段每段至少选取高速公路沿线两个村镇作为调查地点。

调查位置的选择应满足以下两个条件。

（1）满足有效性的要求

为了保证调查数据对绕城高速公路客运系统规划的有用性，所选调查地点应在距离绕城高速公路 5km 的影响范围内。

（2）满足经济性的要求

在保证样本量足够多的前提下，为了节约调查成本和调查时间，调查时尽量将调查地点选择在人口较多的村镇，这样就能提高调查的效率，节约调查费用。

在充分了解绕城高速公路沿线村镇及人口分布特征后，所选的调查地点见表 5–3。

绕城高速公路周边居民出行调查地点　　表 5–3

路　段	调 查 地 点	概　　况
绕城高速路东段	南彭镇	面积 127km^2，总人口 5.2 万人，辖 12 个行政村、3 个居民社区
	惠民镇	面积 64km^2，总人口 2.8 万人，辖 6 个村、1 个居委会
绕城高速路南段	珞璜镇	面积 148.5km^2，总人口 8.2 万人，辖 8 个村、3 个居委会
	一品镇	面积 58.9km^2，总人口 2.3 万人，辖 7 个村、1 个居委会

续上表

路　段	调 查 地 点	概　况
城高速公路西段	曾家镇	面积 34.03km^2，总人口 1.7 万人，辖 10 个行政村、1 个居委会
	金凤镇	面积 38.5km^2，人口约 2 万人，辖 7 个行政村、1 个居委会
绕城高速路北段	施家梁镇	面积 20.14km^2，人口约 1 万人，辖 7 个行政村、1 个居委会
	木耳镇	面积 83.5km^2，总人口 3.76 万人，辖 12 个行政村

3）调查时间

调查的具体日期主要取决于调查目标和调查方法。本调查的目的是获得绕城高速公路周边居民的出行特征以及居民选择公共交通的意向数据，采用家访入户调查法。调查的进行受居民出行的影响较大，因此，依据重庆农村居民的出行习惯，选择 4 月中旬作为调查实施的时间。

此次调查，共完成调查问卷 1650 份，其中有效问卷 1578 份。

三、沿线居民出行特征分析

通过对调查数据整理并进行统计分析，得出重庆绕城高速公路沿线居民的出行具有以下特征。

（1）出行目的

绕城高速公路沿线居民的出行大多与农业生产相关，而以娱乐及探亲访友等为目的的出行所占比例较低，出行目的分布如表 5-4 所示。

重庆市绕城高速公路沿线居民出行目的分布　　表 5-4

出行目的	外出务工	赶场购物	产品出售	探亲访友	娱乐	看病	上学	其他
比例（%）	12.8	36.4	18.6	7.8	4.7	5.7	9.5	4.5

（2）出行频率

绕城高速公路沿线不同区县居民的出行频率情况略有不同，平均约为 9 次 /（人·月）。当前绕城高速周边居民的出行还大多以附近场镇为目的地，出行频率较低。一部分的原因是当前农村生活水平低、经济不发达，农村居民的出行频率较城市居民低；更重要的原因是绕城高速公路周边村镇交通不便利，客运系统不完善，沿线居民出行难，出行频率低。

（3）出行方式

全目的出行方式调查结果见表 5-5。从表 5-5 中可以看出，绕城高速公路沿线居民出行以公共交通方式为主，选择公共汽车的比例达到了 54% 以上，其次是步行和摩托车。由于摩托车在安全性上的明显缺陷使其存在严重的安全隐患，同时根据大多数城市的发展经验，应该严格控制摩托车出行的增长，因此有关部门应该制订相关的安全管理政策，严格控制摩托车交通的发展，同时更要加大公共交通客运网络覆盖率，合理引导农村居民的公交出行。

重庆市绕城高速公路沿线居民出行交通方式分布　　表 5-5

交通方式	步行	自行车	摩托车、助力车	公共汽车	私人汽车	其他	未作答
比例（%）	23.6	2.7	12.5	54.3	3.1	0.8	3.0

不同目的出行方式有不同的分布特征。调查结果表明，以外出务工为目的的居民出行中，选择公共汽车的比例最高（超过 80%）。赶场购物是绕城高速公路沿线农村居民最主要的出行目的，从图 5-2 可以看出，绕城高速公路周边居民在赶场购物出行中，公共汽车仍然是选择比例最高的出行方式，达 56.8%。

（4）出行时间

居民出行特征调查统计结果显示，绕城高速公路沿线居民出行具有很强的时段性和单向性。从图5-3居民出行时间分布图可以看出，农村居民出行集中于上午。其中，居民出行的出发时间多集中于7：00~9：00（约95%）；回程时间多集中于10：00~12：00（达91.3%）。居民出行时间的集中表明农村居民的活动仍然受到传统及社会生产不活跃的制约。

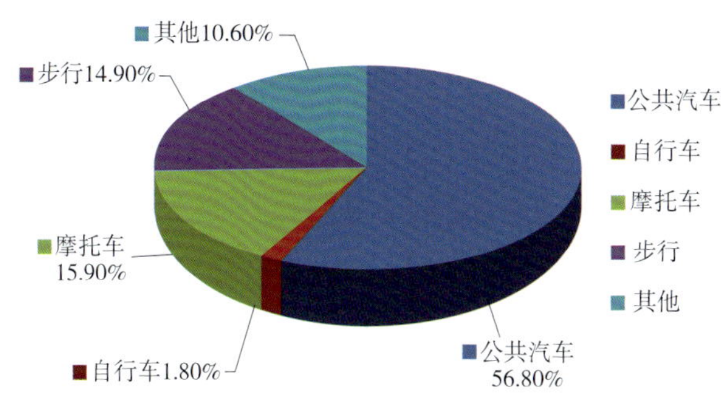

图5-2　绕城高速公路沿线居民赶场购物出行交通方式分布图

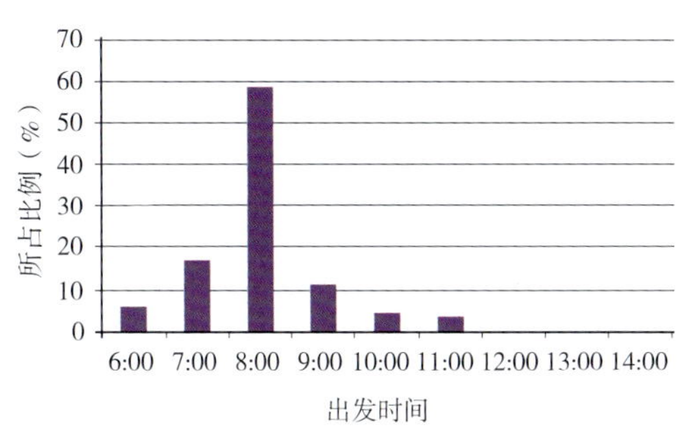

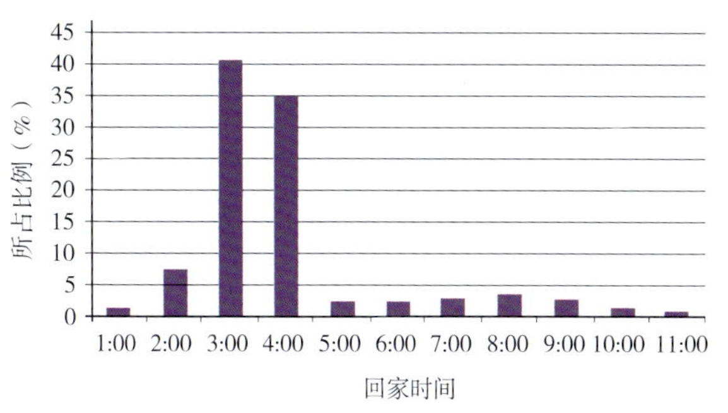

图5-3　绕城高速公路沿线居民出行时间分布图

（5）出行距离

现阶段绕城高速公路周边居民的出行以中短距离出行为主，一般不超过10km，大多在5km以下。其中，出行距离在2.5km及以下的约占36.8%，2.5~3.5km的约占29.3%，3.5~5km的约占24.1%，5km以上的不到10%，见图5-4。

随着社会经济的发展，绕城高速公路的修建通车，重庆进入“外环时代”，沿线村镇的经济水平提高，重庆各个组团城市之间的联系将会加强，居民的出行距离必然随之增长。

（6）公交换乘系数及换乘折返率

公交换乘系数是衡量乘客出行直达程度的指标，其计算公式可以表示如下：

$$换乘系数=\frac{乘车出行人次+换乘人次}{乘车出行人次} \tag{5-1}$$

换乘系数越大，表示居民出行的直达性越差，出行成本越高。但是换乘系数不可过小，以避免客运车辆运营线路重复度过大，造成资源浪费。因此，公交换乘系数可以用来衡量一个区域公交网络是否完善，间接反映该区域居民的出行需求。

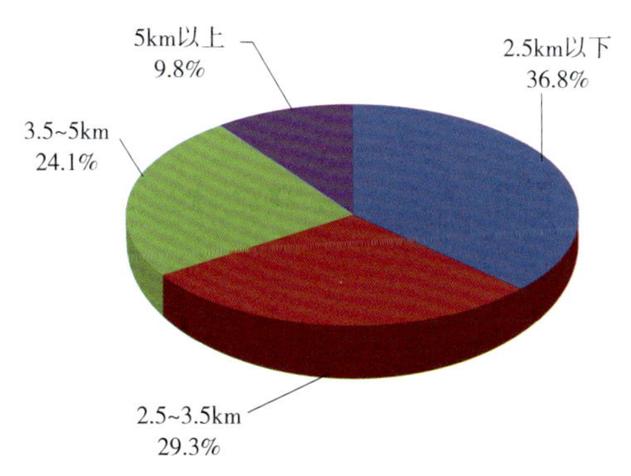

图5-4　绕城高速公路沿线居民出行距离分布图

根据居民出行特征调查数据，目前绕城高速沿线居民的长距离出行平均换乘系数为1.67，即对绕城高速沿线村镇居民而言，当其采用公交出行时，每出行3次，平均就有2次换乘。这表明绕城高速周边村镇客运系统不完善，不能很好地满足居民直接到别的区县的需求，也反映了建立绕城高速客运系统的必要性，以更好地发挥绕城高速公路“一小时经济圈”交通骨架作用、方便沿线居民的出行。

换乘折返率是反映居民长距离出行直达程度的一个指标。假设居民从出发地 A 到达目的地 B，需要到 C 点换乘

到达（图 5–5）。此为换乘折返。换乘折返率越高，居民出行的时间和费用也就越高。

根据居民出行调查数据，目前绕城高速公路沿线居民的长距离出行换乘折返率平均为 60.3%。这表明绕城高速公路沿线的客运系统不够完善，居民出行的直达率较差。因此，有必要规划建设绕城高速公路便民客运系统，可以在一定程度上提高居民出行的直达程度。

（7）出行时耗

出行时耗大小也在某种程度上反映了现阶段交通运输系统的效率。调查结果显示，绕城高速公路沿线居民中约 62% 的居民出行时耗不超过 30min，时耗较小，如图 5–6 所示。但是，较小的出行时耗并不表示绕城高速公路周边居民的出行服务质量高，而是因为居民出行距离较短，究其原因则在于农村社会经济生活的不发达、不活跃。

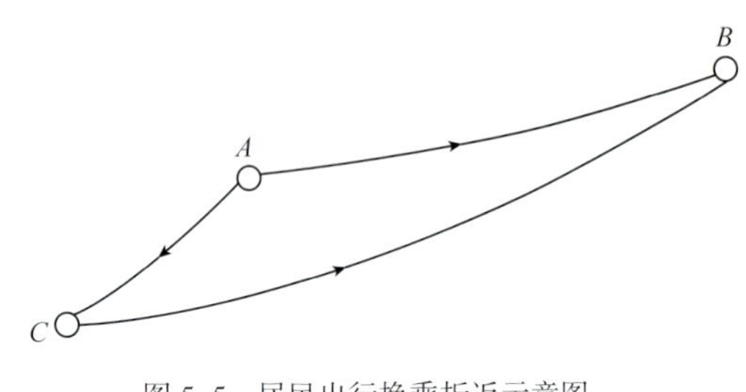

图 5–5　居民出行换乘折返示意图

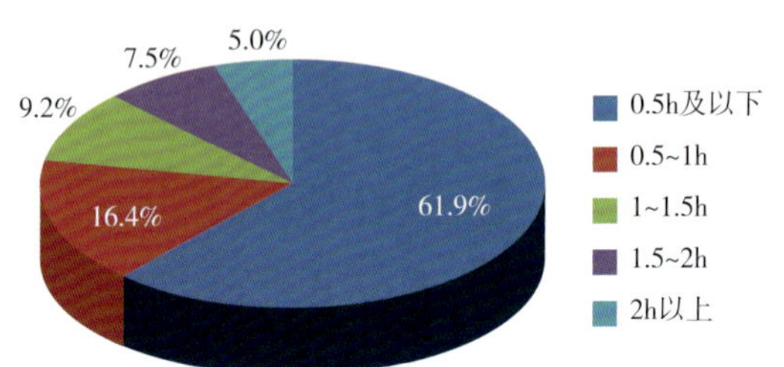

图 5–6　绕城高速公路沿线居民出行时耗分布图

（8）出行费用

公共汽车是绕城高速公路沿线居民出行的最主要机动交通方式，其次是摩托车。这两者的服务费用基本在农村居民可接受的范围内，但乘坐摩托车的费用较公共汽车稍高，见表 5–6、表 5–7。

绕城高速公路沿线居民摩托车出行费用表　　表 5–6

费用	5 元及以下	5~10 元	10 元以上
比例（%）	69.7	26.9	3.4

绕城高速公路沿线居民公共汽车出行费用表　　表 5–7

费用	4 元及以下	4~8 元	8 元以上
比例（%）	70.2	28.5	1.3

（9）居民出行意向

绕城高速客运站利用率：在收回的调查问卷中，经过统计，有 98% 的受访者选择了如果在绕城公路旁或服务区内设置客运班车站点，会利用绕城高速客运站，原因均为方便。在调查过程中，当得知调查是为规划建设绕城客运系统服务的，村民都主动接受调查、提出各项建议。由此可见，在绕城高速公路设置客运站点是十分必要的，设置站点后，会大大方便沿线居民的出行，其利用率也会很高。

步行忍受距离：绕城高速公路周边居民选择乘坐公共汽车出行时，一般需要步行一段距离才能到达站点乘车。根据调查，对绕城高速公路周边居民而言，这段距离的极限不应超过 2.5km，而绝大多数人（84.3%）希望不超过 1.5km，一般居民（90.7%）希望步行距离在 2km 以内，极少数居民（3.5%）可以忍受的步行距离超过 2.5km。

意向候车时间：在绕城高速公路布设客运站点开通客车或者公交的情况下，沿线村镇居民可忍受的候车时间分布如表 5–8 所示。由此可知，绝大所数居民（占 94.8%）不会选择为乘坐公共汽车等待半小时以上，约 85% 的人选择等待 15min 以下，另有 1.4% 的居民不会选择等车。

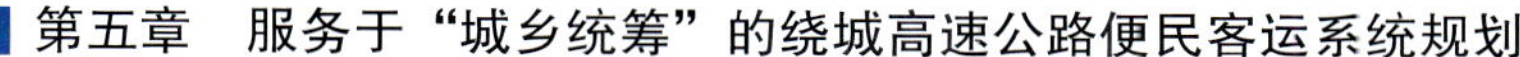

定义符号如下：$\boldsymbol{I}$={1，2，…，w}，$i\in\boldsymbol{I}$，表示高速公路沿线各个区县；$\boldsymbol{J}$={1，2，…，m}，$j\in\boldsymbol{J}$，表示评价指标体集；$\boldsymbol{K}$={1，2，3}，$k\in\boldsymbol{K}$ 表示区县公交需要化程度的灰类集，上灰类表示强烈，中灰类表示较强烈，下灰类表示一般；$\boldsymbol{\eta}$=（η_{jk}）表示折算系数矩阵，η_{jk} 表示第 j 种指标对第 k 个灰类的折算系数；$\boldsymbol{\sigma}$=（σ_{ik}）表示聚类系数矩阵，σ_{ik} 表示第 i 个区县对第 k 个灰类的聚类系数；x_{ij} 表示第 j 个区县对第 j 个指标的白化值；f_{ik}（x_{ij}）表示第 j 个指标对第 k 灰类的白化函数；σ_{ik}^{*} 表示第区县所属灰类。

（1）评价指标体系

采用国内生产总值、区县人口数量、高速公路路段设计车速、居民出行率等定量指标，以及农村公交覆盖率、联络道路的便利程度等定性指标，结合《重庆统计年鉴（2008）》，采用 Delphi 法整理出绕城高速公路沿线区县公交需要化程度的评价指标体系，如表 5-9 所示。由于灰色聚类分析所要求的数据以数值越大为标准，高速公路路段设计车速和农村公交覆盖率表示相反，故对其求倒数来满足要求。

绕城高速公路沿线区县公交需要化程度评价指标体系 表 5-9

指标	单位	代号	强烈	较强烈	一般
人口数量	（万人）	X_1	≥ 90	70	≤ 50
国内生产总值	（万元）	X_2	≥ 2 000 000	1 750 000	≤ 1 500 000
高速公路路段设计车速	（km/h）	X_3	$\geq\frac{1}{100}$	$\frac{1}{100}$	$\leq\frac{1}{120}$
居民平均出行率	（次 / 月）	X_4	≥ 10	8	≤ 7
农村公交覆盖率	无	X_5	≥ 1	0.6	$\leq\frac{1}{5}$
联络道路的便利程度	无	X_6	≥ 5	4	≤ 3

（2）灰色聚类方法的应用

绕城高速公路影响范围内的各个区县的人口数量、生产总值、高速公路路段设计车速、居民出行率、农村公交覆盖率、联络道路的便利程度指标如表 5-10 所示。

绕城高速公路沿线 8 个区县评价指标值（2007 年） 表 5-10

区县	国内生产总值（万元）	人口（万人）	高速公路设计车速（km/h）	居民平均出行率（次 / 月）	农村公交覆盖率	沿线道路网络化
九龙坡	3 745 555	97.95	120	7	3	4
江津	1 759 085	126.49	120	10	1	3
巴南	1 425 661	87.11	100	9	1	3
南岸	1 568 004	69.15	100	6	3	5
江北	1 797 947	65.04	100	7	3	3
渝北	2 454 598	89.08	100	9	4	5
北碚	1 102 166	37.36	120	8	2	4
沙坪坝	2 296 361	92.91	120	7	5	4

注：表中定量指标值来源《重庆统计年鉴（2008）》，定性指标值应用 Delphi 法，并采用克里特 5 级赋值。

步骤 1：生成样本矩阵。由于区县评价中各指标的量纲不同，数值差异很大，故对数据进行无量纲处理：

$$x_{ij}'=\frac{(x_{ij}-x_{\min})}{(x_{\max}-x_{\min})} \tag{5-15}$$

指标值均落在 [0，1] 之间。生成样本矩阵为：

$$X'=\begin{bmatrix} 1 & 0.68 & 0 & 0.25 & 0.17 & 0.5 \\ 0.25 & 1 & 0 & 1 & 1 & 0 \\ 0.12 & 0.56 & 1 & 0.75 & 1 & 0 \\ 0.18 & 0.36 & 1 & 0 & 0.17 & 1 \\ 0.26 & 0.31 & 1 & 0.25 & 0.17 & 0 \\ 0.51 & 0.58 & 1 & 0.75 & 0.06 & 1 \\ 0 & 0 & 0 & 0.5 & 0.38 & 0.5 \\ 0.45 & 0.62 & 0 & 0.25 & 0 & 0.5 \end{bmatrix}$$

步骤 2：确定各指标的白化权函数。对表 5–9 中的特征值进行无量纲处理，得到特征数据矩阵：

$$\boldsymbol{\lambda}=\begin{bmatrix} 0.59 & 0.37 & 0.14 \\ 0.34 & 0.25 & 0.15 \\ 1 & 0.45 & 0 \\ 1 & 0.5 & 0 \\ 1 & 0.5 & 0.25 \\ 1 & 0.5 & 0 \end{bmatrix}$$

再结合 X' 中数据确定白化权函数（图 5–8）：

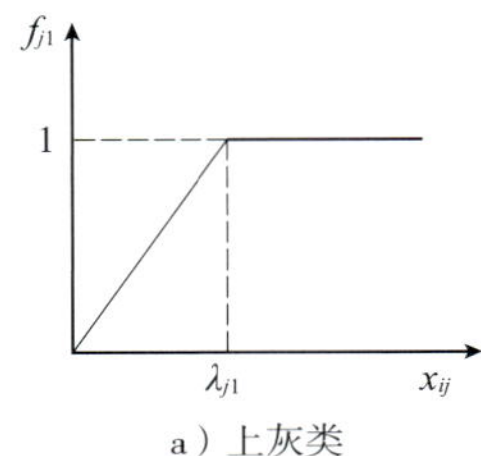

a）上灰类

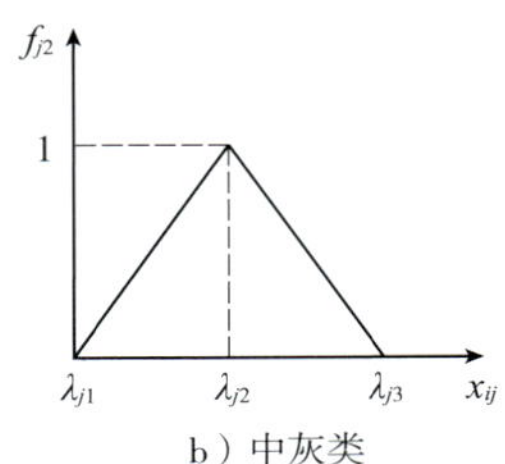

b）中灰类

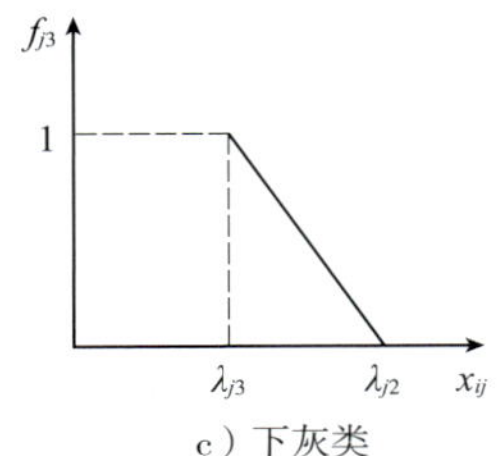

c）下灰类

图 5–8　不同灰类白化权函数形式

对于上灰类：$$f_{j1}(d_{ij})=\begin{cases} 0 & x_{ij}\leqslant\lambda_{j2} \\ \dfrac{x_{ij}-\lambda_{j2}}{\lambda_{j1}-\lambda_{j2}} & x_{ij}\in(\lambda_{j2},\lambda_{j1}) \\ 1 & x_{ij}\in(\lambda_{j2},+\infty) \end{cases}\tag{5–16}$$

对于中灰类：$$f_{j2}(x_{ij})=\begin{cases} 0 & x_{ij}\notin[\lambda_{j3},\lambda_{j1}] \\ \dfrac{x_{ij}-\lambda_{j3}}{\lambda_{j2}-\lambda_{j3}} & x_{ij}\in[\lambda_{j3},\lambda_{j2}] \\ \dfrac{\lambda_{j1}-x_{ij}}{\lambda_{j1}-\lambda_{j2}} & x_{ij}\in[\lambda_{j2},\lambda_{j1}] \end{cases}\tag{5–17}$$

对于下灰类：$$f_{j3}(x_{ij})=\begin{cases} 1 & x_{ij}\leqslant\lambda_{j3} \\ \dfrac{\lambda_{j2}-x_{ij}}{\lambda_{j2}-\lambda_{j3}} & x_{ij}\in[\lambda_{j3},\lambda_{j2}] \\ 0 & x_{ij}\geqslant\lambda_{j2} \end{cases}\tag{5–18}$$

步骤 3：确定 j 指标关于 k 子类的权矩阵 $\boldsymbol{\eta}=(\eta_{jk})$。

$$\eta_{jk}=\lambda_{jk}/\sum_{j=1}^{m}\lambda_{jk},\quad k=1,2,3;\ j=1,2,\cdots,m\tag{5–19}$$

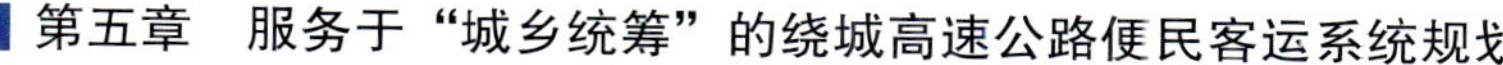

式中：λ_{jk}——特征矩阵λ对应的元素。

经计算得到：

$$\boldsymbol{\eta}=\begin{bmatrix}0.12 & 0.14 & 0.26\\0.07 & 0.1 & 0.28\\0.2 & 0.18 & 0\\0.2 & 0.19 & 0\\0.2 & 0.19 & 0.46\\0.2 & 0.19 & 0\end{bmatrix}$$

步骤 4：确定聚类系数矩阵 $\boldsymbol{\sigma}=(\sigma_{ik})$。

$$\sigma_{ik}=\sum_{j=1}^{m}f_{jk}(x_{ij})\eta_{jk},\ i=1,2,\cdots,w;\ k=1,2,3 \tag{5-20}$$

经过计算得到：

$$\boldsymbol{\sigma}=\begin{bmatrix}0.19 & 0.25 & 0.74\\0.47 & 0.07 & 0.14\\0.57 & 0.10 & 0.26\\0.27 & 0.10 & 0.68\\0.25 & 0.17 & 0.58\\0.58 & 0.17 & 0.46\\0 & 0.52 & 0.76\\0.11 & 0.28 & 0.46\end{bmatrix}$$

步骤 5：确定第 i 区县所属灰类为 k^0。根据上式，灰聚类评估结果为：

$\sigma_{1k}^{*}=\max\{\sigma_{11},\sigma_{12},\sigma_{13}\}=\sigma_{13}=0.74$，属于第 3 灰类；

$\sigma_{2k}^{*}=\max\{\sigma_{21},\sigma_{22},\sigma_{23}\}=\sigma_{21}=0.47$，属于第 1 灰类。

依次计算，得到表 5-11 的结果。参考不同地区农村客运站点的规划布局，统筹考虑人口分布和社会经济发展水平等因素，确定不同需求程度下的站距标准如下：

①强烈：站距标准等于 3~4km；

②较强烈：站距标准等于 4~5km；

③一般：站距标准等于 5~6km。

绕城高速公路影响区县的灰聚类评估结果分析　　表 5-11

区　县	结 果 分 析		
	σ_{ik}^{*}	所属灰类	结果
九龙坡	0.74	3	公交化需要一般
江津	0.47	1	公交化需要强烈
巴南	0.57	1	公交化需要强烈
南岸	0.68	3	公交化需要一般
江北	0.58	3	公交化需要一般
渝北	0.58	1	公交化需要强烈
北碚	0.76	3	公交化需要一般
沙坪坝	0.46	3	公交化需要一般

根据以上分析及绕城高速公路在各个区县的长度，可以得到绕城高速公路客运系统的站点数量范

围，同时考虑各区县的公交覆盖率情况，最终确定出绕城高速公路公交化客运站点的数量，如表5-12所示。站点数量取上下限的中间值，若中间值非整数，则公交覆盖率高的区县取下限，反之取上限。

绕城高速公路公交化客运站点数量　　表5-12

指标 区县	线路长度（km）	站距（km）	站点数量范围（个）	确定的站点数量（个）
九龙坡	23.36	5~6	4~5	4
江津	27.19	3~4	7~9	8
巴南	32.34	3~4	8~10	9
南岸	18.13	5~6	3~4	3
江北	8.26	5~6	2~3	2
渝北	23.49	3~4	6~8	7
北碚	35.52	5~6	6~7	7
沙坪坝	24.73	5~6	4~5	4
总计站点数量				44

四、绕城高速公路便民客运站类型与选址方案

1. 高速公路便民客运站类型

根据客运站点与高速公路服务设施的位置关系，将客运站站点分为以下几类：路侧型站点、服务区型站点、收费站型站点、中央分隔带型站点、互通枢纽型站点等。

（1）路侧型站点

路侧型便民客运站点设置在主线的两侧，既可以利用高速公路的取、弃土场等路侧设施，也可以在有条件的正常路段设置。这种停靠站具有足够长度的加、减速车道，客车在站内就能够完成加、减速，如图5-9所示。

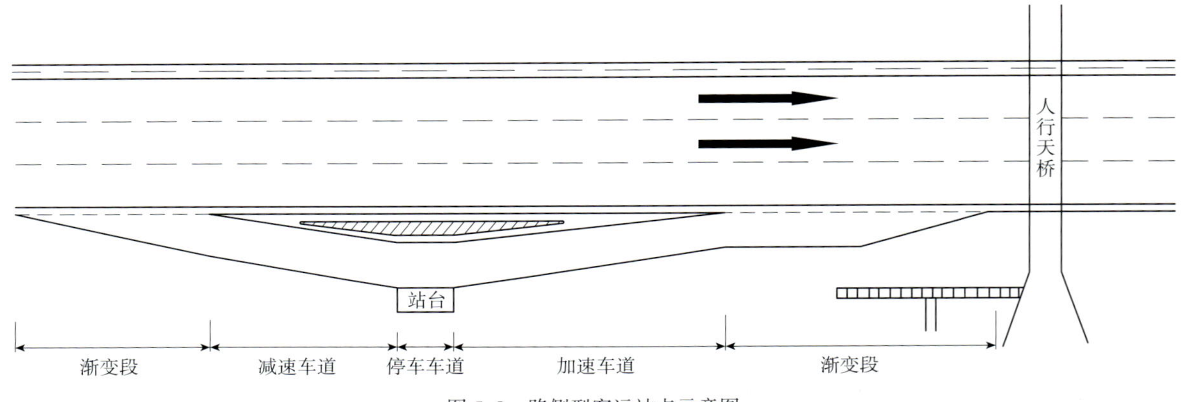

图5-9　路侧型客运站点示意图

通常选在客流量较大的、主线线形较好的地方。这类停靠站的两侧站点都应设置独立的加、减速车道，与互通、服务区等其他服务设施相距2~3km。同时，在客运站点前方2~3km处须设置交通标志，提醒客车驾驶员。

（2）服务区型站点

这类站点设置在服务区或者停车区等休息设施内。车站的加、减速车道可以与服务区内的加、减速车道合并设计，不需要单独设置，并且可以利用服务区内的设施，如地下通道或休息设施等，给乘

客提供一个良好的候车环境。但是，服务区内的车流、人流较复杂，容易引起车流和人流的混乱，对服务区的管理和安全造成一定的影响。因此，与服务区或者停车区联合设置的客运站点，要合理组织车流、人流，避免交叉干扰。根据国内外经验，在服务区内设置的客运站点适宜建在服务区的出口或者入口处。

对于规模较小的停车区，客运站点可以设在休息厅的附近，这样可以方便旅客的候车和休息。与服务区联合设置的便民客运站点如图 5-10 所示。

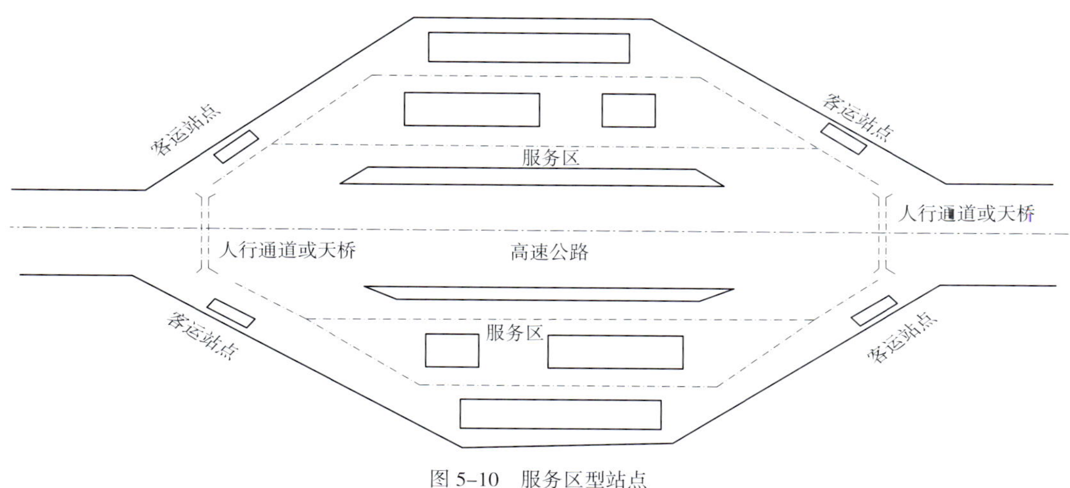

图 5-10　服务区型站点

（3）收费站型站点

客车从高速公路下来进入客运站点，然后再掉头进入高速公路。为了保证车流的畅通和旅客的安全，建议将客运站点设置在收费广场外侧，如图 5-11 所示。

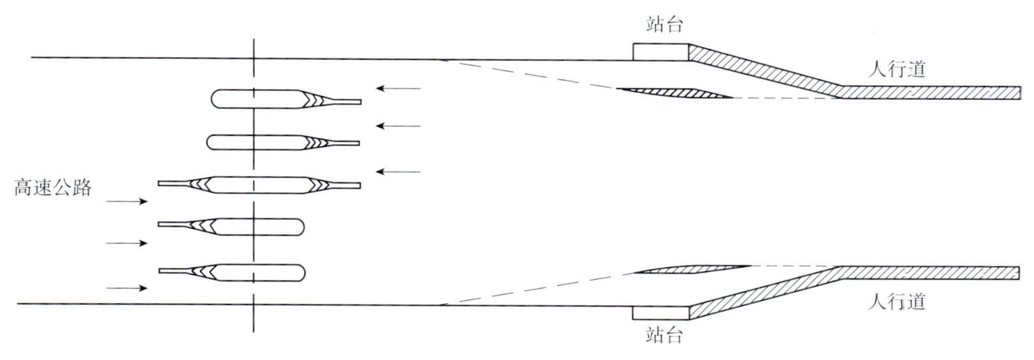

图 5-11　收费站型站点

（4）中央分隔带型站点

中央分隔带型站点是利用高速公路的中央分隔带，设置客车专用车道。站台位于客车专用道与其他车道之间的分隔带上。客车进入站点前靠左行驶，进入站场，驶离站点后汇入正常车道。这类客运站点建设时需修建人行天桥，方便乘客安全到达中间带的候车站台，如图 5-12 所示。

这类客运站应设置在客流量比较集中，特别是高速公路与高速公路或高速公路与城市快速路交叉转换的地方。

（5）换乘枢纽型站点

进行高速公路客运站设计时，还可利用高速公路上的换乘枢纽基本服务设施，将客运站设在换乘枢纽内。

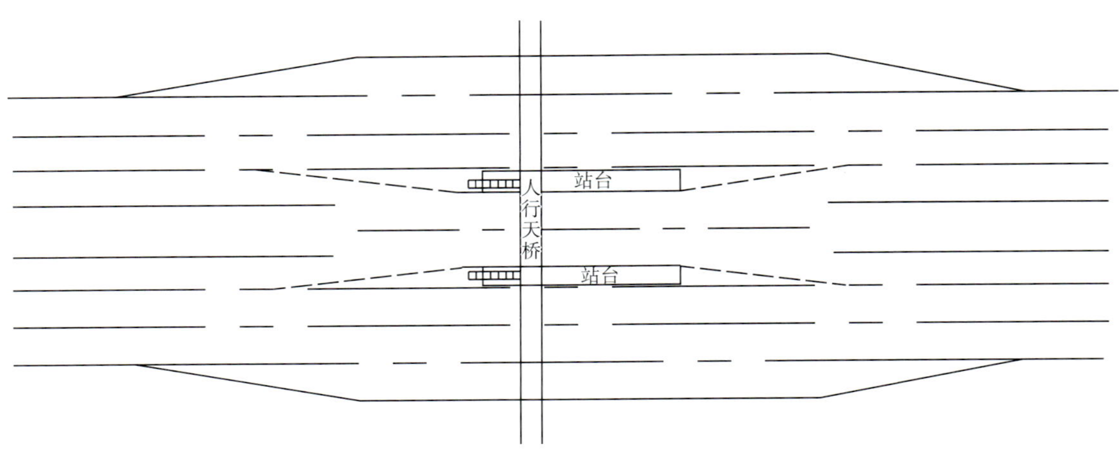

图 5-12　中央分隔带型停靠站

（6）其他形式

其他形式的高速公路客运站点有互通立交型等。互通立交型站点设置在互通附近的主线上，这种布置可以利用互通的一部分加减速车道，车辆停靠方便。但是，受互通线形和尺寸的限制，这类站点的规模不宜太大。此外，还可以利用互通匝道的加减速车道，设置人行阶梯连接高速公路和相交公路的站点。

结合重庆绕城高速公路的实际情况，绕城高速公路客运系统的站点形式采用路侧型、服务区型、收费站型以及换乘枢纽型四种类型。

2. 选址方案

根据绕城高速公路客运系统的选址影响因素以及各个区县的站点数量，确定出的站点具体位置方案，如表 5-13~ 表 5-16 所示。在高速公路用地范围允许的情况下，站点宜在主线两侧对称设置，地形困难时可根据实际用地情况进行调整。

路侧型客运站点选址　　表 5-13

备选地址	居民分布	交通条件	备　注
K0+075	白羊湾	有人行天桥、地方道路	
K3+050	黄泥磅、石盘、大湾，居民分布集中	大水堡改路、石盘改路，K3+200 有地下通道	
K5+900	白房子、晒谷堡、三板溪	有地方道路、人行天桥	
K6+735	李家湾	石秀村改路、李家湾改路	图上无
K11+700	老屋基、新纸厂	标草沟改路，有人行天桥	
K13+950	居民点较多	有地方道路	
K19+400	向阳屋基、小屋基、槽房、草房子	有人行天桥、地方道路	
K22+308	晒花坡、朝房沟、灰坝	有地方道路、人行天桥	
K26+858	空港开发区、柑子塝、朝房湾	有地方道路、人行天桥	
K31+000	居民点较多	水井湾改路、上坝改路、人行天桥	
K33+180	北碚区正威机械厂、两口煤矸一、二分厂、重庆豪骏机械厂、北碚明贵机械厂、翻砂厂，居民分布密集	太阳堡改路、大塘改路，太阳堡上跨天桥	
K42+750	兆峰陶瓷公司、申银砖厂、罗家堡	有上跨天桥	接施家梁互通
K49+200	居民点较多	渝武高速公路	

续上表

备选地址	居民分布	交通条件	备　注
K52+480	土地堡、学堂堡、座屋院子、红顺绝缘材料厂、独石桥小学等	通往北碚、歇马的地方道路，有地下通道	
K56+290	歇马镇农云村、卫星村、人和村、三溪咀、珍稀动物养殖场、知青农场	有地方道路、上跨天桥	
K60+140	小湾村委会、凤凰村委会、金塘金属加工厂、针子门、凤凰锻压厂、永宏织布厂	有地方道路、盖板通道	K60+200 路两侧有弃土场
K63+600	三重堂、凤凰村、皂桷村委会	有地方道路、上跨天桥	
K65+400	勇豪机械厂、春华机械厂、凤凰镇皂桷村、青木关镇青木湖村	金凤至走马方向的公路，有地方道路、上跨天桥	K65+300 有两处弃土场
K85+310	金凤镇九凤村委会、大盐村委会、滑石小学、朱家院子等	K91+610 成渝高速有地方道路	
K87+750	王家院子、百合村委会、梓桐村委会、老学校、长五间、杉树湾、楼房湾	有地方道路、上跨天桥	
K93+620	走马镇银岗村委会、石桥村委会、涂家院子、罗家院子、红米房、双福镇槽房村委会	有地方道路、上跨天桥	
K97+600	双福镇杨平村委会、怡云村委会、滴水村委会	有地方道路、上跨天桥	
K100+782	西彭镇迎新村委会、居民较多	有地方道路、通道	
K102+682	磨家院子、居民点多	有地方道路、人行通道	主线两侧各有一个弃土场
K104+523	重庆渝剑酒厂、高峰寺、花朝门	元明公路、人行系统	
K110+300	西彭镇页岩机砖厂、农电站、雄心页岩砖厂	有铁路、地方道路、人行天桥	
K114+500	群力食品厂、园艺分场、巴南区红旗农场	有地方道路、人行天桥	观景台、地方道路
K118+900	石羊大队	人行天桥（护栏缺口）	
K129+280	大窝咀	人行天桥	
K136+180	居民点较多	有地方道路、人行通道	挖方路段、K136+400 弃土场
K146+295	居民点集中	人行通道（护栏开口）	有弃土场
K146+600	居民点集中		高速公路施工预制厂
K152+270	楼房湾、大堡顶、廖家岗、汤家祠堂、李家湾	南彭公路分离、主线下穿，有人行系统	
K158+896	曹家湾、大地坝、忠兴镇	南惠公路、人行天桥	有弃土场
K163+335	房地产公司开发楼盘	地方道路，汽车通道	有弃土场
K167+530	迎龙镇	人行路，人行天桥	
K169+125		人行天桥及便道	
K172+250	居民较多	人行天桥，庙湾分离 K173+280	
K175+900	饶家湾、桂花湾、栋青镇、石长口	饶家湾分离，有地方道路	
K179+970	谭家湾、垒子口、赵家坪	垒子口分离（三级公路），有人行路、人行天桥	
K181+320	银湖度假村、广阳镇		弃土场
K183+154	居民点较多	滨江大道、刘家湾分离	

与服务区联合设置的客运站点选址　　表 5-14

备选地址	居民分布	地方道路
曾家服务区	莲花湖风景区、金凤镇、陈家桥、虎溪、璧城	有
马宗服务区	马宗镇、珞璜工业园、仁沱镇、铜罐驿镇等多个大队	有
迎龙停车区	迎龙镇、木洞镇、二圣镇、长生桥、惠民镇、天星寺	有
复兴服务区	水土镇、复兴镇、悦来镇、木耳镇、三圣镇	有
龙兴停车区	龙兴镇、玉峰山镇、天堡寨镇、关兴镇、舒家镇	有

与收费站联合设置的客运站点选址　　表 5-15

备选地址	居民分布	地方道路
歇马收费站	重庆金强汽车配件公司、粮站、富盛织布厂、小学等，歇马镇、七塘镇	有地方道路至北碚、青木关，其他地方道路
青木关收费站	青木关镇、凤凰镇、	有
马宗收费站	马京水厂、养猪场、马宗合解村大棚蔬菜基地、马宗镇	有
滴水岩收费站	滴水岩	有
金凤收费站	金凤镇、白市驿镇	有
西彭收费站	西彭镇、铜罐驿镇、陶家镇	有
仁沱收费站	仁沱镇、先锋镇	有
忠兴收费站	忠兴镇	有
复盛收费站	复盛镇、鱼嘴镇	连接渝长高速与绕城高速
朝阳寺收费站	居民点多	有
仁睦收费站	空港开发区、王家镇 K25+620	渝邻高速、预留空港开发区道
水土收费站	水土镇、居民点较多	有
施家梁收费站	申银页岩砖厂、兆峰陶瓷公司施家梁镇、居民点较多 K41+800	陵峡路、施家梁改路
惠民收费站	惠民镇、二圣镇、长生桥镇	有
广阳收费站	广阳镇、鱼嘴镇	有

与互通立交枢纽联合设置的客运站点选址　　表 5-16

备选地址	居民分布	地方道路
复盛换乘枢纽	复盛镇、鱼嘴镇、广阳镇、龙兴	有
北碚换乘枢纽	北碚、施家梁镇、水土镇、北温泉、龙凤桥、东阳镇	有
机场换乘枢纽	复兴镇、水土镇、悦来镇、王家镇	有
虎溪换乘枢纽	虎溪镇、曾家镇、陈家桥、金凤镇、西永镇、璧山县	有
西彭换乘枢纽	西彭镇、铜罐驿镇、陶家镇、珞璜、支坪、先锋镇	有

确定绕城高速公路拟建客运站点方案以后，应听取公众意见，对方案作最后的修正。例如，马宗服务区上游路段和下游路段修建了两座人行天桥。但是，通过调查附近居民的出行得知，靠近马宗方向的人行天桥利用率较高。在设置客运站点时，应利用此处的人行天桥。

重庆绕城高速公路的客运站点数量总计为 60 个，其中路侧型 37 个，服务区型站点 5 个，收费站型 13 个，换乘枢纽型 5 个，如图 5-13 所示。客运站点覆盖的影响范围内的村镇比例为 76.4%，服务的客流比例约为 96.5%。

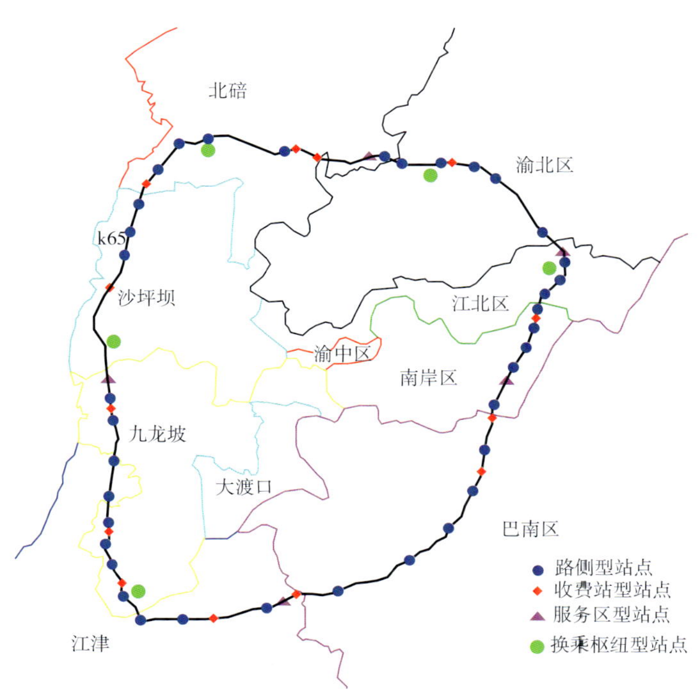

图 5-13　绕城高速公路客运站点选址结果

第三节　绕城高速公路便民客运站几何设计

一、停车港几何设计

1. 平面设计

1）路侧型停靠站

路侧型停靠站指在主线最外侧车道的右侧增设的供客运汽车减速、停靠、加速的交通服务设施。对港湾式停靠站，其长度包括渐变段、减速车道、停车车道、加速车道。

变速车道分为直接式与平行式两种。原则上，变速车道为单车道时，减速车道宜采用直接式，加速车道宜采用平行式。变速车道为双车道时，加、减速车道均应采用直接式。

（1）减速车道长度

减速车道长度是指从分流端部到能保证所规定的减速车道宽度（一般为一个车道宽度）那一点的长度。采用式（5-21）进行计算。

$$l_1=\frac{v_1^2-v_2^2}{2\times3.6^2\times a} \tag{5-21}$$

式中：l_1——减速车道长（不包括渐变段的长度），m；

v_1——流出速度，km/h；

v_2——客车进入二次减速车道前的速度，20km/h；

a——客车平均减速度，取 1.5m/s^2。

二次减速车道的长度计算式（5-22）进行：

$$l_2=\frac{v_2^2}{2\times3.6^2\times a} \tag{5-22}$$

式中：l_2——二次减速车道长度，m。

减速车道取值见表 5-17。

减速车道长度　　表 5-17

主线计算行车速度（km/h）	120	100	80
一次减速度初速度 v_1（km/h）	70	60	50
一次减速度末速度 v_2（km/h）	20	20	20
减速度 a（m/s^2）	1.5	1.5	1.5
减速车道长度（m）（取整）	110	90	60

（2）加速车道长度

加速车道长度是指从合流端部到能保证所规定的加速车道宽度（一般为一个车道宽度）那一点的长度，采用不包括三角段的加速车道，以式（5-23）进行计算。

$$l_3 = \frac{v_4^2 - v_3^2}{2 \times 3.6^2 \times \beta} \tag{5-23}$$

式中：l_3——加速车道长（不包括渐变段长度），m；

v_4——流入主线的速度，km/h；

v_3——客车在二次加速车道内的末速度，30km/h；

β——客车平均加速度，取 $1.0m/s^2$。

二次加速车道长度的计算按式（5-24）进行：

$$l_4 = \frac{v_3^2}{2 \times 3.6^2 \times \beta} \tag{5-24}$$

式中：l_4——二次加速车道长度，m。

加速车道取值见表 5-18。下坡路段的减速车道和上坡路段的加速车道，其长度应按表 5-19 中的修正系数予以修正。

加速车道长度　　表 5-18

主线计算行车速度（km/h）	120	100	80
一次加速度末速度 v_1（km/h）	70	60	50
二次加速度初速度 v_2（km/h）	30	30	30
加速度 a（m/s^2）	1.0	1.0	1.0
加速车道长度（m）（取整）	150	110	70

坡道上变速车道长度的修正系数　　表 5-19

主线平均坡度（%）	$i \leqslant 2$	$2 < i \leqslant 3$	$3 < i \leqslant 4$	$4 < i$
下坡减速车道修正系数	1.00	1.10	1.20	1.30
上坡加速车道修正系数	1.00	1.20	1.30	1.40

（3）停车车道长度

停车车道的长度根据泊位数的多少由计算确定。在高速公路客运建设初期，客流量较小、客运班车线路较少，考虑停留三辆客车（15m）的泊位数、无超车道，停车车道的长度取 52.5m。

2）收费站型停靠站

设置在收费站外的停靠站，主要是考虑到出了收费站后大客车的减速、停止过程对其他车辆行驶

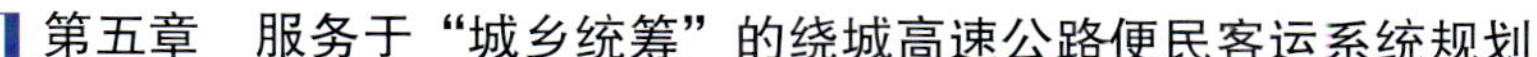

行为的影响，因此停靠站的设置应计算车辆出收费站以后的轨迹、车辆运行时同向之间的安全距离。

图 5-14 中停靠站的平面设计通过建立车辆轨迹与收费站距离模型、平均运行车速与收费站距离模型确定。客车出收费站后的车速较低，因此减速车道的长度可根据收费站的用地情况合理取值，客车驶离停靠站后掉头进入高速公路，加速车道可直接与渐变段合并设置。

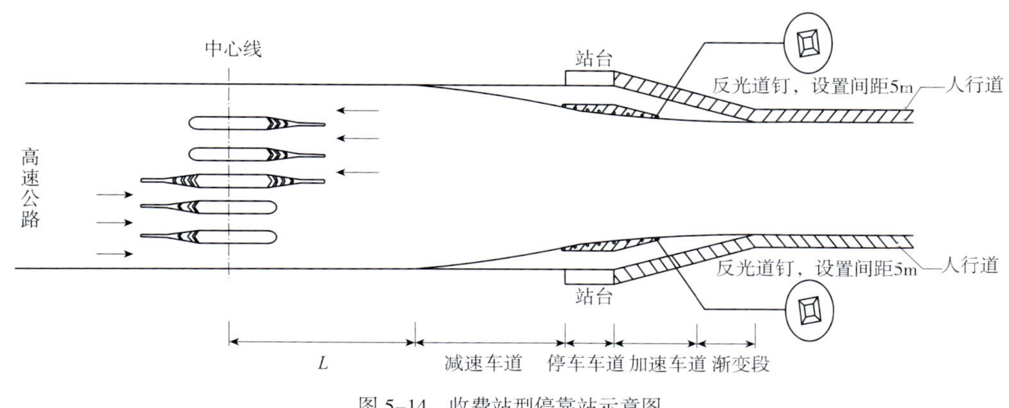

图 5-14　收费站型停靠站示意图

（1）车辆轨迹与收费站距离模型

对重庆现有高速公路上的多个收费站进行实测数据收集，车辆出收费站后的行车轨迹数据如表 5-20 所示。

车辆出收费站后的行车轨迹横向偏移量　　表 5-20

与收费站的距离（m）	10	20	30	40	50
偏移量（m）	2.3	4.0	5.4	7.2	8.0

根据车辆的行车轨迹，可以知道车辆出收费站后的横向偏移量与收费站的距离呈线性关系。对实测数据进行分析，建立回归模型，如图 5-15 所示。

得到车辆轨迹横向偏移量与收费站距离的关系：

$$y=0.146s+1 \qquad (5-25)$$

式中：y——汽车的行车轨迹横向偏移量，m；

s——车辆距收费站的距离，m。

（2）车速与收费站距离模型

汽车从高速公路进入收费站，缴纳费用以后，由静止状态开始加速离开收费站进入地方道路。根据实际调研观测数据，从收费站出来的车辆行驶到不同位置时，运行速度分布散点图如图 5-16 所示。

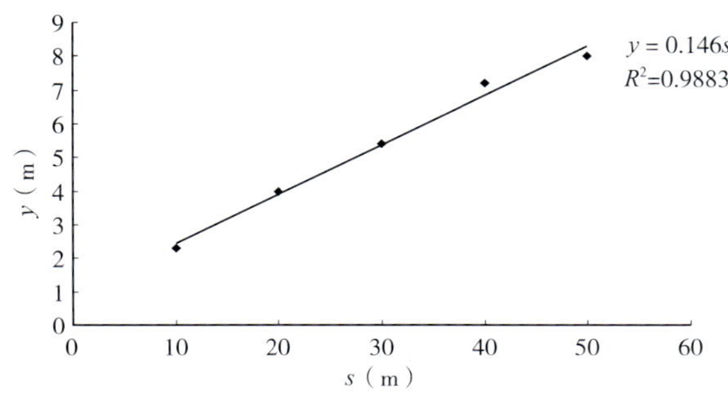

图 5-15　出收费站后车辆行车轨迹横向偏移量 y 与收费站距离 s 回归曲线

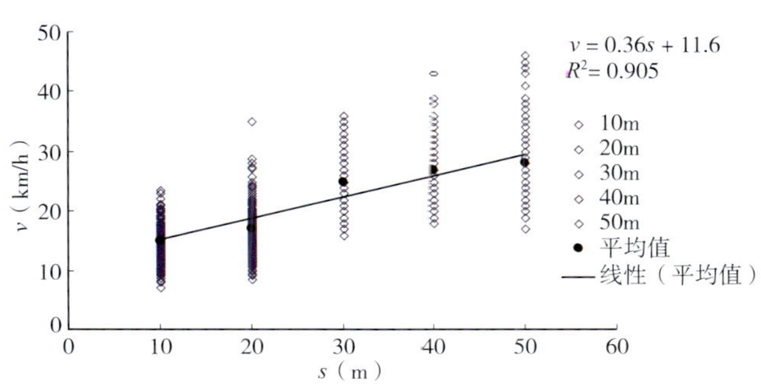

图 5-16　高速公路收费站外车辆平均运行速度与收费站距离回归曲线

从图 5–16 中可以看出，从收费站出来的平均车辆运行速度与收费站的距离服从线性分布。对数据进行分析，建立回归模型，得到收费站外车辆的平均运行车速与收费站距离的关系：

$$v=0.36s+11.6 \qquad (5\text{–}26)$$

式中：s——车辆驶离收费站出口的距离，m；

v——平均运行车速，km/h。

根据以上收费站外车辆行驶轨迹横向偏移量与收费站距离关系以及车辆平均运行车速与收费站距离关系可以计算得出：在收费站外设置客运站点时，停车车道按一个车道宽度算时，停靠站入口距离收费站的长度应不小于 20m。

（3）服务区型收费站

与服务区联合设置的停靠站，可以利用服务区的变速车道设置。设在服务区入口处的停靠站，可不单独设置加速车道，利用服务区的内部道路进行加速（图 5–17）。位于服务区出口处的停靠站，可不单独设置减速车道，利用服务区内部的道路进行减速。确定客运停靠站在服务区内的具体位置时必须考虑客车与其他车辆的跟驰行驶安全，以及客运车辆进入服务区停靠站时的减速行驶。因为客运车辆与其前后进入服务区的其他车辆处于跟驰行驶状态，跟驰车辆间运行状态的变化要具有一致性才能保障行车安全，而客运车辆进入客运停靠站点时必须减速，且驾驶员会根据服务区入口与客运站的距离选择合适的减速梯度。若客运站设置位置过于靠近服务区入口，客运班车减速过快就会对其后跟驰车辆造成行车风险。因此，确定客运停靠站的具体位置时，必须对车辆进入服务区的减速度进行分析。

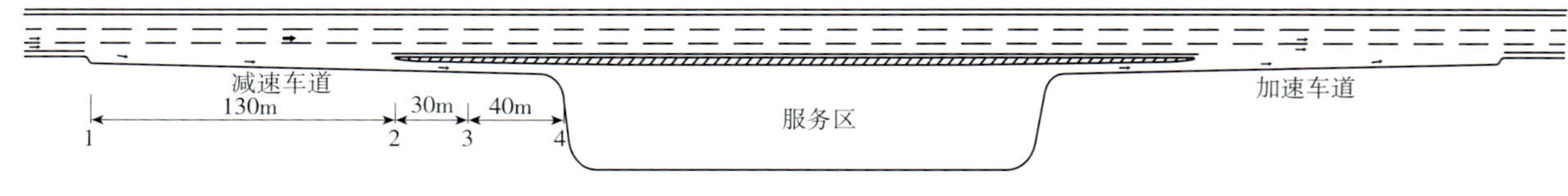

图 5–17　高速公路服务区简图

根据对进入高速公路服务区的车辆的减速度进行实测分析，测得服务区入口处 4 个断面的车辆平均运行车速如表 5–21 所示，入口减速车道测得的断面车速数据如图 5–18 所示。

进入服务区车辆的平均速度（单位：km/h）　　表 5–21

平均速度 / 车辆类型 / 断面编号	小客车	大客车	小货车	中货车	大货车
1	104.8	68	—	—	61.42
2	53.62	39	—	—	37.31
3	46.94	42.5	37	53	34
4	26.06	18	19	27	18.5

通过回归分析，得到减速车道长度与车速的关系：

$$v=85.567e^{-0.0055y}$$

式中：y——车辆距服务区变速车道开始端的距离，m；

v——车辆的平均运行车速，km/h。

在服务区入口设置客运站点时，要根据以上分析，在保证进入服务区客运停靠站的客运班车减速不能过快也不能过慢、与进入服务区的其他车辆间减速行驶一致性的前提下，利用实际地形设置合理确定客运停靠站点的位置。

（4）换乘枢纽型收费站

设置在换乘枢纽内的停靠站，平面设计应综合换乘枢纽的总体规划、平面布局等考虑。换乘枢纽内的车速较低，可不设置加、减速车道，只设置停车车道，根据泊位多少确定停车车道的长度。外侧分隔带的设置同路侧型停靠站。

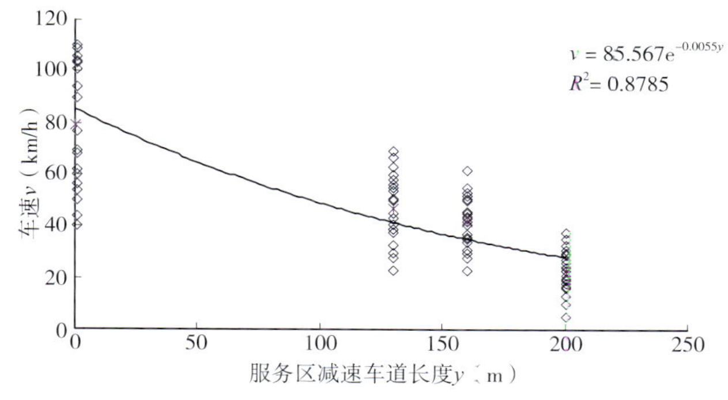

图 5-18　高速公路服务区减速车道长度 y 与车速 v 回归曲线

2. 纵断面设计

一般情况下，客车停靠站设在同主线水平高程相同的高度上，采用大的纵坡或小的竖曲线半径等情况比较少。当主线的纵坡度大于 2% 或客车停靠站离开主线很远时，就需要采用大的纵坡或小的竖曲线半径。

（1）纵坡

二次变速车道的纵坡坡度应小于 5%，但客车停靠站离开很远时，以互通式立交的匝道设计标准为准。停车车道的纵坡原则上应小于 2%，由于地形等状况限制时，可采用 3%。

（2）竖曲线

参考日本高速公路设计的经验，在纵坡变化的区间应设置竖曲线，其半径原则上应大于表 5-22 所示的数值。

最小竖曲线半径　　表 5-22

项　目	凸（凹）形竖曲线	最小竖曲线半径（m）
渐变段附近	凸形	2 000
	凹形	1 500
其他区间	凸形	1 500
	凹形	1 000

3. 横断面设计

变速车道的横断面由左侧路缘带（与主线车道共用）、车道、硬路肩（包含右侧路缘带）组成，如图 5-19 所示。

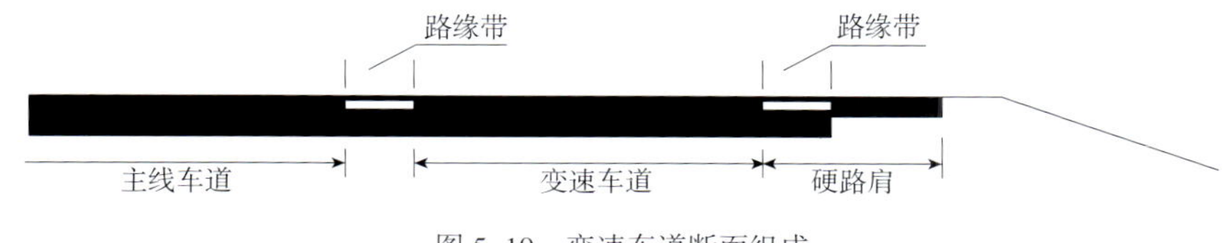

图 5-19　变速车道断面组成

停车车道的宽度包括停留车道、外侧分隔带、路肩、旅客等候区的宽度。旅客等候区可以设置简单的遮阳避雨设施、候车座椅，为乘客提供一个相对舒适的环境。停车车道的断面组成如图 5-20 所示，在地形条件允许的情况下可按挖方路段断面设置，地形困难的情况下可按填方路段断面设置或者缩减相关断面宽度。

站台宽度由两部分组成，即乘客候车区宽度 b 和站台两侧边沿安全带宽 b_1（一般取 0.4m）。由此可以得到直线式和港湾式停靠站的站台宽度基本计算公式如下：

直线式站台的宽度 B_c 的计算公式：$B_c=b+2b_1$

港湾式站台的宽度 B_d 的计算公式：$B_d=2(b+b_1)$

在高速公路用地受限的情况下，站台宽度可作适当的调整，在用地范围内尽可能满足乘客候车对站台的要求。

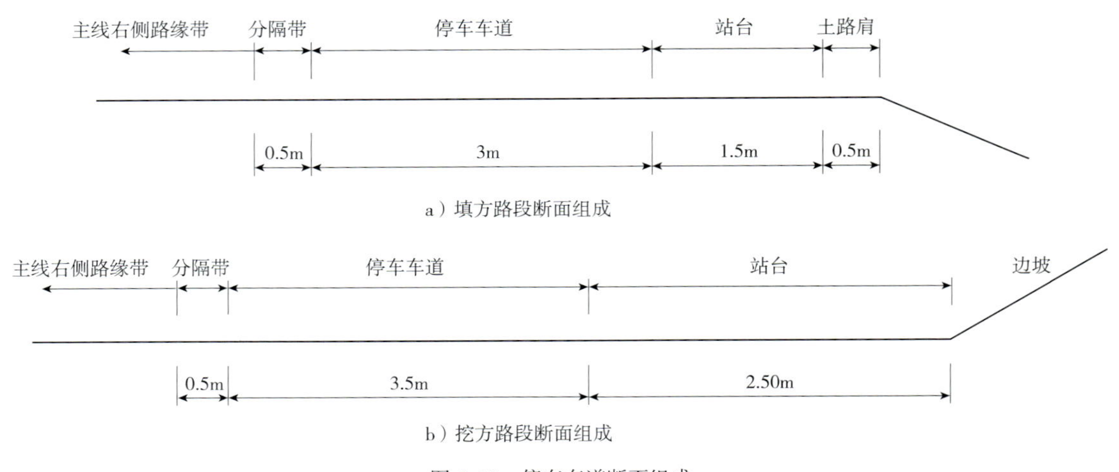

图 5-20　停车车道断面组成

二、站台几何设计

站台几何设计主要是对站台规模大小的研究，即根据泊位数的多少确定站台长度。站台空间过大，导致用地成本过高，同时高速客运作为地面交通方式之一，站台用地受到高速公路用地范围的严格控制；相反，站台空间过小，则无法满足上下车乘客的中转需求，换乘速度也会降低，直接增加客车的停靠时间和站台延误。因此，要合理设置站台规模，在满足乘客换乘的前提下，达到站台面积尽可能小的目标。

站台规模影响因素包括：乘客换乘需求；站点泊位数；客流分布特征；站台形式；站台的组织形式。

1）直线式站台长度计算

直线式停靠站是指客车停靠站沿路侧设置，车辆停靠占用行车道。根据有无超车道，将直线式停靠站分为无超车道的直线式停靠站和有超车道的直线式停靠站。

（1）无超车道的直线式停靠站

无超车道的直线式停靠站站台不提供超车，客车实行先到先进站先行的原则。停靠时只需保持与前车的安全停靠距离就能顺利停靠。其进出站停靠的形式如图 5-21 所示。

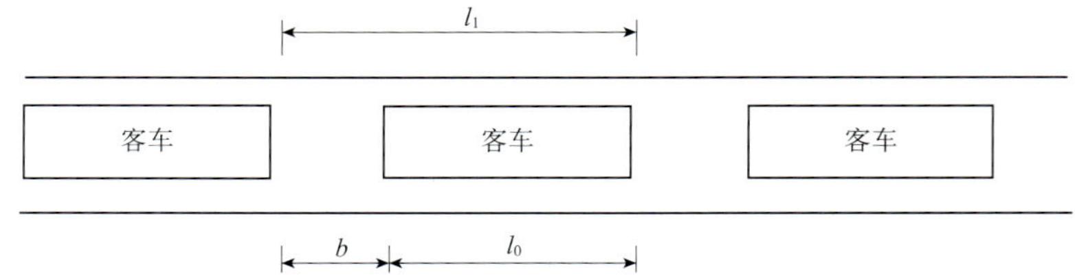

图 5-21　无超车道的直线式停靠站长度计算示意图

经分析可知，停靠站单个泊位的长度 l_1 包括客车本身的长度 l_0 以及两停靠客车之间的安全停车间距 b（一般取 2.5m）。站台的长度应是 n 个泊位长度之和，计算公式如下：

$$L=nl_1=n(l_0+b) \tag{5-27}$$

以 15m 长的客车为例，由公式计算可以得到不同泊位数的直线式停靠站站台的长度，见表 5-23。

直线式停靠站的站台长度

表 5-23

泊位数（个）	1	2	3	4
站台长度（m）	17.5	35	52.5	70

（2）有超车道的直线式停靠站

有超车道的直线式停靠站允许后来的公交车超越前车进入车站停车，即每个泊位上的车辆都可以单独驶入或驶出车站，如图 5-22 所示。

站台的长度应是 n 个泊位长度之和，计算公式如下：

$$L=L_1+(n-1)L_2=l_0+b+(n-1)(l_0+5a) \quad (5-28)$$

式中：L_2——允许超车的单个泊位长度；

a——停车泊位宽度。

2）港湾式站台长度计算

港湾式停靠站就是在车行道外侧，采取局部拓宽路面的停靠站，客车停靠在港湾内，不占用行车道，如图 5-23 所示。

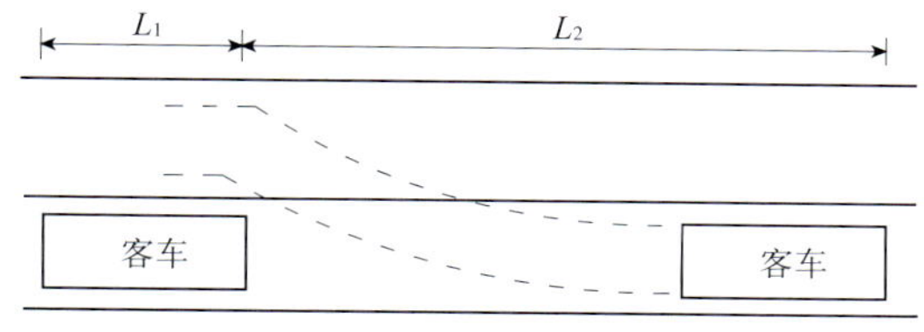

图 5-22　有超车道的直线式停靠站站台长度示意图

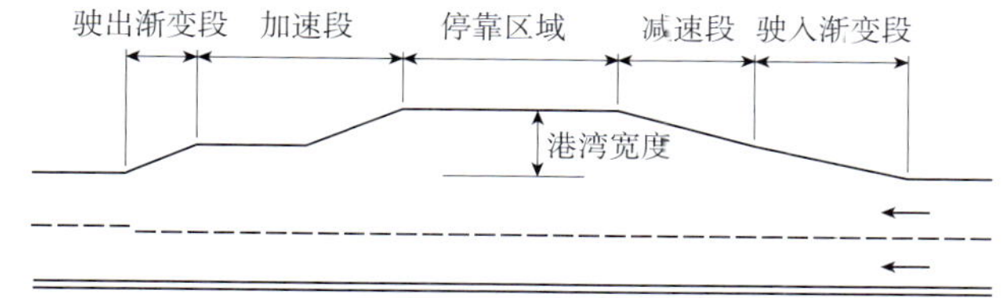

图 5-23　港湾式停靠站的站长示意图

停靠区的长度可以按照直线式停靠站的停车区长度计算。渐变段和加速、减速段的长度根据车辆运行速度不同，具体计算方法见平面设计。港湾宽度以 3.5m 为宜，在道路和用地条件受到限制的情况下，宽度可适当减少。

在进行站台长度设计时，还要考虑客流量的大小。当乘客数量大时，站台过短会引起拥挤。因此，在根据上述方法计算出停车区域长度后，还应根据客流情况对设计长度进行适当调整。

第四节　绕城高速公路便民客运站点管理

一、高速公路客运对交通的影响分析

1. 高速公路客运对车速的影响分析

根据交通事故率与运行车速的关系可以得出，大客车的运行车速与其他车型的运行车逗差值越大，越容易产生交通事故。

考虑混合车道大客车运行对其他车辆的影响时，根据重庆内环高速公路杨公桥到上桥段的平均运行车速数据（表 5-24，单向三车道），大客车与其他车型的速度梯度 Δv 为：

$$\Delta v=61.19-51.09=10.1\ (\text{km/h})$$

大客车运行与无大客车运行时，其他车型的速度梯度为：

$$\Delta v=65.61-61.19=4.42\ (\text{km/h})$$

内环高速公路杨公桥到上桥段的车辆平均运行车速　表 5-24

大客车平均车速（km/h）	大客车运行时其他车型的平均车速（km/h）	无大客车运行时其他车型的平均车速（km/h）
51.09	61.19	65.61

考虑最外侧车道大客车运行对其他车辆的影响时，根据重庆内环高速公路杨公桥到上桥段的平均运行车速数据（表 5-25，最外侧车道），大客车与其他车型的速度梯度为：

$$\Delta v=52.04-43.96=8.07\ (\mathrm{km/h})$$

大客车运行与无大客车运行时，其他车型的速度梯度为：

$$\Delta v=57.58-52.04=5.54\ (\mathrm{km/h})$$

内环高速公路杨公桥到上桥段的车辆平均运行车速（最外侧车道）　表 5-25

大客车平均车速（km/h）	大客车运行时其他车型的平均车速（km/h）	无大客车运行时其他车型的平均车速（km/h）
43.96	52.04	57.58

采用 Solomon 模型和澳大利亚模型分别进行计算，综合比较混合车道与最外侧车道，大客车运行对其他车辆产生的事故率数据如表 5-26 所示。从表中可以明显看出，最外侧车道的事故率增长率较混合车道有所下降。因此，在客车运行管理中，建议大客车靠右行驶，能有效地降低事故率。

混合车道与最外侧车道的大客车运行对其他车辆产生的事故率增长率　表 5-26

事故增长率 / 计算函数 / 车道情况	Solomon 函数		澳大利亚函数	
	大客车与其他车型速度差值产生的事故率增长率	大客车运行对其他车型产生事故率增长率	大客车与其他车型的速度差值产生事故率增长率	大客车运行对其他车型产生事故率增长率
混合车道	34.7%	9.9%	19.2%	19.2%
最外侧车道	-3.25%	-3.26%	11.9%	5.39%

2. 高速公路客运对通行能力的影响分析

高速公路在二级服务水平、不同行驶速度状态下，一条车道的设计通行能力见表 5-27。

高速公路一条车道的设计通行能力　表 5-27

实际行驶速度（km/h）	120	100
高速公路设计通行能力［pcu/（h·ln）］	1 600	1 400

高速公路路段的实际通行能力按以下公式计算：

$$C_r=C_d\cdot f_{HV}\cdot f_N\cdot f_p \tag{5-29}$$

式中：C_r——高速公路路段的实际通行能力；

C_d——与实际形式速度相对应的高速公路路段设计通行能力；

f_N——六车道及其以上高速公路的车道数修正系数，取 0.98~0.99；

f_p——驾驶者总体特征修正系数，通过调查确定，通常在 0.95~1.00；

f_{HV}——交通组成修正系数，按式（5-30）计算。

$$f_{HV}=\frac{1}{1+\sum P_i(E_i-1)} \tag{5-30}$$

式中：P_i——中型车、大型车（i）交通量占总交通量的百分比；

E_i——中型车、大型车（i）车辆折算系数，按表 5-28 选取。

高速公路通行能力分析车辆折算系数　　表 5-28

车　型	交通量［veh/（h·ln）］	实际行驶速度（km/h）	
		120	100
中型车	≤ 500	1.5	2
	500~1 000	2	3
	1 000~1 500	3.0	4
	≥ 1 500	1.5	2
大型车	≤ 500	2	2
	500~1 000	4	5
	1 000~1 500	5	6
	≥ 1 500	2	3

根据绕城高速公路工程可行性报告的交通量预测分析，北碚—江津段、江津—南彭段各特征年分车型的交通量分别如表 5-29、表 5-30 所示。

北碚—江津段各特征年车型交通量（120km/h）（单位：辆 /d）　　表 5-29

年份 \ 车型	小客车	大客车	小货车	中货车	大货车	合计	折算合计（小客车）
2010	5 557	562	1 806	1 111	587	9 624	14 278
2020	12 303	1 320	3 301	1 800	1 891	20 616	30 818
2030	23 447	2 708	5 583	2 512	4 089	38 338	57 320

江津—南彭段各特征年车型交通量（100km/h）（单位：辆 /d）　　表 5-30

年份 \ 车型	小客车	大客车	小货车	中货车	大货车	合计	折算合计（小客车）
2010	3 313	335	1 077	663	350	5 738	8 513
2020	7 302	784	1 959	1 069	1 122	12 236	18 292
2030	13 907	1 606	3 311	1 490	2 425	22 740	33 996

假设纵坡坡度为 0，根据预测交通量中各车型的比例计算单车道小时交通量，取中型车的车辆折算系数为 1.5，大型车的车辆折算系数为 2.0。由于驾驶员多为职业驾驶员，且熟悉分析路段，则 f_P 取 1.00。得出北碚—江津段、江津—南彭段的交通组成，并根据通行能力的计算公式，得出在二级服务水平下通行能力结果，见表 5-31、表 5-32。增大大客车的比例后，计算出来的通行能力结果见表 5-33、表 5-34。

由此可见，大客车的比例增大，高速公路的实际通行能力有所下降，但是影响较小。

北碚—江津段各特征年通行能力（120km/h）［单位：veh/（h·ln）］　　表 5-31

年份 \ 车型	小　型　车	中　型　车	大　型　车	通 行 能 力
2010	0.58	0.30	0.12	1251
2020	0.60	0.25	0.16	1236
2030	0.61	0.21	0.18	1236

江津—南彭段各特征年通行能力（100km/h）[单位：veh/（h·ln）]　　表 5-32

车型 / 年份	小 型 车	中 型 车	大 型 车	通 行 能 力
2010	0.58	0.30	0.12	1095
2020	0.60	0.25	0.16	1082
2030	0.61	0.21	0.18	943

北碚—江津段大客车比例变化后通行能力（120km/h）[单位：veh/（h·ln）]　　表 5-33

年份	大客车增长	小型车（%）	中型车（%）	大型车（%）	通行能力	通行能力下降
2010	0	58	30	12	1251	—
	5%	55	28	17	1203	3.8%
	10%	51	27	22	1172	6.3%
2020	0	60	25	16	1236	—
	5%	55	24	21	1188	3.9%
	10%	52	22	26	1157	6.4%
2030	0	61	21	18	1236	—
	5%	57	20	23	1188	3.9%
	10%	54	18	28	1157	6.4%

江津—南彭段大客车比例变化后通行能力（100km/h）[单位：veh/（h·ln）]　　表 5-34

年份	大客车增长	小型车（%）	中型车（%）	大型车（%）	通行能力	通行能力下降
2010	0	58	30	12	1095	—
	5%	55	28	17	1054	3.7%
	10%	51	27	22	1026	6.3%
2020	0	60	25	16	1082	—
	5%	56	23	21	1040	3.9%
	10%	50	24	26	998	7.8%
2030	0	61	21	18	1082	—
	5%	57	20	23	1040	3.9%
	10%	52	20	28	943	12.8%

二、绕城高速公路便民客运系统管理设施

1. 交通标志与标线

1）交通标志设置原则

交通标志设置应遵循以下原则。

（1）安全性

坚持“以人为本，安全第一，最大限度地满足用户需求”的设计理念。通过一些人性化的交通标志，既向驾驶员传递了信息，又丰富了交通标志的内容，提高了驾驶员对于交通标志的视认性。

（2）合理性

对照国家标准《道路交通标志和标线》（GB 5768—2009）中各标志具体的设置条件，并针对标志系统对道路交通的影响，制订标志设置方案，保证标志设置的必要性与合理性。

（3）一致性

保持在一定空间内所设置的所有道路交通标志内容的协调一致，不能相互矛盾。

（4）协调性

需要设置两个或更多的标志，才能达到路口或路段维护秩序、疏导交通的目的时，必须将应设的标志一一配备齐全，并使其相互配合。

（5）有效性

在一个地点设置交通标志时，应从总体考虑其布局，已经被其他标志包含的内容就不要再设置，避免重复。

（6）可视性

把交通设置得明显突出，具体应重视设置的位置、高度、角度和照明度等几个方面，使交通标志满足：现实程度高，既醒目性强；易读性好，即可理解性强；公认程度高，即跨文化性强。

（7）有序性

在同一地点需要设置两种或两种以上标志时，可以安装在一根标志柱上，但最多不应超过四种。标志牌在一根支柱上并设时排列的位置顺序应按警告标志、禁令标志、指示标志的顺序，先上后下、先左后右地排列，不能相互颠倒。

2）交通标志设立位置

交通标志的设立位置应根据标志视认过程中各种距离的关系来确定。我国道路交通标志和标线应用指南中分析了驾车出行者对诱导标志的视认过程，如图 5-24 所示。

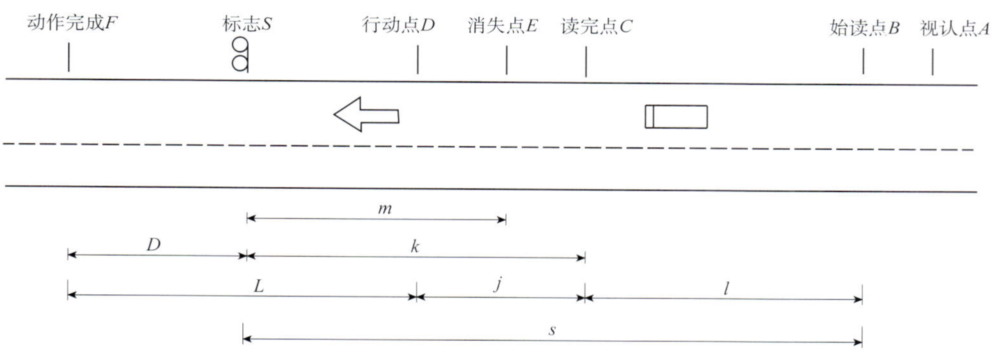

图 5-24　驾驶员认读交通标志的过程示意图

图中，点 B~ 点 C 称为认读距离 l；点 C~ 点 D 距离称为判断距离 j；点 D~ 点 F 的距离称为行动距离 L；点 B~ 标志 S 的距离称为视认距离 s；点 C~ 标志 S 的距离称为读完后到标志的距离 k。如果距离 k 比消失距离 m 要短，就意味着驾驶员不能从容地读完标志，在点 C 到消失点 E 的距离范围内。

从始读点 B 到交通标志 P 的距离称为视认距离 S，从读完点 C 到交通标志 P 的距离称为识读完后到标志的距离 l。l 不能比消失距离 m 短，不然驾车出行者就不能识读完交通标志的信息，也就不可能做出准确的判断。这一条件可以用下列公式表示：

$$s = L + j + l - D = k + l$$

$$j = v_1 t_1$$

$$D = L + j - k$$

$$l = v_1 t_2$$

$$L \geqslant (n-1) v_1 t_3 + \frac{{v_1}^2 - {v_2}^2}{2a} \qquad (5\text{-}31)$$

式中：v_1——车辆到达行动点 D 处的车速；

v_2——车辆在动作完成点 F 处的车速；

t_1——驾驶员所需的判断时间，为 2~2.5s；

t_2——读取标志信息所需要的时间，取 2.5s；

t_3——一次更变车道所需要的时间，据统计，车辆变更一次车道的安全时间为 3~5s；

n——车道数；

a——车辆的减速度，取 1.5m/s^2。

获取交通标志信息后，驾驶员对车辆实施操作主要为变换车道及改变速度。因而理论上，要使驾驶员能有效利用交通标志所传递的信息，必须满足以下条件：

$$D \geqslant (n-1)v_1 t_3 + \frac{v_1^2 - v_2^2}{2a} + j - K \tag{5-32}$$

如图 5-25 所示，设 d 为驾驶员的视高（通常取 1.2m）到路侧标志或头顶标志上方的高度；θ 为在消失点与路侧标志或与头顶标志的夹角，路侧式交通标志取 7°，门架式取 15°。则交通标志的设置还应满足以下条件：

$$K \geqslant m = \frac{d}{\tan\theta} \tag{5-33}$$

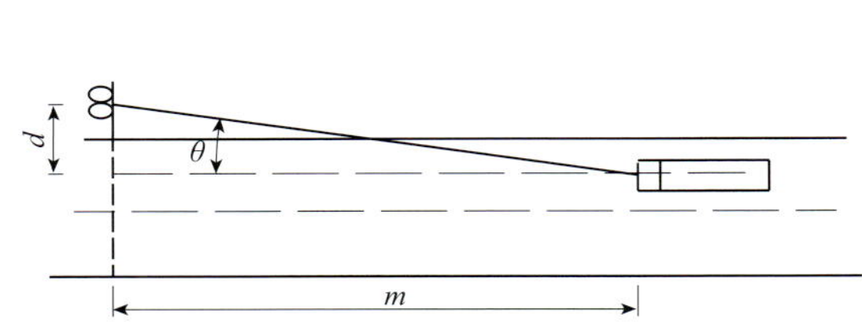

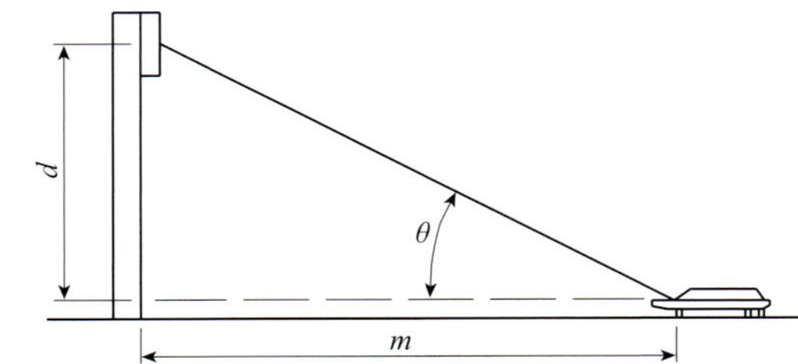

图 5-25　标志的消失距离

交通标志的设置必须同时满足式（5-32）和式（5-33）的要求。

绕城高速公路设计车速为 120km/h 和 100km/h，根据上面公式的计算，得出交通标志的安全前置距离推荐值如表 5-35 所示。

交通标志安全前置距离推荐值　　　表 5-35

设计车速（km/h）	立　柱　式（m）	门架式（或悬臂式）（m）
100	290	295
120	355	345

3）交通标线

交通标线的可视性会受到雪、碎屑、路面积水等的限制，耐久性会受到材料特性、交通量、气象和所在位置的影响。因此，在进行交通标线设计时，应综合考虑公路条件、交通流特性、交通管理需要和材料特点等因素，进行科学、合理的设置。

（1）车行道边缘线

车行道边缘线用来表示车行道的边线或用来划分机动车与费机动车的分界线。在设置标线时，应依据《公路交通安全设施设计细则》（JTG/T D81—2006），将车行道边缘线、车行道分界线等与设计速度联系起来。交通标线宽度如表 5-36 所示。

路面标线宽度　　表 5-36

设计速度（km/h）	车行道边缘线（cm）	车行道分界线（cm）	路面中心线（cm）
120、100	20	15	—

根据绕城高速公路的设计车速，在变速车道设置的车行道边缘线宽度为 20cm，车行道边缘线应划白色实线。边缘线的材料可采用热熔喷涂型（涂层厚度 0.7~1.0mm），能满足反光要求，且性价比最高。车行道边缘线每隔 15m 设置一个单面反光突起路标。

（2）停靠站出入口标线

高速公路客运站标线系统中，出入口标线是重要的组成部分，为驶入或驶出匝道车辆提供安全交汇，减少与突出路缘石碰撞。出入口标线包括入口的横向标线、三角地带的渠化标线。

2. 乘客服务设施与安全管理设施

服务设施包括遮雨篷、乘车信息、人行系统等。建议在地方道路的外侧设置人行道。根据道路征地范围，人行道的宽度约为 1.5m，高出地方道路 15cm 左右。

安全管理设施包括站台安全门、上下行阶梯、隔离封闭设施等。隔离设施包括设置与公路路基两侧用地边界线上的隔离栅和设置与上跨公路主线的分离式立交桥或人行天桥两侧的防护网。

三、突发事件处理建议

高速公路停靠站突发事件的应急管理主要是针对由交通事故或安全设施引起的人员伤亡事故处理、携带危险品进站上车的处理以及失火后消防应急处理。

1. 突发事件分类

（1）一般性突发事件

一般性突发事件是指事件的发生对高速公路的路基、路面、桥涵及隧道造成小范围损伤或轻度污染；或造成 1~3 人死亡；或 5 人以下重伤；或同一地点肇事车辆不超过 5 辆；或 5km 内肇事车辆不超过 10 辆的交通事故。

（2）重大突发事件

重大突发事件是指突发事件对高速公路的路基、路面、桥涵及隧道造成大面积损伤或重度污染，对交通或社会造成重大影响的事件以及突发公共卫生事件。主要包括：

①造成 3 人以上死亡（含 3 人）；或 5 人以上重伤；或同一地点肇事车辆超过 5 辆；或 5km 内肇事车辆超过 10 辆的交通事故及高速公路严重堵塞的情况。

②因地震、洪水、路堑塌方、路面沉陷、山体滑坡等造成高速公路的路面、路基、桥涵及隧道严重毁坏，中断运营的情况。

③因特大暴雨、暴风雪、沙尘暴、飓风、大雾等影响高速公路运营安全的特殊天气，造成道路交通中断。

④在高速公路上发生的公共卫生事件或剧毒化学污染。

2. 突发事件处理程序及报告程序

（1）突发事件处理程序

突发事件处理过程中，实行统一指挥、分级负责的原则。

一般性突发事件，调度员应及时报告值班首长，由值班首长指令有关部门负责应急救援工作。监控指挥中心负责向有关部门传达值班首长指令并监督指令的执行情况，随时向值班首长报告。若需其他相关管理单位支援，应及时向上级突发事件指挥中心报告，由上级突发事件指挥中心协调其他相关

管理单位有关救援事宜。

重大突发事件，要及时报上级突发事件指挥中心及值班首长，由上级突发事件指挥中心协同有关部门直接指挥协调救援工作。

（2）突发事件报告程序

一般性突发事件，由值班首长向上级突发事件指挥中心和省其他有关部门报告。报告内容为事件发生的时间、方位、发生原因、灾情、应对措施及抢险救援情况。报告时间应在事件发生后30min 内。

对于重大突发事件，值班首长要立即向上级突发事件指挥中心报告，同时要组织本单位有关部门赶赴现场，投入抢险救援工作，并随时向上级突发事件指挥中心通报现场损失程度和抢险救援情况。

3. 应急事件处置

（1）交通事故人员伤亡处置

与服务区联合设置的客运站点如果发生交通事故，管理人员应及时组织其他车辆远离现场、疏散乘客，防止在服务区内部造成交通阻塞。建议在服务区内设置小型医疗站点，方便服务区内一般交通事故的人员受伤处置。

（2）屏蔽门造成的人员受伤处置

现场管理人员应当手动控制屏蔽门，及时打开屏蔽门，救护受伤人员。遇到严重事故，管理人员无法解决时，应及时拨打“12122”紧急救援电话，由高速公路管理部门派执勤人员赶赴现场，由消防人员对受伤人员进行救援。管理人员及时疏散候车乘客，使车辆远离现场，为救助人员提供良好的空间环境。同时，应在停靠站进站口摆放标志，禁止其他客车进入停靠站。待救助完成后，及时撤销标志，停靠站恢复正常运营。

（3）危险品等危害公共安全的事件处置

在日常的管理工作中，应加大对危险品的检查力度，严禁携带危险品乘车。一旦发现有乘客携带危险品进站，应立即予以没收，并将危险品安全送离停靠站，交有关部门处理。

（4）消防应急

根据停靠站的特点，将候车乘客、管理人员、客车及车上人员为重点防护对象，以“预防为主、消防结合”的原则，健全制度严防火灾，停靠站消防设施应做好保管与保养。

车辆站内失火时，应及时组织人员救助，并根据火情大小及时拨打 119 报警。管理人员应当及时组织车上人员迅速、有序地撤离客车，并将其疏散到安全地带。如遇多台车辆同时起火时，应及时组织疏散人群及车辆，紧急拨打 119 报警电话报警，同时组织人员控制现场，避免群死群伤事件的发生。管理人员在停靠站进站口前方摆放标志，禁止后面的客车进入停靠站。待现场清理完成后，及时撤销标志，使停靠站恢复正常运营。

第五节　便民客运系统工程应用案例方案

一、服务区型站点应用——曾家服务区

站点布局方案如图 5-26 和图 5-27 所示，在服务区内部设置便民客运站点。在安全保障措施上尽量减弱服务区内乘客乘车对服务区正常运营的影响，具体措施如下：

（1）在服务区与地方道路相连接的入口处设置门禁及监控系统，并设置警告标志，警告无关人员禁止入内。

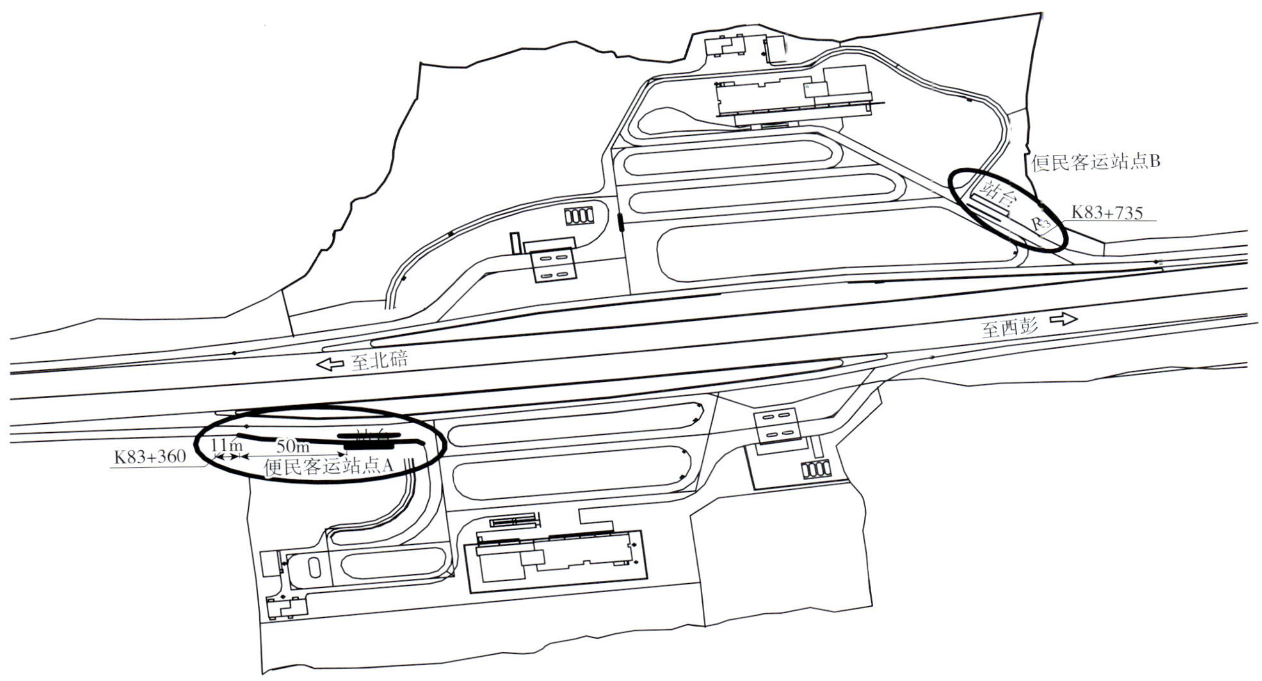

图 5-26　曾家服务区客运站点布局

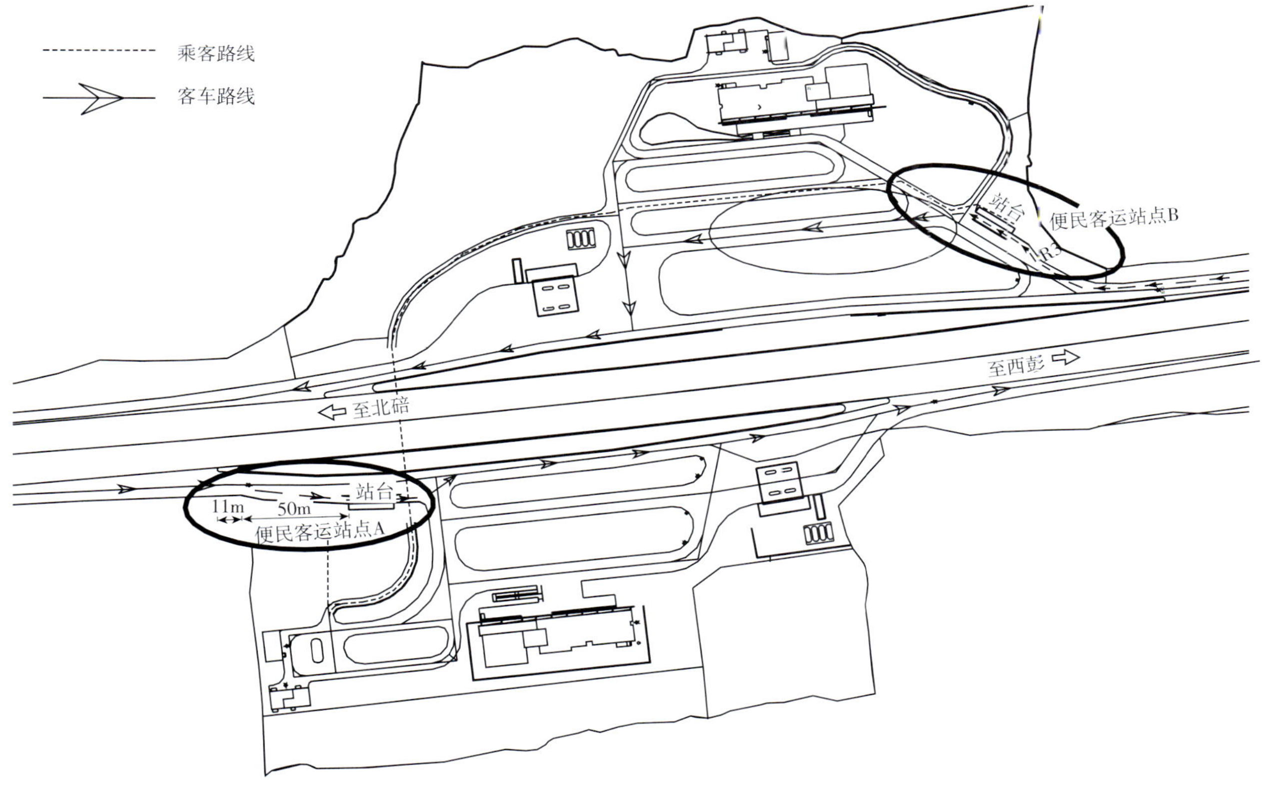

图 5-27　曾家服务区行车组织

（2）服务区内设置专门的人行系统，诱导乘客有序进站候车和下车疏散，同时，在服务区内部设置提示标志，请进入服务区内部的乘客按路线行走。

（3）服务区正线入口处设置指示与警告标志，提醒驾驶员减速慢行，注意避让行人。

（4）为防止进入服务区的乘客横穿高速公路，在中央分隔带处设置隔离网。隔离网的长度以超过服务区范围各 100m 为宜。

二、收费站型站点应用——施家梁收费站和忠兴收费站

站点布局如图 5–28 和图 5–29 所示。因站点设置于高速公路以外，客车的运行、乘客的上下车对高速公路上的交通流并无影响，主要是对乘客的人身安全进行保障，以及减少对地方道路进入收费站车辆的影响。建议在地方道路的外侧设置人行道，根据道路征地范围，人行道的宽度设为 1.5~2.0m，站台缘石高度取 10~15cm。

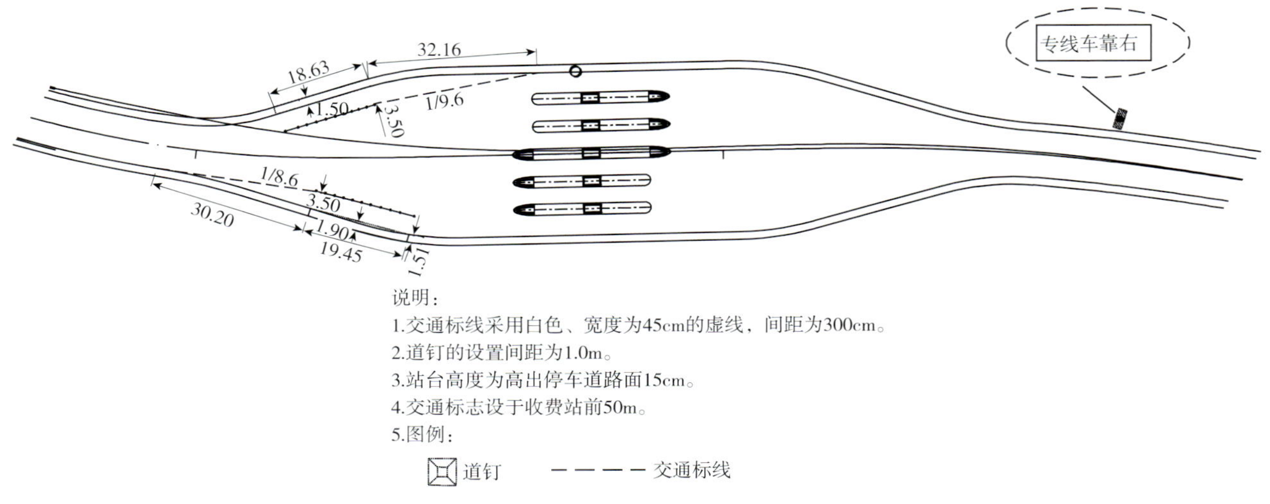

图 5–28 施家梁收费站方案（尺寸单位：m）

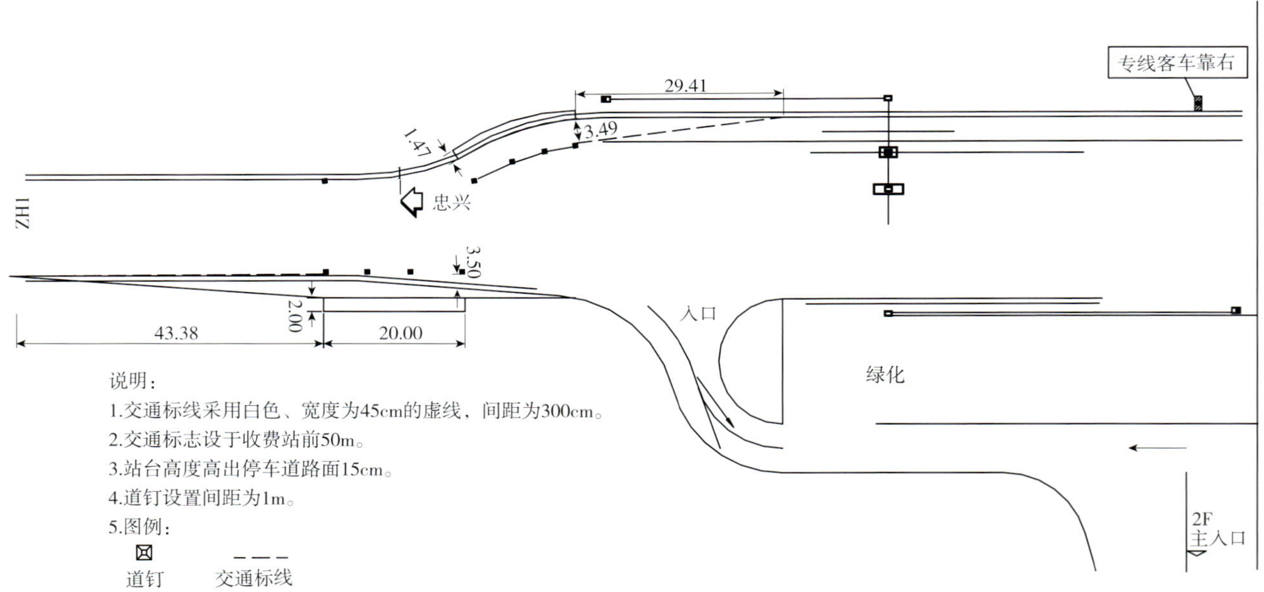

图 5–29 忠兴收费站方案（尺寸单位：m）

根据停靠站的位置，在客车进入收费站前方 50m 处，设置指路标志，提醒客车靠右行驶，出收费站后可直接进入停靠站，避免从其他车道出收费站与车辆产生交织。

第六章 绕城高速公路基础服务设施共享规划

第一节 绕城高速公路基础服务设施共享分析

绕城高速公路位于重庆主城区外围，穿越8个区，联结外围10个组团，地理位置特殊，直接影响人口或间接影响人口众多。基础服务设施的共享不仅有利于高速公路的可持续发展，而且也能带动区域经济发展，有助于促进城乡和谐进步和发展，更好地服务重庆城乡统筹。

高速公路基础服务设施实现共享就是对其进行经营开发，是在搞好收费和服务区管理的基础上，充分利用高速公路巨大影响的无形资产及沿线土地、边角和现有设施，从事广告、仓库储存、旅游业、服务业等多种经营，为沿线城镇居民提供就业机会，带动周围区域经济发展。其重要作用体现在以下三个方面：

（1）促进高速公路沿线产业的发展，繁荣区域经济；

（2）创造就业机会，增加农民收入；

（3）方便居民生活，促进城乡和谐发展。

重庆是典型的城乡二元结构，而绕城高速公路位于重庆主城区外围，周边园区密布，工矿企业众多，人口居住密集，所以该高速在促进沿线地区城镇化方面起着非常重要的作用。因此，在进行资源共享开发时，应社会效益和经济效益兼顾，即公益性产业开发和营利性产业开发并存。

重庆绕城高速公路沿线服务设施基本情况如表6-1所示，共设4对服务区。占地面积最大的服务区是惠民服务区，总占地面积184.9亩；占地面积最小的服务区是马宗服务区，总面积122.1亩。从占地面积可看出，各服务区都比较大，便于多种项目的开发。

重庆绕城高速公路沿线服务设施基本情况　　表6-1

序　号	服务设施名称	面积（亩）	序　号	服务设施名称	面积（亩）
1	歇马收费站	7.5	11	忠兴收费站	75.9
2	青木关收费站	35.5	12	惠民收费站	57.6
3	曾家收费站	250	13	惠民C类服务区	71.85
4	滴水岩收费站、监控中心、培训中心	130.9	14	广阳收费站	55.42
5	金凤收费站	60.0	15	龙兴停车区	336
6	西彭收费站、中心执法点	9.8	16	龙兴收费站	70
7	仁沱收费站	72	17	仁睦收费站	7.1
8	马宗B类服务区左	63	18	复兴服务区	170.5
9	马宗B类服务区右侧	63.2	19	水土收费站	7.5
10	江津观音岩长江大桥观景台	21.5	20	施家梁收费	11.8

绕城高速公路弃、取土场统共计172处，面积达3 223.02亩，其中路线沿线两侧的土地为2 415.96亩，占总面积的74.96%，其余807.06亩土地紧邻服务区或匝道。在路线沿线两侧的取、弃土场中，单块面积大于5亩的达90%。这表明土地可使用的方式较为广泛。

通过对绕城高速公路各段实地调查，结合公路沿线基础设施现有情况，可以共享开发主要项目如表 6–2 所示。图 6–1 为高速公路上的赶场人群。

绕城高速公路服务设施共享项目　　表 6–2

服务设施名称	开发的项目	
服务区	常规项目	餐饮、超市、停车场、汽车修理、加油站
	农贸市场	
	物流	物流集散中心：运输、仓储、配送、中转等综合物流服务
		物流信息港：利用绕城高速公路本身配有管道通信系统，建立高速公路网络配送系统和信息交换平台
		客运站
	旅游	宣传旅游资源
		设立旅游信息服务中心
		特色产品或文化展览
	其他	休息厅、旅店、医务站和娱乐项目等
沿线设施	广告、信息播报、科教基地	
沿线土地及边角区（取土场和弃土场）	仓储、观景平台、停车场、交通苗圃种植	

图 6–1　高速公路上的赶场人群

第二节　绕城高速公路物流配送中心系统规划

一、拓展第三方物流战略的 SWOT 评价

将绕城高速公路的 SWOT 相关研究内容，结合拓展第三方物流特点进行专家打分，得到的 SWOT 评价矩阵列如表 6–3 所示。

拓展第三方物流的 SWOT 评价矩阵表　　表 6-3

	内部因素	权重	评分	加权分	优势 / 劣势		外部因素	权重	评分	加权分	机会 / 威胁
企业内部条件	交通条件	0.159	4.0	0.636	优势 2.217	企业外部条件	重庆经济状况	0.249	3.8	0.946	机会 3.164
	区位条件	0.128	3.85	0.493			重庆交通运输量	0.12	3.75	0.45	
	规模	0.061	3.2	0.195			高速公路网络化	0.125	3.60	0.45	
	功能	0.238	3.75	0.893			物流产业政策	0.065	3.55	0.231	
	物流业务	0.112	1.7	0.190	劣势 0.677		产业结构	0.210	3.70	0.777	
	物流信息	0.220	1.6	0.352			第三方物流发展	0.085	3.65	0.31	
	集团一体	0.082	1.65	0.135			行业竞争	0.031	1.75	0.054	威胁 0.236
	合计	1.000		2.894			业务发展	0.065	1.80	0.117	
							业务合作	0.05	1.30	0.065	
								1.000		3.40	

注：评分范围为 0~5 分。

从影响绕城高速公路拓展第三方物流功能的内部因素来看，其加权分数为 2.894 分，大于平均分 2.5 分。这说明绕城高速公路服务区、停车场拓展第三方物流功能拥有良好的内部条件，已具备发展第三方物流的条件。服务区、停车场占地条件、区位条件与影响区的交通条件和效益功能评分大于 3，属于内部优势，其中场站功能和交通条件的权重大于内部优势权重的平均值，认为是比较关键的优势影响因素。物流业务、物流信息网络以及集团一体化评分小于 2，属于内部劣势，其中物流信息的权重大于内部劣势的评价分，可认为是比较关键的劣势影响因素。因此，绕城高速公路拓展第三方物流功能应该充分发挥其数量规模条件和交通条件优势，发展的重点应考虑放在提高高速公路场地供给和物流信息网络建设上。

从影响绕城高速公路拓展第三方物流功能的外部因素来看，其加权分数为 3.4 分。这说明绕城高速公路拓展第三方物流面临大好的外部环境，可以充分利用外部机会和规避外部挑战。外部因素中产业结构调整、重庆经济状况、交通运输量、高速公路网络化、第三方物流发展趋势、物流政策的评分超过 3，可以认为是外部机会，其中重庆经济发展和产业结构权重比较高．可以认为是比较关键的外部机会因素。同理，物流业务发展可认为是比较关键的外部威胁。因此，绕城高速公路在服务区、停车场拓展第三方物流应抓住重庆经济快速发展和产业结构挑战的大好机会，降低物流业务带来的不利影响。

综上所述，绕城高速公路已在硬件条件上具备了拓展第三方物流的基本条件，且面临极好的外部机遇，只是在物流管理、业务开发、物流信息网络建设等软件上需要开发和建设。只要好好把握重庆经济快速发展和物流业改造升级的大好机会，建立和利用先进的仓储物流设施，增强物流业务开发和管理水平，完善物流信息网络，克服激烈市场竞争，巩固和提高服务功能，积极发展联运、库存管理、流通加工、包装、配送、信息处理等物流增值服务功能，物流事业发展必然会取得良好效益。

二、绕城高速公路物流配送中心位置及规模

1. 配送中心位置

综合考虑绕城高速公路沿线附属设施占地面积和整体布局，并结合各附属设施附近工业发展、城镇规划、交通条件等具体情况，将绕城高速公路沿线配送中心位置初定在惠民服务区（即迎龙停车场）、复兴服务区和龙兴停车场。针对这三个待选配送中心，在货物运输时间、运输成本、交通条件等方面对附近企业进行了详细调查，同时，还聘请物流方面专家对备选方案进行评价。综合考虑三个备

选方案规划发展、调查结果和专家建议之后，最后将惠民服务区和龙兴服务区定为物流配送中心的开发之地。

1）配送中心基本情况

（1）龙兴停车场

龙兴停车区规划面积 310 亩，位于渝北区，与渝长、渝邻、渝合、机场路等高速公路相邻，附近还有 210 国道、空港大道、319 国道等相连，交通位置十分优越，并且靠近江北机场，能与空运很好衔接。渝北地处重庆“一小时经济圈”内，坐拥航空港、火车站，汽车站，多条高速公路和城市道路贯穿境内，是全市唯一具有所有交通要素的主城区县。渝北区现正着力打造重庆立体交通主枢纽，区位优势明显，有合理的物流配送半径和运送半径，容易集聚和运输各种生产要素。

渝北区工业、农业发达。目前，日本本田、百事可乐等一批知名企业落户渝北；汽摩产业链条、纺织服装产业集群；食品工业、重庆市 IT 产业等也布局在渝北区。重庆三大物流园区之一的空港枢纽物流园区距离龙兴停车区非常近，且交通方便。另外，保税区建成后会吸引更多的企业落户到渝北。众多的企业、丰富的资源为物流配送中心的发展提供了充足的物资和客源。

（2）惠民服务区

惠民服务区规划面积西侧为 84.6 亩，东侧 100.3 亩，位于南岸区的迎龙镇，其附近有渝黔和渝宜两条高速公路与绕城高速公路相连。103 省道、通江大道、迎龙新街也与之相邻，惠民服务区附近交通便利。

东港工业园区位于迎龙镇旁的广阳镇，该工业园被定位是“中国西部船都”。按规划到 2015 年，东港工业园将被打造成一个集仓储物流、特种船舶、生态休闲等五大产业集群的特色园区。

迎龙镇的西南是茶园新区，该区是重庆市重点发展的城市副中心。茶园新区交通便利，区域优势突出，从而也成为重庆市规划重点发展的物流中心，物流中心占地约 1 000 亩，预计投资 10 亿元，规模非常大。

优惠的投资条件，生态的投资环境，便捷的交通设施，再结合重庆的发展潜力，定会极大地促进南岸区各大产业的发展，物流运输也必会成为今后发展的重点。

（3）复兴服务区

复兴服务区北区规划面积 112.8 亩，南区规划面积 83.5 亩，位于北碚区。在该区段，渝遂、渝合两条高速公路与绕城高速公路相交，212 国道及多条公路与之相邻。北碚区是国家级重点自然风景名胜区，是重庆是第一个山手园林城区，农业和旅游业比较发达，工业则以仪表、摩配、建筑、建材为主。

2）专家评价

5 位物流专家从经济效益、社会效益和环境保护方面对龙兴、复兴和惠民三个服务区设置配送中心进行了评价。按 5 位专家给出的平均分值，评价指标及评价结果见表 6–4。

专家评价结果表明，配送中心设置在龙兴服务区得分最高，为 80.2 分；惠民服务区分值为 75.5 分，居中；得分最少的为复兴服务区，分值为 74.4 分。

综合企业调查结果和专家评价结果得出：龙兴服务区支持度最高，惠民服务区位居第二，排名最后的是复兴服务区。

绕城高速公路是连接城区和外围组团的重要交通枢纽，同时又与多条出境高速公路相交，交通战略地位高，区域经济影响范围广。随着西部大开发和城乡统筹政策的实施，重庆正在快速向前发展，随之带来物流运输的大量需求。考虑到未来规划发展，绕城高速公路上设一处配送中心可能不能满足物流需求。鉴于此，在参考专家评价结果基础上，最终将龙兴服务区和惠民服务区两处选为配送中心的设置地，以便于重庆南、北两大区域货物流通，提高货物周转率，节约运输成本。

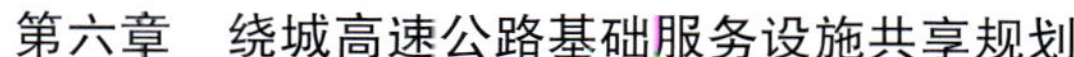

评价指标及评价结果表

表 6–4

位　置	评价准则	权　重	评价指标	权　重	得分（分）	总得分（分）
龙兴停车场	经济效益	0.625	产业结构及联系	0.425	80	80.2
			与客户间的距离	0.16	90	
			交通条件	0.265	86	
			运输成本	0.15	72	
	社会效益	0.238	缓解交通压力	0.491	75	
			对附近居民影响	0.275	90	
			对周围企业影响	0.234	80	
	环境影响	0.137	环境污染程度	0.238	66	
			对生态环境影响	0.625	72	
			交通影响	0.137	84	
复兴服务区	经济效益	0.625	产业结构及联系	0.425	68	74.4
			与客户间的距离	0.16	75	
			交通条件	0.265	80	
			运输成本	0.15	64	
	社会效益	0.238	缓解交通压力	0.491	75	
			对附近居民影响	0.275	76	
			对周围企业影响	0.234	63	
	环境影响	0.137	环境污染程度	0.238	75	
			对生态环境影响	0.625	61	
			交通影响	0.137	80	
惠民服务区	经济效益	0.625	产业结构及联系	0.425	76	75.5
			与客户间的距离	0.16	81	
			交通条件	0.265	80	
			运输成本	0.15	73	
	社会效益	0.238	缓解交通压力	0.491	75	
			对附近居民影响	0.275	65	
			对周围企业影响	0.234	78	
	环境影响	0.137	环境污染程度	0.238	70	
			对生态环境影响	0.625	69	
			交通影响	0.137	80	

2．配送中心规模分析

1）货运交通量预测

根据《重庆市统计年鉴》、《公路建设项目可行性研究编制办法》、《重庆市三十年公路网规划》和《西部开发省际公路通道重庆绕城高速公路工程可行性研究报告》等，采取“四阶段”法对绕城高速公路货运交通量进行预测。预测基年为 2000 年，预测特征年 2010 年、2020 年和 2030 年。

通过计算预测出 2010 年、2020 年和 2030 年各路段单侧货车交通量，见表 6–5。基于就近原则，将全线货运量围绕龙兴停车场和惠民服务区分为两部分。位于重庆北部的鱼嘴 – 走马路段距离龙兴停车场比较近，其区间的货车进入龙兴停车场机会比较大；位于重庆南部的走马 – 鱼嘴区段距离惠民服务区相对较近，其区间的货车进入惠民服务区的机会较多。走马位于北碚－江津区段中间部位。

绕城高速公路预测货运交通量 表 6–5

路段	年份（年）	小货车（辆/d）	中货车（辆/d）	大货车（辆/d）
北碚－江津	2010	1 806	1 111	587
	2020	3 301	1 800	1 891
	2030	5 583	2 512	4 089
江津－南彭	2010	1 077	663	350
	2020	1 959	1 069	1 122
	2030	3 311	1 490	2 425
南彭－鱼嘴	2010	2 132	1 527	414
	2020	3 462	2 116	596
	2030	5 774	2 921	815
鱼嘴－北碚	2010	3 262	1 770	137
	2020	7 933	4 300	333
	2030	1 6557	8 974	696

根据以上划分原则，可计算出绕城高速公路单侧距离龙兴停车场较近的货车数量，见表 6–6，单侧距离惠民服务区最近的货车数量，见表 6–7。

单侧距离龙兴停车场最近的货车数量（单位：辆/d） 表 6–6

年份（年）	小货车	中货车	大货车
2010	2 083	1 163	216
2020	4 796	2 600	640
2030	9 675	5 115	1 376

单侧距离惠民服务区最近的货车数量（单位：辆/d） 表 6–7

年份（年）	小货车	中货车	大货车
2010	2 056	1 373	527
2020	3 536	2 043	1 312
2030	5 939	2 206	2 656

2）物流配送量预测

利用绕城高速公路预测货运交通量 Q 和进入服务区、停车场物流配送中心的车辆停留率 i，即可得出配送中心所需要配送货运量 R。

$$R=Qtl \qquad (6\text{–}1)$$

式中：t——货车的吨位，t。

根据交通统计知，小货车的平均额载吨位 1.3t；中货车评价吨位 4.9t；大货车平均吨位 8.4t。

参考其他省市绕城高速公路配送中心停留率，将预测年绕城高速公路沿线各类货车能进入配送中心的停留率分别取为：小货车停留率为 0.025 2；中货车停留率为 0.034 6；大货车停留率为 0.017 3。

根据式（6–1）可计算出绕城高速公路各服务区单侧配送中心需要配送的货运量 R，见表 6–8。

绕城高速公路各配送中心预测配送货运量 表 6-8

配送中心	年份（年）	配送货运量（t/d）
龙兴	2010	296.54
	2020	690.31
	2030	1 382.88
惠民	2010	376.36
	2020	652.20
	2030	953.65

3）货类构成

由《重庆绕城高速公路工程可行性研究报告》知，绕城高速公路影响区内调查的货物主要有 12 种，它们分别是煤炭、石油、金属矿石、钢铁、矿建材料、水泥、木材、非金属矿石、化肥农药、盐、粮食、其他货物。其中，煤炭、钢铁、矿建材料、水泥、其他货物所占比重较大，分别为 10.4%、6.5%、26.2%、5.6% 和 34.6%。各种货物分类运输量构成见图 6-2。

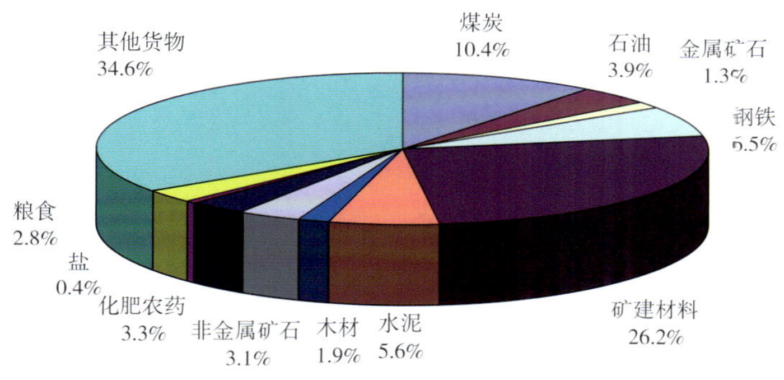

图 6-2 载货车辆货类构成图

4）配送中心规模

若高速公路物流配送中心每年的作业天数按 365d 计，参照区域物流节点总规模的相关研究成果，可以采用以下公式对绕城高速公路服务区、停车场上的物流节点规模进行估算。

$$S=\frac{L \cdot i \cdot a}{365} \qquad (6-2)$$

式中：S——物流节点建设总面积，$10^4 m^2$；

$L \cdot i$——预测年份物流节点处理的物流总量，$10^4 t$；

a——单位生产能力用地参数，m^2/t。

（1）规划目标年份物流总量 $L \cdot i$

龙兴停车场在 2020 年的预测物流量为 17.5 万 t；2030 年为 35.05 万 t。惠民服务区配送中心在 2020 年的预测物流量为 16.57 万 t；2030 年为 24.17 万 t。

（2）单位生产能力用地参数 a

国内物流节点的建设还缺乏充足的经验，可参照国外物流节点的建设经验值。日本东京物流园区的单位生产能力用地参数的取值为 40~60m^2/t，考虑到重庆的经济发展水平及总量比不上东京，a 的取值应低于 40~60m^2/t。参考公路枢纽货运站场规划中 a 的取值为 20~40m^2/t。由于物流节点相对于公路枢纽货运站功能更全面、强大，因此，a 的取值应高于 20~40m^2/t。综合考虑以上两方面，依据重庆经济发展水平和经济实力，结合专家的实践经验并参考类似地区的系数，确定 a 的取值范围为 30~50m^2/t。重庆自直辖以来经济发展速度非常快，而且国家又将重庆定位为西南地区的物流中心，所以，未来重庆在物流运输业务上具有很大发展前景。鉴于此，在规划绕城高速公路配送中心规模时，选择单位生产能力用地参数 a 的取值为 50m²/t。

（3）龙兴停车场与惠民服务区配送中心规模

利用式（6–2），结合表 6–8，可得到龙兴停车场配送中心和惠民服务区配送中心在各规划年的规模，见表 6–9。

配送中心各规划年规模 表 6–9

规划年（年）	物流结点建设面积（m²）	
	龙兴停车场配送中心	惠民服务区配送中心
2010	14 827	18 818
2020	34 516	32 610
2030	69 144	47 683

龙兴停车场与江北机场和保税区相邻，物流业务发达，所以，在未来该处配送中心将是绕城高速公路发展物流配送业务的重点。另外，龙兴停车场每侧规划面积约 155 亩（103 334m²），除了设置停车场必备的服务业务之外，停车场土地还有很多富余。综合该附近区域经济发展、物流业务和附属设施用地情况，建议龙兴停车场配送中心规划规模采用预测年 2030 年的，即规划规模为 69 144m²。

路线东西两侧的惠民服务区占地面积不同，内部开发项目的规模也不一样，所以两侧配送中心规模存在一定的出入。惠民服务区东侧规划面积 100.3 亩，在保障服务区设施必要开发服务项目外，还有充裕的土地满足规划年 2030 年的配送运输量的要求，因此，建议东侧惠民服务区物流配送中心规划规模为 47 683m²。惠民服务区西侧规划占地面积 84.6 亩，在满足开发必要的服务项目之外，富余土地还有 36 667m²，此面积小于 2030 年配送中心规划规模。由于所能使用的土地有限，所以，西侧服务区布设物流配送中心时，不仅要考虑物流配送量的需求，还要考虑土地的限制。经综合分析后，建议该侧配送中心规划规模为 36 667m²，此值大于 2020 年的配送中心规划规模，服务区内开发有汽修、加油站、停车场等服务项目，配送中心可充分利用这些项目，节约辅助作业区的占地面积，从而保证仓储能力规模能满足 2030 年的货运需求。

三、绕城高速公路物流配送中心功能区规划

配送中心功能区是为了实现物流配送作业而设立的诸多作业区域。所设立的具有不同作业内容的区域，实现各自的目的，起着应有的作用，共同完成配送中心的配送业务。

1. 仓储区规划规模

仓储区是对入库货物进行仓储保管的场所。仓储区包括普通储存区、特殊储存区、堆场等。

由于绕城高速公路上运输的货物种类比较多，所以采用货物平置堆放方法对仓储区规模进行估算。进入高速公路配送中心的小货车和中货车比较多，为满足大部分货物存储的需求，在此，以中货车尺寸为计算参数。参照解放牌（5t、箱式）车型参数，长 L 为 7.2m，宽 B 为 2.3m。仓储规模估算公式如下：

$$M=Q_{送}LB\alpha \quad (6\text{–}3)$$

式中：M——仓储区规划面积，m²；

$Q_{送}$——配送中心需要配送的车辆数，辆；

α——放宽比，用库存面积乘以放大系数，适应高峰期的要求，放大系数取值 1.2。

（1）龙兴配送中心

2030 年，龙兴配送中心货运交通量为：

$$Q_{送}=9\ 675\times0.025\ 2+5\ 115\times0.034\ 6+1\ 376\times0.017\ 3\approx445（辆/d）$$

由式（6–3）可得出仓储区的规划面积为 8 843.04m^2。

（2）惠民配送中心

2030 年，惠民配送中心货运交通量为：

$$Q_{送}=5\ 939\times0.025\ 2+2\ 206\times0.034\ 6+2\ 656\times0.017\ 3\approx272（辆/d）$$

由式（6–3）可得出仓储区的规划面积为 5 405.18m^2。

2. 功能区布局规划

（1）功能区布局方法

配送中心功能区布局方法有摆样法、数学模型法、图解法和系统布置设计（SLP）四种方法，其中 SLP 方法在近年应用较多。

SLP 法以产品（P）、数量（Q）、路径（R）、辅助服务（S）、时间（T）为基本作业资料，用图表分析和图形模型把量的概念引入设计分析的全过程，通过引入量化的关系密级概念，建立各功能区之间物流关系与非物流关系的相互关系图表，从而构成区域布置设计的数学模型，是目前布局设计的主要方法。SLP 法布局过程如图 6–3 所示。

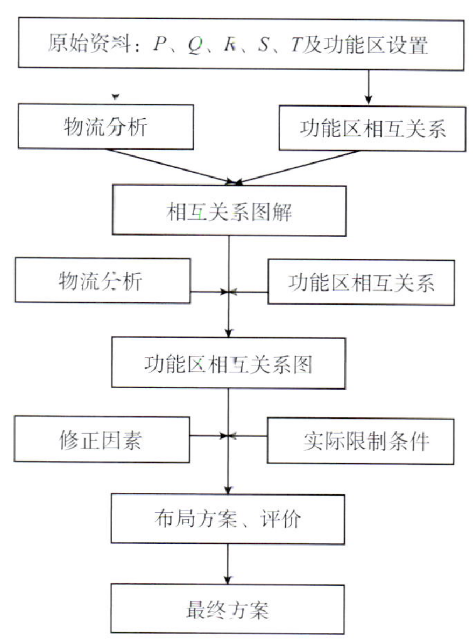

图 6–3　SLP 法布局流程图

（2）配送中心功能区设置

绕城高速公路配送中心配送的货物主要是矿建材料、日用百货和食品。龙兴停车场配送中心设计配送量为 1 382.88t/d，惠民服务区配送中心设计配送量为 953.65t/d。

根据配送中心的业务及基本流程，龙兴停车场配送中心功能区都包括：进货区、仓储区、流通加工区、理货区、出货区、逆向物流作业区、办公管理区、辅助作业区和业务服务区。惠民服务区由于受到用地限制，所以该配送中心功能区包括：进货区、仓储区、流通加工区、理货区、出货区、逆向物流作业区、办公管理区和辅助作业区。办公和有些物流业务都放置在办公服务区，以增大功能区的规模。采取 SLP 布局图解法对两个配送中心功能区进行平面布局规划。

根据拟建配送中心的主营业务、规模、配送货物类别等因素，确定配送中心作业流程及物流量如图 6–4 所示。

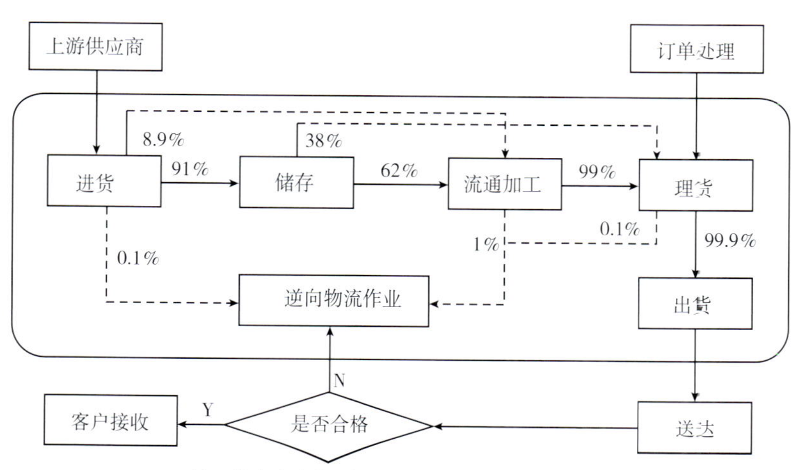

注：数字为功能区物流量进入下一功能区的百分比

图 6–4　配送中心作业流程及物流量

图 7-4　重庆绕城高速公路 OD 调查分区示意图

务区、休息区等停车较多的区域（如与重庆市内至南彭的主干道与渝湘高速公路衔接处的南彭收费站，类似的还有渝黔高速公路上的一品收费站等）进行 OD 问卷调查。在此交通调查方案中 OD 调查共布置 23 个调查点、6 个交通量观测点。

（4）调查内容

重庆市出入口交通主要集中在八条放射高速公路及其与市区相通的国道和省道，对于各高速公路出入口的交通量调查通过收费站的统计数据得出，各国道和省道通过问卷调查得到。交通量区分为进城和出城两个方向分别调查统计。考虑到本项目主要是通过掌握进城车辆的交通流状况来制定相应的管理和控制措施使其达到缓解市内交通的目的，所以交通量调查只针对进城方向的车辆，取年平均日交通量（AADT）为量化单位，调查主要内容见表 7–3。

OD 调 查 内 容　　表 7–3

高速公路交通流调查表（货车）		
调查地点：__________	调查日期：__________	天　　气：__________
方　　向：进城 / 出城	调查人员：__________	调查时间：__________
调 查 内 容		
客车 OD 调查	车型（分大、小两种）；车辆属性（市内、市外）；客车座位数；实际载客数；过境车辆是否停车进城。	
货车 OD 调查	车型（分大、中、小三种种）；车辆属性（市内、市外）；出行起、终点；过境车辆是否停车进城。	

2）交通量调查结果

结合 OD 实际调查和相关数据统计分析得到调查交通量中的各个车型的构成比例，见表 7–4。

车 型 构 成 比 例　　表 7–4

车型	小客	大客	小货	中货	大货
比重（%）	34~53	10~20	2~6	4~8	15~25

都市区与绕城高速相连的主要的客流流向为：渝黔方向、渝武方向、渝遂方向、成渝方向、渝邻方向、长万高速方向、渝涪（渝宜）方向、水界高速（渝湘）方向、国道 G319、国道 G210、国道 G212（图 7–5）、省道 S106、S107、S103、S104、S110。各个方向的交通量预测结果见表 7–5~ 表 7–7。

各条高速公路的调查结果　　表 7–5

年份（年） 流量流向	2008 年		
	客车交通量（辆 /d）	货车交通量（辆 /d）	总交通量（辆 /d）
渝黔方向	18 421	3 847	22 268
渝武方向	22 147	7 785	29 932
渝遂方向	28 142	8 584	36 726
成渝方向	25 656	7 524	33 180
渝邻方向	7 862	2 486	10 348

续上表

流量流向 \ 年份（年）	2008 年		
	客车交通量（辆 /d）	货车交通量（辆 /d）	总交通量（辆 /d）
长万高速	7 524	2 254	9 778
渝涪方向	18 748	4 859	23 607
水界高速	6 492	2 458	8 950
綦万高速	4 862	1 894	6 756

注：表中结果是根据 2008 年 6 月 25 日调查得到的进出绕城高速各出入口道路当日早上 7：00 至晚上 19：00，白天 12 小时交通量汇总情况。

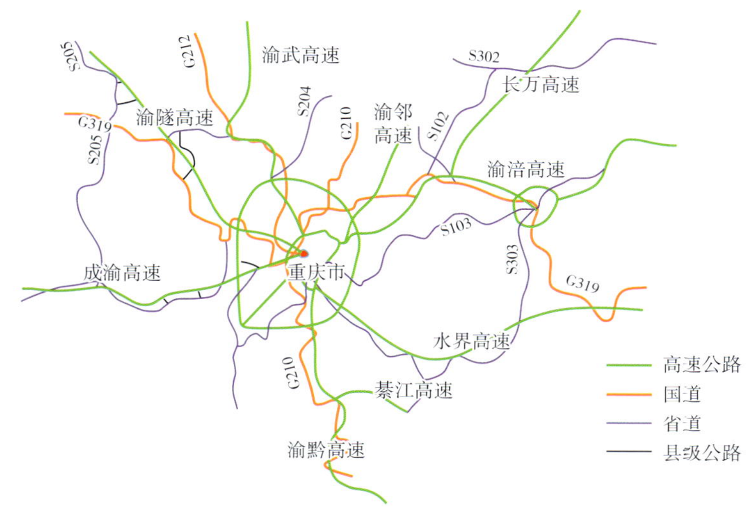

图 7–5　重庆绕城高速路主要的客流来源

各条国道及省道的调查结果（单位：辆 /d）　　　　表 7–6

序　号	方　向	出入口道路名称	车　　型					
			小客	大客	小货	中货	大货	合计
1	南	G210	138	239	532	23	1137	2 069
2	南	S106	370	926	251	15	1555	3 117
3	南	S107	826	5 446	1 700	485	469	8 926
4	北	S110	977	382	783	2	1 695	3 839
5	北	G210	746	520	354	0	1 632	3 252
6	东	S103	120	125	68	6	1 108	1 427
7	东	S104	48	1 102	300	4	13	1 467
8	西	G319	142	1 377	744	90	168	2 521

各条国道及省道的调查结果（单位：辆 /d）　　　　表 7–7

序　　号	方　　向	出入口道路名称	12 小时交通量	24 小时交通量
1	南	G210	2 684	3 627
2	南	S106	3 839	5 188
3	南	S107	6 787	9 172
4	北	S110	4 460	6 027

续上表

序　　号	方　　向	出入口道路名称	12 小时交通量	24 小时交通量
5	北	G210	4 261	5 758
6	东	S103	1 665	2 250
7	东	S104	1 041	1 407
8	东	G319	4 416	5 968
9	西	G319	1 901	2 569

2. 需求量预测的综合交通影响分析

1）发展现状

“十一五”期间，综合交通体系的发展目标是：初步建立起比较完善的交通运输市场体系；综合运输能力继续增强，运输结构趋于合理，运输质量明显提高。铁路、公路和民航等各种运输方式之间的分工和衔接更加合理、紧密。

综合交通运输体系由旅客运输和货物运输两部分组成。其中，旅客运输包括铁路运输、公路运输、水路运输和民航运输 4 种方式；货物运输包括铁路运输、公路运输、水路运输和管道运输 4 种方式。考虑到重庆市的水路运输主要是对外运输，而本项目的控制对象是入城交通流，所以应分析综合运输体系中铁路运输、公路运输和民航运输 3 种运输方式的构成比例与影响。

（1）铁路运输及其客运专线

随着成都、重庆两个经济圈旅客交往的日趋紧密，加之 2006 年成遂渝开行城际列车之后，成遂渝间开行城际列车还需要不断向小编组大密度方向发展和完善，成渝之间铁路旅客运输的竞争力将进一步增强。

2006 年 11 月，渝怀线正式开通客运业务，成都、重庆到东南沿海的客车通过成遂渝和渝怀线提速，加之渝怀新线客运业务的开通，扩展了铁路客流吸引区。由于渝怀沿线公路等级差、速度慢、票价高，公路客票重庆到秀山 130 元，铁路票价 26 元，对渝怀沿线城镇如酉阳、秀水、涪陵、黔江、武隆、彭水等 1300 万人口的贫困区县而言，铁路的安全、票价低廉和快速的优势将极具吸引力，开通初期已显示出巨大的潜力。

全路第六次提速于 2007 年 4 月 18 日实施后，列车运行图进一步得到优化，客运能力得到了一定的增加。贵阳至宁波客车纳入图中；重庆至南通、成都至长沙、成都至桂林、昆明至西昌、成都至昆明、重庆北至怀化、南充至广州和贵阳至张家界等方向已开行客车。

（2）民航运输

在全球经济一体化趋势下，世界航空运输市场稳步扩大，国际民航组织预计未来 5 年世界航空运输市场需求将保持客运 5%、货运 6% 左右的增长率。我国民航将也呈现快速提升趋势。据有关报道，重庆 2007 年旅客吞吐量达到 1000 万人次，重庆江北国际机场生产量以 20% 以上的速度增长。

另外，有关调查分析得到重庆和成都两地间的人员往来极为密切。近年来日均客流量约 2 万人次（含区间客流量）；高速公路客运维持在日客运量约 2000 人次的水平，城际列车的日客运量约 3000 人次，其他客流为社会客运交通包括私人自驾车。由此可见随着高速铁路和航空运输体系的建设与完善，高速公路上的客流量会有不同程度的起伏。

2）未来规划

近期在成渝南通道上修建成内渝城际铁路，远期（2020 年）内将远程高速列车与城际列车共线运营作为过渡，2020 年以后筹备在成渝北通道上新修成渝客运专线。未来通道内各条铁路的功能与分工为：成渝铁路以货运为主，同时兼顾少量普通客车和慢车；成渝城际铁路主要承担沿线主要城市以及

中心城镇间的客流，兼顾通过成渝通道客流和沿线地区对外的客流；在客运专线尚未修建前，达成遂渝铁路主要承担成渝之间的直达客流，沿线主要城市间的客流以及区域对外的中长距离客流，并办理部分货运业务，在客运专线建成后，与成内渝城际铁路功能一致，集散长途、过境及沿线客货流；成渝客运专线开行时速350km以上的远程高速列车，主要承担成渝两城市间的直达客流，沿线地区对外的中长距离客流和通过本地区的长途客流。

在重庆市城乡总体规划中关于铁路的建设规划为建成辐射各方向的“一枢纽十干线三专线四支线”铁路基本网络。“一枢纽”为重庆铁路枢纽；“十干线”为成渝（成都—重庆）、渝遂、兰渝、湘渝、渝怀（重庆—怀化）、川渝、万宜、渝泸（重庆—泸州）、达万及远景预留的安常（安康—常德）铁道线路；“三专线”为连接西南与华东地区沪汉渝蓉铁路客运专线（渝利线）、成渝城际铁路、渝万城际铁路；“四支线”为三万（三江—万盛）、万南、南涪、黔石（黔江—石门）铁路。远景预留合川—铜梁－永川铁路线路。

民航机场的建设也都得到了加强，按“一大三小”布局。重点建设江北国际机场，将江北国际机场建设为国际商业门户枢纽机场；积极发展万州五桥机场、黔江舟白机场和渝东北支线机场。通过机场集疏通道的建设，提高机场的服务能力和辐射能力。

3）分析结果

按照国务院批准的《中长期铁路网规划》和《重庆市城乡总体规划》，地处西南地区的四川、重庆、贵州两省一市在“十一五”期间的铁路建设投资将达到1000亿元。如此大规模的投资将为两省一市的经济发展注入极大的活力，加上其他交通运输体系的发展与建设为区域内的铁路建设提供前所未有的历史机遇，也对高速公路上的客货流的影响比较大。

以成渝方向的客货运量为例，对各种交通方式承担量进行的预测见表7–8和表7–9。

2020年重庆对外交通成渝方向各种交通方式的分担率　表7–8

路径类型	铁路			公路	
	普通铁路	远程高速	城际列车	高速大巴	自用乘用车
分担率（%）	3.8	19.8	24.7	17.3	34.4
	48.3			51.7	
分担量（百万次/d）	0.7~0.85	3.63~4.43	4.53~5.52	3.17~3.87	6.31~7.69
	8.85~10.80			9.48~11.55	

成渝方向铁路单向交通客运量（单位：万人/d）　表7–9

车型 / 交通量	城际列车	远程高速	普通铁路	合计
悲观值	4.56	3.67	7.65	15.88
乐观值	5.51	4.49	9.18	19.18

3. 需求量预测

1）未来交通量的预测思路与方法

依据交通部颁发的《水运、公路建设项目可行性研究编制方法》，采用“四阶段法”对本项目的交通量进行预测。其总体思路是在机动车起讫点（OD）调查的基础上，通过分析社会经济与交通运输发展两者之间的相互关系，把握未来交通量的增长趋势，研究影响区域未来的交通生成和交通分布情况及客流流量和流向特点，考虑了正常增长的趋势型交通量，并考虑本项目建成后对区域形成的交通诱

增交通量，最后得出交通量的预测结果。

2）交通量增长率

通过分析重庆市各路段交通量对国内生产总值的弹性系数，并根据交通发展规律和社会经济发展趋势，参考邻近地区的弹性系数，再与其他经济发展和公路容量相似的地区和国家比较之后，综合确定未来交通弹性系数，最后结合未来社会经济发展速度，确定未来年的重庆市交通量增长率，见表 7–10。

未来年的重庆市交通量增长率 表 7–10

年份（年）	交通量增长率（%）	
	低方案	高方案
2008~2010	8.60	10.3
2010~2020	6.15	7.7
2020~2030	4.49	5.33

根据有关研究结果，城市外环线的建设对于城镇工业布局的调整和工业发展空间的扩展影响深远，因此，重庆市外环绕城高速公路的建设必将促进重庆市周边地区的工业的发展，城市周边地区相互之间的短途货运量将会大大提高。届时，重庆市周边地区的货车交通量对国内生产总值的弹性系数将会维持在一个比较高的水平上。另外，从全国货车交通量的未来发展趋势上看，货车交通量对国内生产总值的弹性系数将小于客车，并将呈现出逐步下降的趋势。

3）交通量预测结果

根据调查的基础数据和以上给出的未来年重庆市交通量增长率数据，计算出规划年内绕城高速公路上分段的低高方案中客车交通量和货车交通量的具体值（表 7–11 和表 7–12）。根据交通量组成，按照《公路工程技术标准》（JTG B01—2003），将各规划年内各类车辆的折算成小汽车，折算系数见表 7–13。

规划年内交通量预测值低方案（单位：辆 /d） 表 7–11

年份（年） 流量流向	2010		2015		2020		2030	
	客车	货车	客车	货车	客车	货车	客车	货车
渝黔方向	21 726	4 537	29 281	6115	49 576	10 353	113 128	23 625
渝武方向	26 120	9 182	35 202	12 375	59 604	20 952	136 010	47 810
渝遂方向	33 191	10 124	44 732	13 644	75 738	23 102	172 827	52 716
成渝方向	30 259	8 874	40 781	11 960	69 047	20 249	157 560	46 207
渝邻方向	9 272	2 932	12 496	3 952	21 159	6 691	48 282	15 267
长万高速	8 874	2 658	11 960	3 582	20 249	6 066	46 207	13 842
渝涪方向	22 111	5 731	29 799	7 724	50 456	13 077	115 136	29 840
水界高速	7 657	2 899	10 319	3 907	17 472	6 615	39 869	15 095
綦万高速	5 734	2 234	7 728	3 011	13 085	5 097	29 859	11 632
G210	779	3 498	1 067	4 793	1 462	6 566	2 270	10 197
S106	2 544	3 575	3 486	4 898	4 776	6 711	7 417	10 422
S107	7 601	3 216	10 414	4 406	14 268	6 037	22 158	9 375
S110	2 516	4 592	3 447	6 291	4 723	8 620	7 335	13 387
G210	2 644	4 147	3 623	5 682	4 964	7 784	7 709	12 088
S103	456	2 198	625	3 011	856	4 126	1 329	6 408

续上表

流量流向＼年份（年）	2010		2015		2020		2030	
	客车	货车	客车	货车	客车	货车	客车	货车
S104	1 301	359	1 782	492	2 441	674	3 791	1 047
（东）G319	4 241	2 798	5 811	3 834	7 962	5 252	12 365	8 156
（西）G319	1 826	1 204	2 502	1 650	3 428	2 260	5 324	3 510

规划年内交通量预测值高方案（单位：辆/d）　　表 7-12

流量流向＼年份（年）	2010		2015		2020		2030	
	客车	货车	客车	货车	客车	货车	客车	货车
渝黔方向	22 411	4 680	32 474	6 781	59 734	9 524	159 212	20 158
渝武方向	26 944	9 471	39 043	13 724	71 816	22 639	191 415	54 114
渝遂方向	34 238	10 443	49 612	15 132	91 256	24 963	243 229	59 667
成渝方向	31 213	9 154	45 229	13 264	83 195	21 880	221 743	52 299
渝邻方向	9 565	3 024	13 860	4 382	25 494	7 229	67 951	17 280
长万高速	9 154	2 742	13 264	3 973	24 398	6 555	65 029	15 668
渝涪方向	22 809	5 912	33 051	8 567	60 794	14 130	162 038	33 775
水界高速	7 898	2 990	11 444	4 333	21 052	7 148	56 110	17 086
綦万高速	5 915	2 304	85 71	3 339	15 766	5 508	42 022	13 165
G210	804	3 609	1 102	5 230	1 596	7 578	3 498	15 708
S106	2 624	3 687	3 595	5 343	5 209	7 742	11 426	16 055
S107	7 841	3 318	10 743	4 808	15 567	6 967	34 133	14 442
S110	2 596	4 737	3 557	6 864	5 154	9 946	11 299	20 622
G210	2 727	4 278	3 736	6 199	5 414	8 983	11 875	18 622
S103	470	2 267	644	3 285	933	4 760	2 048	9 871
S104	1 342	370	1 839	536	2 664	777	5 840	1 612
（东）G319	4 375	2 886	5 994	4 182	8 686	6 060	19 047	12 564
（西）G319	1 883	1 242	2 580	1 800	3 738	2 608	8 201	5 407

车辆折算系数表（以小客车标准车）　　表 7-13

车型	小客车	大客车	小货车	中货车	大货车
系数	1.0	2.0	1.0	2.0	3.0

4. 交通需求量分配

1）分配方法

在预测未来各特征年机动车交通量时，根据车速流量模型及路网方案，计算未来各个影响区之间出行时间，按最短路径将各影响区的分布交通量采用动态容量限制的平衡分配方法分配到项目所在地区规划的路网上。

2）阻抗模型

依据绕城高速公路工程可行性研究报告，本研究采用阻抗模型对交通量进行分配，应用世界银行研究提出的车速模型公式，计算特征年不同交通状况下的车速，公式如下：

高速公路、一级公路：

$$S=\left\{a\cdot\exp\left[b\left(\frac{v}{c}\right)^{2}\right]\right\}\quad,\quad\left(\frac{v}{c}\right)\leqslant m \tag{7-1}$$

$$S=\left\{a_1\cdot\exp\left[b_1\left(\frac{v}{c}\right)^{8}\right]\right\}\quad,\quad\left(\frac{v}{c}\right)\leqslant m \tag{7-2}$$

式中： S——车速，km/h；

$\left(\frac{v}{c}\right)$——拥挤度；

a、a_1、b、b_1、m——车速参数。

城市主干道：S=35.0/（1+0.015$Q^{0.39}$）　（7–3）

城市次干道：S=25.0/（1+0.015$Q^{0.39}$）　（7–4）

式中：Q——交通量，辆 /d。

考虑到由于收费引起的“交通阻抗”时，采用由于收费增加而带来的相应出行时间增量的方法，其计算公式为：

$$\Delta T=\text{Toll}/C_{\text{time}} \tag{7-5}$$

式中：ΔT——因收费而带来的行驶时间增量，min；

Toll——收费费率，元 / 车次；

C_{time}——车辆时间价值，元 /（车次 · min）。

3）分配结果

分配结果如表 7–14 所示。通过对比可以发现：工可数值要大于东南大学研究预测值，而东南大学报告预测值随着时间变化和工可的误差并没有出现缩小的趋势。分析其原因主要可能在于对此路段未来作用估计不足从而造成估计值过于保守。重庆绕城高速公路构成和完善了西部大通道公路运输网，会让重庆外围经济组团得到更有效的沟通，因此，该路段的交通量在路网完成以后会迅速增长。通过对两种预测值的分析，将其进行趋势外推法、加权平均得出该路段规划年的交通量预测值，如表 7–15 所示。

重庆外环南北东西各段交通量预测值比较（单位：辆 /d）　表 7–14

路　段	预 测 方 法	2010 年	2020 年	2030 年
外环东段	工可预测值	6 532	18 526	48 615
	东南预测值	5 482	16 548	38 941
外环北段	工可预测值	12 587	28 584	57 584
	东南预测值	10 008	21 361	51 298
外环西段	工可预测值	25 165	36 353	71 733
	东南预测值	19 795	31 056	46 961
外环南段	工可预测值	11 413	16 167	53 405
	东南预测值	8 646	21 175	35 647

重庆外环南北东西各段交通量预测值比较（单位：辆 /d）　表 7–15

路　段	2010 年	2015 年	2020 年	2030 年
东段	5 521	7 751	16 312	40 018
北段	10 805	15 169	26 250	54 789
西段	14 255	20 012	32 330	61 673
南段	8 509	11 945	19 968	40 406

5. 停车率换乘变化修正系数

停车率是指日停车数量与主干路日交通流量之比。停车率变化的修正系数 K 可取未来估计停车率与现状停车率的比值，模型中一般近似预测时取 K 为 1。但随着城市机动化进程的加剧，小汽车进入家庭，与家庭生活有关的诸如上下班、购物、娱乐、旅游等出行的比例相应增加，而公务活动出行比率相对减少，会导致与此相关的停车率发生变化。受经济成本和出行目的共同作用，公务活动的停车率要高于生活出行的停车率。当两者的比例发生变化时，停车率变化的修正系数 K 值也将改变。另外，受路网流量增加、畅行受阻及停车泊位供给紧张的影响，也会使停车率减小。

可按停车构成比例按式（7–6）计算 K：

$$K=\frac{[b(1+z)tm+p(1+w)tn]}{(bm+pn)} \tag{7–6}$$

式中：b——公务机动车辆保有量占总机动车保有量的比例；

p——非公务机动车辆保有量占总机动车保有量的比例；

m——公务机动车辆停车频度；

n——非公务机动车辆停车频度；

z——公务机动车辆年平均增长率；

w——非公务机动车辆年平均增长率；

t——预测年限。

6. 各路段换乘量预测结果

依据现有路段交通量中各种车型比例，综合分析未来的车型发展趋势，给出未来各个规划年内具体车型比例预测值，见表 7–16。根据车型比例算出各路段分车型在规划年交通量预测值，见表 7–17。

不同年份的预测车型比例（单位：%）　表 7–16

年份（年）	小　客　车	大　客　车	货　　车
2010	49.83	12.01	39.16
2015	50.87	11.55	37.58
2020	51.55	14.09	34.36
2030	52.40	13.31	34.29

各路段分车型在各规划年内交通量预测（单位：辆 /d）　表 7–17

路段 \ 年份（年）	2010			2020			2030		
	小客	大客	货车	小客	大客	货车	小客	大客	货车
南彭互通—忠兴互通	3 311	798	2 602	9 331	2 550	6 219	21 673	5 505	14 183
忠兴互通—惠民互通	2 502	603	1 966	8 252	2 255	5 500	21 158	5 374	13 846
惠民互通—广阳互通	2 847	686	2 238	9 133	2 496	6 087	23 117	5 872	15 128
广阳互通—鱼嘴互通	2 173	524	1 707	5 139	1 405	3 425	12 789	3 249	8 369
本段平均	2 751	663	2 162	8 409	2 298	5 605	20 969	5 326	13 722
鱼嘴互通—天堡互通	3 583	864	2 816	8 812	2 409	5 873	18 334	4 657	11 998
天堡互通—王家互通	3 099	747	2 436	7 908	2 162	5 271	16 898	4 292	11 058
王家互通—人睦互通	5 562	1 340	4 371	19 542	5 341	13 026	42 463	10 786	27 787
人睦互通—水土互通	8 761	2 111	6 885	21 023	5 746	14 013	44 329	11 260	29 009
水土互通—北碚互通	5 710	1 376	4 487	13 010	3 556	8 672	27 568	7 002	18 040

续上表

路段 \ 年份（年）	2010			2020			2030		
	小客	大客	货车	小客	大客	货车	小客	大客	货车
本段平均	5 384	1 298	4 231	13 532	3 699	9 020	28 709	7 292	18 787
北碚互通—歇马互通	4 802	1 157	3 773	12 423	3 395	8 280	25 284	6 418	16 531
歇马互通—青木关互通	5 577	1 344	4 383	14 000	3 827	9 331	28 159	7 147	18 411
青木关互通—曾家互通	7 475	1 802	5 875	16 113	4 404	10 740	29 977	7 609	19 599
曾家互通—走马互通	8 411	2 027	6 610	17 695	4 837	11 794	32 027	8 129	20 940
走马互通—滴水岩互通	6 252	1 507	4 913	14 720	4 023	9 811	27 656	7 019	18 082
滴水岩互通 -- 西彭互通	7 615	1 835	5 984	18 872	5 158	12 579	38 029	9 652	24 864
西彭互通 -- 江津互通	9 591	2 312	7 538	22 840	6 243	15 224	45 086	11 444	29 478
本段平均	7 103	1 712	5 582	16 666	4 555	11 109	32 317	8 203	21 129
江津互通—仁沱互通	5 477	1 320	4 304	12 894	3 524	8 594	25 845	6 560	16 898
仁沱互通—马宗互通	3 913	943	3 075	9 068	2 478	6 044	19 215	4 877	12 563
马宗互通——品互通	3 031	731	2 382	8 011	2 190	5 340	17 075	4 334	11 164
一品互通—南彭互通	4 540	1 094	3 567	11 201	3 062	7 466	22 556	5 725	14 748
本段平均	4 240	1 022	3 332	10 294	2 813	6 861	21 173	5 374	13 843

依照本项目的目标和原则，考虑到各条高速路交通量的大小和调查结果分析，将市内、市外比例分别定为：60%~95%、8%~35%。而且本项目主要是针对入城方向（市外）的车辆，所以综合以上分析将需要停车换乘的车辆比例定为小客车 13%、大客车 4%、货车 8%。

按照图 7-6，可由分车型平均载客人数计算得到各路段的换乘人数预测值。在此基础上统计的绕城高速公路上东西南北四段总换乘人数见表 7-18。

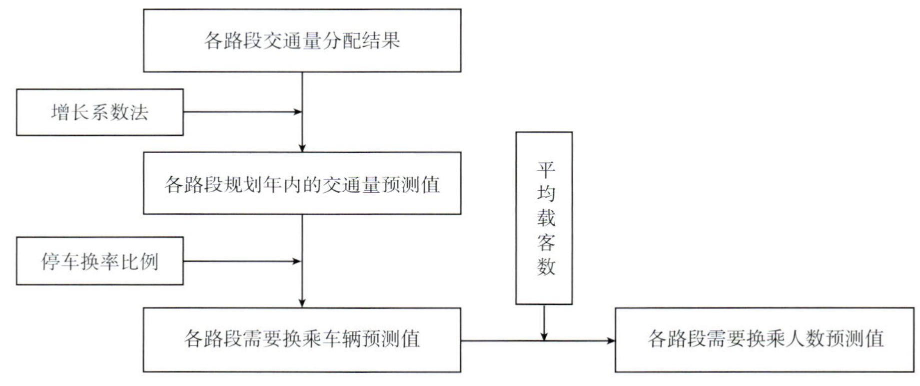

图 7-6　预测各路段换乘人数流程图

各路段规划年内的换乘人数预测值　表 7-18

路段 \ 年份（年）	平均换乘人数（人/d）			
	2010	2015	2020	2030
东段	2 339	3 684	7 239	17 578
北段	4 551	6 589	11 651	24 076
西段	5 189	7 285	12 883	25 400
南段	4 259	6 379	10 520	20 914

第三节　绕城高速公路换乘枢纽选址规划

一、换乘枢纽选址原则

（1）协调性

城市客运交通枢纽是城市总体规划的一部分。客运交通换乘枢纽的定位，应当符合城市总体规划，即应在相应的地点布设客运枢纽。

（2）统筹性

大城市一般可区分为城区、郊区、经济开发区，有的还有卫星城等。换乘枢纽的选址应注意有利于各分区之间的联系，尽量靠近市区边缘但不易过远，有利于不同交通方式的衔接与延伸；有利于公交线路网的优化调整；有利于轨道交通与公共电、汽车线路的衔接、配合，进一步有利于统筹城乡一体化。

（3）连续性

枢纽的位置应为换乘提供方便，应为乘客提供选择最佳交通线路的机会，这样才能保证交通连续，减少延误。

（4）可持续性

城市内外客流的产生、分布、方式和路径的选择并不是一个单向的作用机制，而是一种相互反馈的动态平衡机制。随着时间的推移，绕城高速公路交通客流存在一个演变的过程，这种动态变化可能会导致已建的换乘枢纽供给不能满足变化后的换乘需求。因此，换乘枢纽的布局要与服务区域的经济发展速度、人口增长速度和规划期末及未来年份的客流流量增长相适应，使其可持续发展。

（5）可确定性

换乘枢纽规划要做定量分析，在交通集散中心、乘客换乘集中地，应根据城市发展具体情况，经过定量分析后，设立换乘枢纽。

二、影响换乘枢纽选址的因素

（1）换乘枢纽的可达性

由于城市各交通区的功能分布不同，客流分布也不同，各交通区到各枢纽的出行时间相差很大。考虑各枢纽分方向负责发送的方案时，换乘枢纽的市内可达性及出城时间是一个主要因素。换乘枢纽在城中的地理位置直接影响了出城时间，一般来说出城时间越短越好。

乘客从出发地到换乘枢纽，再乘车出城的时间不仅受距离的影响，还与道路交通条件有关。若枢纽分布在市中心，乘客到达可能较方便。但是由于市中心一般交通比较拥挤，客运车辆出城的时间一般比较长，同时，又给城市交通带来较大的压力。如果枢纽分布在城市边缘，出城很快，又可减轻对城市交通的干扰，但乘客从出发地到枢纽的时间也会增加，而且由于城边的公共交通网络较稀疏，乘客出行不方便，影响汽车客运对乘客的吸引力。因此，需要对这些因素进行综合考虑以获取一个最优的配置。

（2）服务区域路网状况

乘客从各个小区到达枢纽的方便程度也与换乘枢纽的交道衔接、路网条件密切相关，所以考虑换乘枢纽布局时，道路网条件是很重要的因素。道路网的形式，路网密度，快速路、主干道、次干道的长度及比例以及道路网的发展规划，会直接影响到客运交通换乘枢纽的选址、规模和布局。

（3）服务区域的经济、社会等情况

一个区域的社会经济发展水平、城市人口状况及产业布局等决定了该区域人们对交通工具、设施的需求程度以及交通出行频繁程度，出行增加引起交通量增加，从而会产生更多的停车换乘需求量。

（4）换乘后的经济效益

资金是决策者在决策时不可回避的问题。对于投资多少、效益大小、现有财务及集资的渠道，应经过充分的分析论证，作出适当的选择。

（5）土地使用情况及其分配政策

城市土地利用一方面受土地自然因素的影响，另一方面与社会、经济、文化等各方面密切相关，是影响换乘枢纽布局的重要因素。对城市土地利用难以运用定量的手段或某一具体的指标来进行分析衡量，只能通过一些间接的指标从不同的侧面来进行描述，如生产力发展水平、城市人口状况、人们生活水平、产业布局等。

（6）城市的发展形态

任何一个城市都有自己的布局形式，即发展形态。城市的形态直接影响到城市出入口的规划设计，而城市出入口又是城市对外客运枢纽的重要选点。因此，城市的发展形态是影响城市对外客运枢纽规划的重要因素。

三、换乘枢纽选址方法

常用的枢纽选址模型有：重心法选址模型、客流决定法选址模型、费用决定法选址模型、最短路法选址模型和专家经验法模型。其中，专家经验法属于定性分析方法，它的实用性和灵活性强，通常用在城市对外公交枢纽和起终点站公交枢纽选址。

费用决定法模型由于同时考虑到了客货流和费用两个因素，是精度最高的枢纽选址方法，但该模型参数众多，且数据采集和整理都相当复杂，自然为规划带来的很大的难度。因而，在条件具备的情况下最好使用费用决定法模型，毕竟它最准确；但通常情况下无法取得众多数据，以实现模型的标定和运算，建议使用其他选址模型。另外，需要指出的是费用决定法模型中，总成本最小只有在理想化交通状况下才能达到，但我们在实际规划中总是想办法改进规划方法和所用的规划模型，以最大限度地接近总成本最小这个理想结果。

1. 基于客流量的选址方法

从整个公路网络系统的角度考虑换乘交通流，建立客货流量换乘枢纽选址法模型，在有完整客流OD矩阵及公路网络的前提下，可以进行客货流预测和分配，进而得到路段流量以及整个路线网络的交通流流动趋势。具体的模型函数如下：

$$\boldsymbol{G}=\max\left\{\frac{W_a}{W_j}\right\} \quad (a=1, 2, 3, \cdots, p) \tag{7-7}$$

$$W_j=\frac{1}{2}\sum_i X_{ij} \quad (1 \leqslant j \leqslant N) \tag{7-8}$$

式中：$\boldsymbol{G}$——规划换乘枢纽的被选集合；

W_a——预测得到的换乘枢纽节点客流量；

W_j——区域路网中流经节点 j 的各流向客流量之和；

X_{ij}——路段（i，j）的客流量；

N——交通网络中节点的个数。

综上所述，客流量决定法是在网络的节点中挑选枢纽点，其基本思路是：一个节点是否能成为枢

纽是根据途经它的交通流的大小决定的。其关键问题是换乘客流的分配，并由此通过预测各路段的换乘总人数（表 7–19），确定出备选方案（表 7–20）。

特征年 2015 年内分路段换乘人数预测　　表 7–19

路段		分车型换乘人数			换乘总人数
		小客车	大客车	货车	
东段	南彭互通—忠兴互通	2 573	1 341	731	4 645
	忠兴互通—惠民互通	2 278	1 187	552	4 017
	惠民互通—广阳互通	2 521	1 314	629	4 463
	广阳互通—鱼嘴互通	1 419	739	480	2 637
北段	鱼嘴互通—天堡互通	2 432	1 268	791	4 492
	天堡互通—王家互通	2 183	1 138	684	4 005
	王家互通—人睦互通	5 394	2 811	1 228	9 433
	人睦互通—水土互通	5 803	3 025	1 934	10 762
	水土互通—北碚互通	3 591	1 872	1 261	6 723
西段	北碚互通—歇马互通	3 429	1 787	1 060	6 276
	歇马互通—青木关互通	3 864	2 014	1 231	7 110
	青木关互通—曾家互通	4 447	2 318	1 651	8 416
	曾家互通—走马互通	4 884	2 546	1 857	9 287
	走马互通—滴水岩互通	4 063	2 118	1 380	7 561
	滴水岩互通 -- 西彭互通	5 209	2 715	1 681	9 605
	西彭互通 -- 江津互通	6 304	3 286	2 118	11 708
南段	江津互通—仁沱互通	3 559	1 855	1 209	6 623
	仁沱互通—马宗互通	2 503	1 305	864	4 671
	马宗互通——品互通	2 211	1 153	669	4 033
	一品互通—南彭互通	3 092	1 611	1 002	5 705

客流量决定选址法备选方案　　表 7–20

序号	备选枢纽名称	换乘人数预测值
1	南彭	5 867
2	惠民	8 654
3	广阳	6 634
4	复盛	8 203
5	曾家	8 425
6	王家	7 932
7	仁沱	6 784
8	机场	9 358
9	北碚	11 303

续上表

序　号	备选枢纽名称	换乘人数预测值
10	虎溪	6 880
11	走马	9 225
12	西彭	7 532
13	歇马	5 896
14	一品	8 702

2. 基于集对分析的选址方法

集对分析理论通过分别建立OD换乘客流量联系度和枢纽距离远近联系度来平衡两者在影响布点规划中所占的比重，并设计一个合理的评价函数以寻求得到最优方案。

（1）换乘客流量大小联系度

枢纽选址要满足最大化的换乘需求，即服务客流量最大。按这一要求，确定枢纽选址的优化目标函数为：

$$\max(z)=\sum_{n\in \boldsymbol{N}} f_n y_n \tag{7-9}$$

$$\sum_{j=1}^{n} x_j = m\ ,\quad x_j \in [0,1] \tag{7-10}$$

式中：$\boldsymbol{N}$——互通间的路段单元数；

f_n——路段单元换乘量；

y_n——单元的换乘权重，$y_n=\dfrac{1}{n+1}$，n 为该路段与换乘枢纽相隔单元数量；

m——规划枢纽总数。

设规划枢纽对应的最小和最大换乘客流量分别为 Z_U 和 Z_V，可根据系统目标从方案内部或外部分别确定。换乘客流量指标值越大对方案越有利，故可得到枢纽规划换乘客流量指标比较空间为［Z_U，Z_V］，从而确定方案 k 的经济成本集对 $\{Z_k,\ Z_U\}$ 的联系度为：

$$\mu_{Z_k}=a_{Z_k}+b_{Z_k}i+c_{Z_k}j=\frac{Z_U Z_V}{(Z_U+Z_V)Z_k}+\frac{(Z_V-Z_k)(Z_k-Z_U)}{(Z_U+Z_V)Z_k}i+\frac{Z_k}{Z_U+Z_V}j \tag{7-11}$$

同一度 a_{Z_k} 和对立度 c_{Z_k} 说明了枢纽规划中换乘客流量指标趋优和趋劣的程度，而差异度 b_{Z_k} 说明了规划中客流量存在不确定性。

（2）枢纽远近联系度

用枢纽距市中心的远近来体现换乘后的便捷程度，以距离最小为优化目标，则枢纽选址优化的目标函数为：

$$\min(S)=\sum_{i=1}^{n} x_i l_i \tag{7-12}$$

$$\sum_{i=1}^{n} x_i = m \tag{7-13}$$

式中：$x_i\in$［0，1］，若在该处设枢纽则为1，否则为0。

设最大小距离和最大距离分别为 S_U 和 S_V，它们可根据系统目标从方案内部或外部分别确定。枢纽距离为一逆向指标，其指标值越小对方案越有利，故可得到枢纽距离指标比较空间为［S_U，S_V］，从而确定方案 k 的经济成本集对 $\{S_K,\ S_U\}$ 的联系度为

$$\mu_{S_k}=a_{S_k}+b_{S_k}i+c_{S_k}j=\frac{S_U S_V}{(S_U+S_V)S_k}+\frac{(S_V-S_k)(S_k-S_U)}{(S_U+S_V)S_k}i+\frac{S_k}{S_U+S_V}j \tag{7-14}$$

同一度 a_{s_k} 和对立度 c_{s_k} 说明了枢纽规划中距离远近指标趋优和趋劣的程度，而差异度 b_{s_k} 说明了规划中客流量存在不确定性。

基于集对分析选址法，一个节点是否能成为枢纽的关键问题是换乘客流的分配量大小和换乘后到目的地的距离，本研究首先通过交通调查和统计得到的基础数据初步选择几个备选方案，见图 7–7。

按照集对理论选址方法，可以算出各初选方案的联系度趋优程度，见表 7–21，并确定最佳方案。

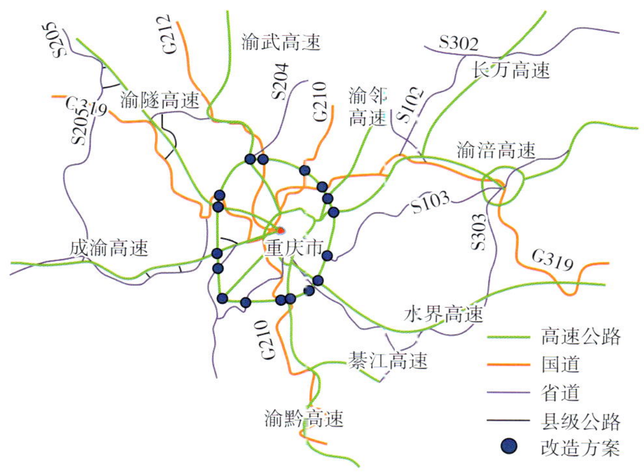

图 7–7　重庆绕城高速公路沿线换乘枢纽初选方案

初选方案的联系度分析　　表 7–21

初选换乘枢纽	联系度分析		初选换乘枢纽	联系度分析	
	客流量大小	距离远近		客流量大小	距离远近
南彭	0.230	0.244	机场	0.322	0.321
惠民	0.231	0.235	北碚	0.267	0.334
广阳	0.310	0.251	虎溪	0.253	0.285
复盛	0.252	0.265	走马	0.265	0.267
曾家	0.157	0.201	西彭	0.315	0.105
王家	0.089	0.221	歇马	0.215	0.114
水土	0.126	0.233	一品	0.263	0.246

四、换乘枢纽的选址结果

应用前述两种选址方法得出的备选方案与初步方案，最终确定出重庆绕城高速公路上北碚、复盛、机场等 6 个一级换乘枢纽和虎溪、西彭等 4 个二级换乘枢纽的位置，以及曾家、迎龙、复兴、龙兴等多个便民客运站点。换乘枢纽的具体布局如图 7–8 所示。

根据前述换乘合理区域确定方法，可以计算得到各规划枢纽站的吸引范围及其周边的主要交通干道。图 7–9 为北碚换乘枢纽的合理换乘区域的划定，其他换乘枢纽站点的合理换乘区域中的主要交通干道见表 7–22。

各枢纽站合理换乘区域中的主要交通干道　　表 7–22

换乘枢纽名称	吸引范围内的干道	服 务 类 型
南彭	S303　渝湘高速	乘客换乘为主
惠民	S303　沿江高速	乘客换乘为主
广阳	S103　S303　沿江高速	货物转运为主
复盛	S103　渝涪高速　渝宜高速	乘客换乘为主
机场	G319　S102　渝邻高速　长万高速	综合服务

续上表

换乘枢纽名称	吸引范围内的干道	服 务 类 型
北碚	G212　S204　渝武高速	乘客换乘为主
虎溪	G319　S205　渝遂高速	综合服务
走马	S205　成渝高速	乘客换乘为主
西彭	G212　S204　渝泸高速	货物转运为主
一品	G210　渝黔高速	乘客换乘为主

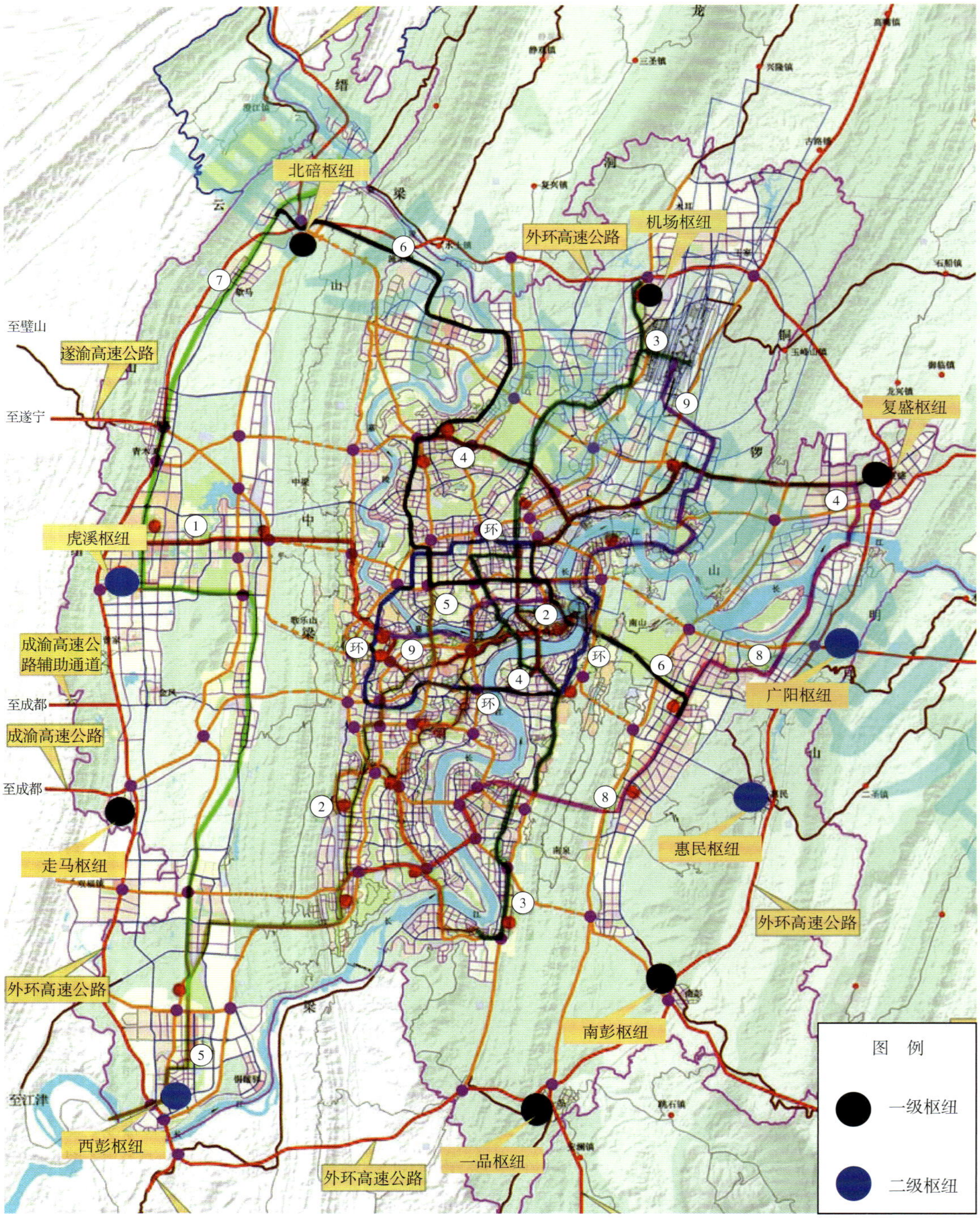

图 7-8　绕城高速公路换乘枢纽布局的规划图

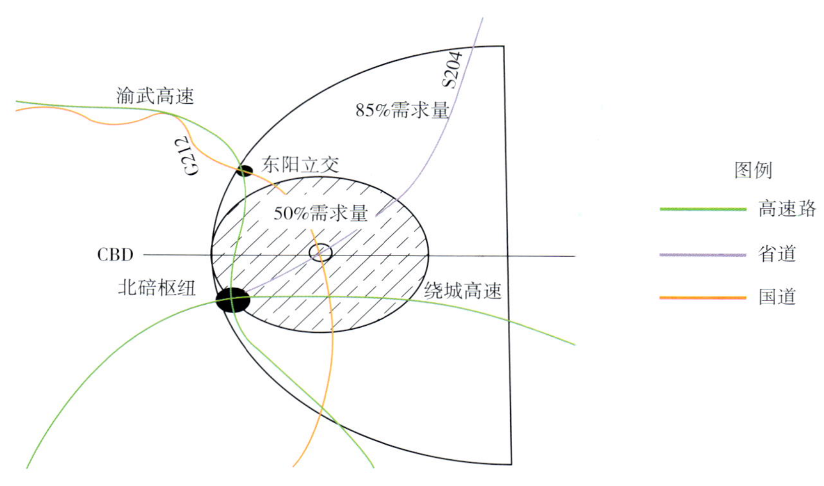

图 7-9 北碚换乘枢纽的合理换乘区域

五、各换乘枢纽的主要功能划分

考虑以下因素，在预测货车交通量时采用交通量增长系数的高方案值 7.7%，预测结果见表 7-23。

（1）根据城市对外出入货运通道发展战略，从整体上加大区域内节点的连通性，提高公路等级，为货物运输提供多种选择方式，满足经济区社会经济对货运的需求；

（2）随着物流园区的规划建设，大宗运输转运物件，原则上一律绕城，严禁穿城；

（3）随着重庆市港口建设规模的不断壮大，应建设疏港通道以满足重庆水路运输的需求，并且本项目货运换乘枢纽的规划和建设也将为重庆货运交通及其经济的良好发展提供有利的条件。

特征年 2015 年内分车型交通量预测（单位：辆 /d） 表 7-23

路 线	路 段	2015 年		
		小客车	大客车	货车
东段	南彭互通—忠兴互通	5 528	1 255	4 710
	忠兴互通 -- 惠民互通	4 894	1 111	3 559
	惠民互通—广阳互通	5 416	1 230	4 051
	广阳互通—鱼嘴互通	3 048	692	3 090
	本段平均	4 987	1 132	3 914
北段	鱼嘴互通—天堡互通	5 226	1 187	5 098
	天堡互通—王家互通	4 690	1 065	4 410
	王家互通—人睦互通	11 590	2 631	7 912
	人睦互通—水土互通	12 468	2 831	12 463
	水土互通—北碚互通	7 716	1 752	8 122
	本段平均	8 025	1 822	7 659
西段	北碚互通—歇马互通	7 367	1 673	6 830
	歇马互通—青木关互通	8 303	1 885	7 934
	青木关互通—曾家互通	9 556	2 170	10 635
	曾家互通—走马互通	10 494	2 383	11 965

续上表

路线	路段	2015 年		
		小客车	大客车	货车
西段	走马互通—滴水岩互通	8 730	1 982	8 893
	滴水岩互通 -- 西彭互通	11 193	2 541	10 832
	西彭互通 -- 江津互通	13 546	3 076	13 645
	本段平均	9 884	2 244	10 105
南段	江津互通—仁沱互通	7 647	1 736	7 791
	仁沱互通—马宗互通	5 378	1 221	5 566
	马宗互通——品互通	4 751	1 079	4 312
	一品互通—南彭互通	6 643	1 508	6 457
	本段平均	6 105	1 386	6 032

考虑到这些枢纽的布设位置与其实际功能紧密相关，依据各个规划枢纽选址地点交通特征，将这些规划枢纽分为货车换乘枢纽、客车换乘枢纽、综合换乘枢纽三类。在综合考虑规划出的换乘枢纽在特征年 2015 年内货车及客车的相对数量（图 7–10）和枢纽的地理位置的前提下，将广阳和西彭两个站点设成主要为货车提供换乘服务的枢纽；机场和虎溪两个站点设成为客货提供服务的综合枢纽；其他均设成为客运服务的换乘枢纽。

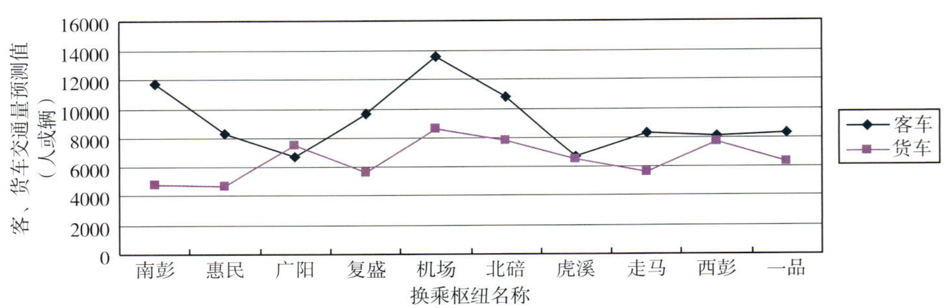

图 7–10　2015 年规划换乘枢纽客、货车交通量预测

第四节　绕城高速公路换乘枢纽规模规划

换乘枢纽规模规划应当考虑：换乘交通量、交通方式、规划年内的交通组成结构、换乘枢纽的组织方式、景观绿化用地等因素。换乘枢纽规模的确定通常有经验类比法和调查计算法。在确定绕城高速公路换乘枢纽规模时，采用了经验类比法和调查计算相结合的方法。

一、相关参数及规模确定流程

1. 高峰小时流量比和停车高峰率

根据调研结果，重庆高速公路服务设施当中，服务区每周都有一天使用量要大于其他各天，一般是周一这天。未来满足换乘枢纽高峰小时的使用要求，在计算服务区的用地面积时各车型的高峰率采用周一的平均值。根据重庆服务区调研数据，得出不同路段服务区停车场分车型高峰率取值范围，如表 7–24 所示。

不同路段服务区停车场分车型高峰率数值表 表 7-24

服务区所属路段	停车场分车型高峰率		
	小客车	大客车	货车
通道	10%~15%	10%~15%	7%~12%
城际	15%~20%	20%~30%	5%~10%
市域	12%~17%	15%~22%	6%~11%

在绕城高速公路的出入口道路高峰时段和高峰小时交通量统计结果见表 7-25。绕城高速公路相当一部分路段是按六车道高速公路标准建设的，其服务对象主要是重庆市周边的八条高速公路和与市内相接的几条国道省道。依据不同地域的道路高峰小时流量比（表 7-26，结合《交通工程手册》和《美国道路通行能力手册》观测和调查结果获得），综合考虑绕城高速公路上的单向最大小时流量比为 46.33%。

绕城高速公路出入口道路的交通高峰时段及高峰小时交通量（单位：辆） 表 7-25

方向	出入口道路名称	早高峰				晚高峰			
		高峰时段	断面混合流量	断面标准流量	高峰小时流量比	高峰时段	断面混合流量	断面标准流量	高峰小时流量比
南	渝黔高速	10：00–11：00	768	960	0.80	16：00–17：00	676	845	0.80
南	G210	7：00–8：00	588	706	0.83	18：00–19：00	384	461	0.83
南	S106	9：00–10：00	702	842	0.83	18：00–19：00	551	661	0.83
南	S107	10：00–11：00	636	763	0.83	16：00–17：00	688	826	0.83
东	界水高速	10：00–11：00	205	256	0.80	15：00–16：00	206	258	0.80
东	S104	10：00–11：00	117	140	0.84	17：00–18：00	106	127	0.83
东	S103	9：00–10：00	247	296	0.83	16：00–17：00	287	344	0.83
东	渝涪高速	11：00–12：00	1208	1510	0.80	17：00–18：00	1204	1505	0.80
东	G319	10：00–11：00	453	544	0.83	18：00–19：00	388	466	0.83
北	渝邻高速	10：00–11：00	419	524	0.80	16：00–17：00	430	538	0.80
北	G210	8：00–9：00	700	840	0.83	13：00–14：00	603	724	0.83
北	渝武高速	10：00–11：00	1765	2206	0.80	17：00–18：00	1620	2025	0.80
北	S110	11：00–12：00	745	894	0.83	17：00–18：00	651	781	0.83
西	渝遂高速	11：00–12：00	654	818	0.80	17：00–18：00	698	873	0.80
西	G319	9：00–10：00	181	217	0.83	15：00–16：00	182	218	0.83
西	成渝高速	10：00–11：00	1454	1818	0.80	17：00–18：00	1378	1723	0.80

不同地域的道路高峰小时流量比（单位：%） 表 7-26

国家	国道	四车道高速公路	六车道高速公路
美国	15.81	70.03	66.37
日本	14.43	68.34	69.85
中国	12.62	54.33	56.14

2. 停车场分车型单位车占地面积

分车型停车面积计算参数见表 7-27。

停车场分车型停车面积表 表 7-27

车型	停车角度	停车方式	车道宽（m）	与车道垂直方向的长度（m）	与车道垂直方向的宽度 A（m）	单位车宽度 B（m）	每车停放所需面积 C（m^2）	备注
小客	90°	前进停车	9.5	5.00	2.5	19.50	24.4	$C=B\cdot A/2$
		后退停车	6.00					
大客	90°	前进停车	11.00	12.90	3.75	22.15	82.10	$C=B\cdot A$
		后退停车	7.50					
货车	90°	前进停车	11.00	15	4	27	108	$C=B\cdot A$
		后退停车	8					

3. 居民出行换乘预测

预测规划期间重庆市内外的居民出行结构见表 7-28。由表中数据可以计算换乘各种交通车辆的人数（单向控制），见表 7-29（以 2015 年的预测量为基础）。

重庆市内外居民出行结构预测 表 7-28

交通方式	常规公交（市内）	长途客车（市外）	出租车	轨道交通	社会车辆	其他
所占比例（%）	27	24	20	13	12	4

换乘各种交通车辆的预测人数 表 7-29

路段名称	常规公交	长途客车	出租车	轨道交通	社会车辆	其他
南彭—忠兴	1 254	1 115	929	604	557	186
忠兴—惠民	1 085	964	803	522	482	161
惠民—广阳	1 205	1 071	893	580	536	179
广阳—鱼嘴	712	633	527	343	316	105
鱼嘴—天堡	1 213	1 078	898	584	539	180
天堡—王家	1 081	961	801	521	481	160
王家—人睦	2 547	2 264	1 887	1226	1 132	377
人睦—水土	2 906	2 583	2 152	1 399	1 291	430
水土—北碚	1 815	1 614	1 345	874	807	269
北碚—歇马	1 695	1 506	1 255	816	753	251
歇马—青木关	1 920	1 706	1 422	924	853	284
青木关—曾家	2 272	2 020	1 683	1 094	1 010	337
曾家—走马	2 507	2 229	1 857	1 207	1 114	371
走马—滴水岩	2 041	1 815	1 512	983	907	302
滴水岩—西彭	2 593	2 305	1 921	1 249	1 153	384
西彭—江津	3 161	2 810	2 342	1 522	1 405	468
江津—仁沱	1 788	1 590	1 325	861	795	265
仁沱—马宗	1 261	1 121	934	607	561	187

续上表

路段名称	常规公交	长途客车	出租车	轨道交通	社会车辆	其他
马宗——品	1 089	968	807	524	484	161
一品—南彭	1 540	1 369	1 141	742	685	228

4. 规模确定流程

规模确定流程如图 7-11 所示。

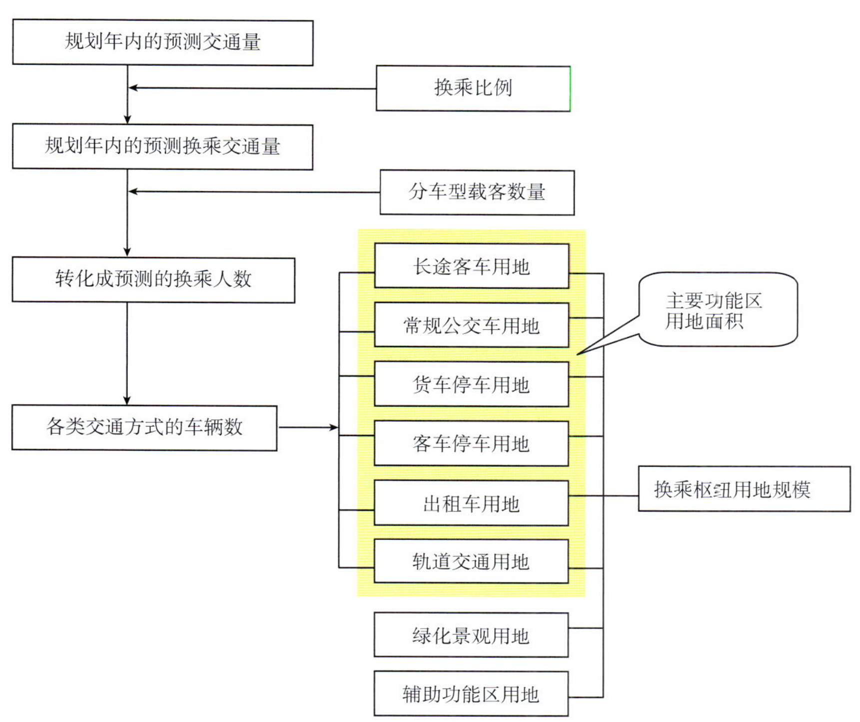

图 7-11　枢纽的用地面积计算工作流程

二、主要功能区用地规模

1. 长途功能区

基本模型考虑的主要因素是客源分布和换乘枢纽位置，认为换乘枢纽对长途客运的吸引力取决于其长途功能区的生产能力。但由于功能和性质的不同，相同规模的长途功能区对客源的吸引力也会有所区别，因此需对基本模型进行修正。长途功能区的功能主要区别在服务方向、与其他运输方式的联运、指定服务区域和特殊功能。

1）主要服务方向

一个换乘枢纽可以主要提供某一个方向的长途运输服务，也可以同时服务于几个甚至所有方向。由于在方向上的分工，单个换乘枢纽仅对其服务方向上的长途适站量产生吸引力。考虑换乘枢纽主要长途服务方向的影响，用方向调整系数 d_j 对基本模型进行修正。方向调整系数 d_j 取规划区域在换乘枢纽 j 主要长途服务方向上的适站量与各方向平均长途适站量的比值。显然，当换乘枢纽服务于所有的方向时，d_j 的值为方向的个数。模型调整为：

$$Q_{ij}=\frac{p_i d_j s_j f(t_{ij})}{\sum_i \left[d_j s_j f(t_{ij})\right]} \tag{7-15}$$

式中：Q_{ij}——交通区 i 至换乘枢纽 j 的长途适站量；

p_i——交通区 i 产生的适站量；

d_j——方向调整系数；

s_j——换乘枢纽 j 内长途功能区的生产能力；

t_{ij}——交通区 i 至换乘枢纽 j 之间的交通阻抗，可取时间、距离或它们的组合；

$f(t_{ij})$——交通阻抗函数，可取 $f(t_{ij})=t_{ij}^{-\alpha}$、$f(t_{ij})=e^{-\beta t_{ij}}$、$f(t_{ij})=t_{ij}\cdot e^{-\beta t_{ij}}$、等形式。

2）联运与指定服务区域

为衔接其他运输方式、建设综合运输枢纽，通常规划某些换乘枢纽具有与铁路、水路或民航联运的功能。为在模型中考虑换乘枢纽的联运功能，应将铁路站场、水路港区和民航机场作为单独的交通区。换乘枢纽的联运功能通常是针对其附近的港站设置的，这使该换乘枢纽对相应的港站小区能产生较大的吸引力。

考虑这类功能，用吸引系数 α_{ij} 对式（7-16）进行修正。由于这类功能只会增加换乘枢纽对特定交通区的吸引力，因此只需对相应的吸引系数 α_{ij}。赋值即可，其余的 α_{ij} 取 1。模型调整为：

$$Q_{ij}=\frac{\alpha_{ij}p_i d_j s_j f(t_{ij})}{\sum_i\left[\alpha_{ij}d_j s_j f(t_{ij})\right]} \tag{7-16}$$

式中：α_{ij}——换乘枢纽 j 对交通区 i 的吸引系数，不小于 1；

其余符号意义同前。

3）考虑换乘枢纽长途功能区的规模限制

长途功能区规模通常指的是功能区用地需求规模，主要由作业量（旅客发送量或换算货物吞吐量）决定。鉴于站场生产能力一般用作业量衡量，在此不严格区分这两个概念。

用地条件等因素的制约可能使某些换乘枢纽的长途功能区规模受到限制，其规模上限对应的生产能力称为限制能力。换乘枢纽长途功能区的设计生产能力不宜超过其限制能力。

4）长途功能区规模计算

参照《汽车客运站级别划分及建设要求》（JT/T 200—2004）等标准，确定长途功能区的用地标准，可取 200~250m^2/ 百人次。在一定的高峰小时换乘率上计算长途功能区的占地面积。

2. 其他功能区

1）常规公交功能区

由配置的常规公交车辆数和用地标准计算常规公交功能区的用地面积，该计算方法与汽车客运站类似。

已预测换乘枢纽需配置的线路条数 B。计算需配置常规公交车辆数 $N=B\cdot i$，i 为平均每条线路配车数，一般取 20 辆。根据常规公交功能区的内部设施，参照《重庆市主城区公共汽车站场布点规划》和相关设计规范，确定用地标准 M 为 80~100m^2/ 标准车。

常规公交功能区的用地面积 $S=N\cdot k\cdot M/2$，按枢纽站高峰使用率 40% 计，则 k 取 0.4。由此算得各规划换乘枢纽的常规公交功能区用地面积。

2）轨道交通功能区

根据预测的轨道交通换乘客运量，结合重庆市正在建设和已规划《轨道交通规划》，在北碚、虎溪、复盛、机场四个换乘枢纽点，采用一定的用地标准确定轨道交通功能区的用地面积。

3）出租车功能区

出租车功能区主要考虑发车位和停车位的占地。根据预测的出租车换乘客运量，由单车位发送能力计算所需的发车位个数，而停车位取 10 倍的数目，进而计算发车位和停车位的占地面积。相关参数

确定如下：

（1）单车位发车频率 1~3 车次 /min，对应的单车位发送能力 100~300 人次 /h。

（2）每个发车位占用面积按出租车投影面积（出租车的高档化已经成为趋势，乘坐环境将更宽敞舒适，取 8.6m^2）的 4 倍计算。即：

$$8.6 \times 4=34.4\ (\mathrm{m}^2)$$

（3）出租车排队依次进入发车位，单车道宽度取 3.5m，每辆车占用的车道长度为车长 4.9m 和安全距离 1.5m 之和，即 6.4m。

每个停车位占用面积 = 车道宽度 × 每辆车占用的车道长度 =3.5 × 6.4=22.4（m^2），取 23m^2。本研究建议按照发车位的 10 倍来取。

4）客货车停车场

客车停车场一般是针对于市外小客车。根据预测的社会车辆换乘客货运量，结合其他城市的换乘枢纽数据和上文提到的换乘高峰率，规划内部管理、办公及外来车辆换乘停车位，按每个客车停车位 30m^2 和每个货车停车位 108m^2 计算。

采用上述方法，计算得到表 7–30 的结果。

换乘枢纽占地面积计算结果（单位：m^2）　　表 7–30

换乘枢纽名称	长途客车用地	常规公交用地	出租车功能区用地	客车功能区用地	货车功能区用地
南彭	2 828.39	12 796.65	1 658.3	13 870.84	14 048.4
惠民	1 913.92	5 012.729	1 626.1	6 833.3	6 589.5
广阳	1 720.87	2 294.194	1 308.7	7 464.42	10 815.06
复盛	2 042.00	14 424.57	1 971.56	10 050.08	14 786.7
机场	2 317.79	16 645.95	3 186.88	19 169.12	18 977.76
北碚	4 400.73	42 605.14	2 125.66	28 026.88	22 191.78
虎溪	3 090.73	16 071.86	942.08	4 299.62	8 850.86
走马	5 489.17	25 594.96	3 051.18	9 134.22	17 731.62
西彭	1 990.81	9 878.923	842.72	4 702.58	7 751.92
一品	3 573.78	26 655.69	1 246.6	20 065.66	11 813.26

三、辅助功能区及景观绿化用地规模

1. 换乘空间与站前广场

换乘空间在建筑内部时为换乘大厅；各功能区平面布置时，换乘空间一般设置在功能区外，此时为换乘广场。立体布置时，换乘空间主要分布在长途功能区、常规公交功能区和地铁功能区。

站前广场主要作为步行进出枢纽的旅客的集散场所，换乘空间则是不同交通方式客流交织的主要场所。换乘空间的面积按旅客最高聚集人数每人 1.5m^2 计算。站前广场的面积 S 的计算公式如下：

$$S=\text{步行总换乘量} \times \alpha \times \beta \tag{7–17}$$

式中：α——步行客流在站前广场的聚集百分比，参照《汽车客运站级别划分及建设要求》（JT/T 200—2004），取 10%~15%；

β——人均使用面积，参照《汽车客运站级别划分及建设要求》（JT/T 200—2004），取 1.0~1.2m^2/ 人。

2. 道路及其他

平面布置时，长途汽车客运、轨道交通、常规公交、出租车和停车场功能区内部已包含部分道路、绿化用地；立体布置时，绿化部分代之以中空。道路用地面积的计算与绿化用地同时进行。道路广场用地按总用地面积 30%~35% 控制。

调度室、调度停车场、洗车、检修、加油、加气、附属用房、餐厅、司乘公寓等其他设施，根据配置情况取 3 000~7 000m^2。

3. 景观绿化用地

依据以往的研究和经验，绿化用地按总用地面积 10%~30% 控制；景观美化用地按总用地面积 3%~6% 控制。

四、换乘枢纽规模规划结果与建设时序

1. 换乘枢纽规模规划结果

按照《公路工程技术标准》（JTG B01—2003），实际建设时停车场及区内道路不宜小于整个枢纽用地面积的 60%，否则应对枢纽面积调整，调整系数值一般取 1~2，可在规模设计最后阶段进行调整。据此建议，规划出的各个换乘枢纽规模结果见表 7-31。

换乘枢纽总占地面积计算结果（2015 年） 表 7-31

换 乘 枢 纽	换乘枢纽总的用地（亩）	换 乘 枢 纽	换乘枢纽总的用地（亩）
南彭	121.08	北碚	273.75
惠民	58.86	虎溪	95.85
广阳	63.23	走马	163.42
复盛	165.35	西彭	67.65
机场	238.30	一品	169.70

2. 规划枢纽的建设时序

根据重庆市交通发展战略以及综合交通规划成果，制订近期交通建设项目安排表，指导近期城市交通建设。为此，有必要对换乘枢纽建设时序进行合理有效的规划与分析。

1）规划总体目标及原则

（1）总体目标

分期、分阶段逐步建成绕城高速公路换乘系统，实现“以绕城高速公路为骨干，地面公交为主体，多种交通方式相结合的功能完善、管理先进、安全便捷、高效经济的城市综合交通体系”。近期建成市区边界客货流主导方向的换乘枢纽；远期初步形成多种交通方式相结合的综合交通运输体系。

（2）主要原则

根据城市发展的需要和经济发展水平，遵循“量力而行，有序发展”的原则，开展绕城高速公路换乘枢纽站的建设，并控制其建设规模与进度。

尽快建成绕城高速公路换乘枢纽网络系统，使其具备网络效应，融入重庆综合交通体系，实现“零换乘”目标。

优先建设新城区、经济发达区域主客流方向的换乘枢纽站点，尽快建成与核心城区中的中心区线网相通的枢纽，减少交通压力；及时调整地面公交线路，发挥整体效应根据绕城高速公路线网及其换乘系统的逐步建成，及时调整地面公交线路与之相适应，发挥城市综合交通的作用，缓解市区地面交

通的拥堵现象。

2）换乘枢纽建设分期实施规划

随着重庆市区的发展趋势、总体规划、重庆市综合交通体系的完善以及连接都市圈十个外围组团的绕城高速公路和轨道交通一、二、三、六号线的建成，为支持《重庆市特大城市空间发展战略》提出的城市未来发展的基本模式：强化多中心、组团式布局结构；总体上形成北移、东进、西拓、南扩的战略构想；选择以公共交通为先导的城镇发展模式，主动引导城市空间发展，并注意周边大中小城市协调发展。为此，确定在2010年以前，重点发展江北城、北部新区以及北、东、西三个方向的拓展区，结合重庆绕城高速公路换乘枢纽规划（表7–32），建议的建设时序见表7–33。

重庆绕城高速公路换乘枢纽规划一览表　　表7–32

枢纽站点	规模（亩）	服务区域
南彭	121.08	S303、渝湘高速、巴南区、南川区
惠民	58.86	S303、沿江高速、涪陵区
广阳	63.23	S103、S303、沿江高速、涪陵区
复盛	165.35	S103、渝涪高速、渝宜高速、长寿区
机场	238.30	G319、S102、渝邻高速、长万高速、渝北区、邻水县
北碚	273.75	G212、S204、渝武高速、北碚区、合川
虎溪	95.85	G319、S205、渝遂高速、璧山、潼南县、铜梁县
走马	163.42	S205、成渝高速、大渡口、永川区
西彭	67.65	G212、S204、渝泸高速、江津区
一品	169.70	G210、渝黔高速、巴南区、綦江

绕城高速公路换乘枢纽站建设时序　　表7–33

建设阶段	建设年限	换成枢纽站点	建设规模（亩）
第一阶段	2013年	北碚、走马、一品、复盛	772.22
第二阶段	2013~2015年	机场、南彭、虎溪	455.23
第三阶段	2015年以后	西彭、广阳、惠民	189.74

（1）第一阶段

2002年10月的交通调查表明，主城核心区公交客运的主流向，呈明显的南北、东西方向。这就需要在2013年前，修建东南西北4方向连接8条射线高速公路及其连线的主要换乘点，包括北碚、走马、一品、复盛4个，形成高速公路换乘系统的主骨架，建设规模1010亩，可供换乘人数达8万多，初步缓解核心城区交通拥挤状况。

（2）第二阶段

2013~2015年前，陆续建设机场、南彭、虎溪3个，逐步完善绕城高速路的换乘系统，引导和促进主城区与周边组团的协调发展，满足长江上游经济中心的快速客运需求。

（3）第三阶段

2015年以后，视城市发展的需要，分期建设其他枢纽等。在向核心域区以外组团和主城区周边区域延伸的同时，充分完善核心城区线网并通达江津、璧山等卫星城，实现城市发展“北移、南下、东拓、西扩”战略。

第五节　绕城高速公路换乘枢纽的运营管理机制与换乘衔接组织建议

一、换乘枢纽的运营管理

1. 管理模式与要求

1）管理模式

目前交通换乘枢纽的管理模式正在探索，但多数是实行企业化经营管理模式，有以下几种模式可供借鉴。

（1）公司化管理模式

这是一种换乘服务区经营的传统模式，由高速公路管理部门组建以经营管理服务区为重点工作的企业公司，对服务区实行系统化、专业化管理。公司对服务区在经济上实行收取管理费和折旧费的方式管理，在行政上对服务区的人、财、物予以控制，并对服务质量管理予以约束。

（2）承包经营管理模式

在合理确定利润水平的基础上，以一定条件实行承包经营，管理单位对物价、服务等方面实行严格控制，这种管理模式能大大提高公司的利润率。分合同段公开竞争性竞标，以利用高速公路服务区的网络和资信优势，通过引进先进的管理模式，统一标准，规范管理，全面提高换乘枢纽的服务质量和管理水平，创造良好的社会效益和经济效益。

（3）租赁管理模式

租赁管理模式即建设部门完成换乘服务区的土建和内部设施后，高速公路管理部门将统一规划建设的服务区设施在考虑到折旧、更新改造以及物价和服务等方面因素后，在较长时间内租赁给各个经营者，由经营者自主经营。

（4）专业的换乘枢纽服务区管理公司模式

按照连锁经营的管理模式，与专业的高速公路换乘枢纽管理公司达成协议，由其负责服务区的考察、调研、评估等，针对服务区所在区域的特点规划相应的经营战略，以解决服务区存在的突出问题，发挥连锁经营的优势，发展区域特性，实施系统化培训和激励机制以提升服务理念和服务质量，树立良好的品牌形象，扩大品牌的认知度、美誉度和忠诚度。

2）管理要求

（1）满足变化的需求

城市活动的增加意味着出行的增加，城市居民成了城市漫游者，而且通信科技的迅速发展促进了出行。如今，人们考虑着如何度过每日生活而组织旅行，他们不再只是希望在较好的条件下旅行，而是需要将出行时间很好的利用起来，做一些想做的事。

（2）形成整体的关键

换乘枢纽应满足乘客出行的全程速度、便捷的换乘、客观和心理上的安全度、有规律和周到的服务等基本需要。枢纽是一个为换乘和交通混合而提供的地点，是人们便捷生活方式的一部分，是一个充满友好的地方，应受到重视、易被辨认，容易留下印象。换乘枢纽也是交通经营者和城市规划者的理想合作领域，城市形成了站点，而站点打开了城市的门户，它们相互作用。任何枢纽工程都将超越客观局限，来圆满完成资源整合的过程。

（3）服务于“统筹城乡”的建设

绕城高速公路换乘枢纽应尽可能地在规划建设和运营中体现出可预见性、规划性、系统性和服务

性，使绕城高速公路更好地服务于“城乡统筹”和“一小时经济圈”建设。

2. 管理原则

由于换乘枢纽依附于高速公路的特性，所以无论何种管理模式，无论何时何地，都应该有一个共同的行为准则作为管理者决策的指针。换乘枢纽的管理应遵循以下几方面原则。

（1）不断发展的原则

随着经济的发展，人们的需求层次在不断地提高，人类的物质文明和精神文明在不断地发展，服务区的设施、管理、服务等方面也应随着时代的发展而进步，重视换乘枢纽的舒适性、安全性与定位明确性的相互协调。

（2）经济性的原则

随着高速公路的发展，换乘枢纽功能的拓展，它不仅满足使用者的基本出行需求，而且换乘枢纽的微观经济效益已经开始突显。可观的微观经济效益成为高速公路及其附属设施经济收入的增长极。经济性原则和服务原则是对立的统一体。

（3）科学管理原则

换乘枢纽的管理是一项极其复杂的工作，既包括国家事业性的管理，又包括一般性的企业管理，因此其管理必须要以科学管理为依据，通过科学管理方法来保证公益性设施的服务质量和发挥经营性设施的微观经济效益。

（4）服务原则

换乘枢纽是在全封闭高速公路内供出行者实现不同交通方式之间的换乘服务而设置的，因此必须坚持以服务为主的原则。同时，要坚持形象工程建设，保证安全环境，建立文明服务窗口，加强环境整治力度，提高服务标准。

（5）统一规划的原则

在建设和管理上，为了实现服务于高速公路的目标和提高管理水平，对于资金的投入和使用，对于物资的调配，对于物价、卫生、服务等方面的标准和要求，都应实行统一规划和管理。

（6）自主经营、独立核算的原则

为了提高服务水平，精简成本，应对激烈的市场竞争，走可持续发展的道路，应建立一支专业化的管理队伍，负责服务区的整体运作，所以服务区必须坚持自主经营和独立核算的原则。

3. 运营管理的主要关系和内容

由于绕城高速公路换乘枢纽是城市内外交通的衔接点，它既服务于对外交通，又服务于城市内交通，交通方式多样，要协调多种关系。主要的协调关系和内容见表 7–34。

综合交通换乘枢纽主要协调关系及其内容　　表 7–34

主要协调关系	客运与各交通衔接方式的协调	综合换乘枢纽内外服务功能的协调
协调内容	·各客运站的合理布局 ·运能的合理配置 ·接驳线路规模的确定 ·各场站容量规模的确定 ·站前广场交通流的组织 ·换乘、接驳模式的选择 ·站台的布置与建设 ·换乘通道的布置与建设 ·换乘诱导标志的布置 ·联运措施的建立 ·联运票价的制定 ·统一收费管理系统的建立	·各客运站的合理布局 ·站前广场交通流的组织 ·站前广场合理规模的确定与功能设施布局 ·各交通方式接驳模式的选择 ·换乘通道的合理设置

换乘枢纽各种关系的协调统一，对方便旅客出行、缩短旅客出行的时间、提高公共交通出行分担率、提高换乘枢纽的服务水平具有重要意义。各种协调关系的具体协调措施的制订应从设备能力匹配、换乘的连续、换乘环节时间损耗、良好的组织等基本条件入手，以突出公共交通在内外衔接的核心作用来组织，从各种交通方式一体化的角度进行统筹规划，综合实施。

二、换乘枢纽内交通方式间的衔接组织管理

1. 管理目标与衔接组织原则

1）管理目标

总体目标是使换乘枢纽成为某种程度的交通生活社区。具体目标为：

（1）有便捷的内部衔接和清晰的通道指示；

（2）适当的商业消费和休闲娱乐设施；

（3）多模式交通运营和现场的全局管理。

通过合理有效的交通组织管理达到运输服务水平的改善和交通系统整体效率的提高，构建“安全”、“高效”、“人性化”多方式和多层次的“一体化出行服务体系”。

2）衔接组织原则

换乘枢纽内各种接驳交通方式都有其存在的合理性，要组织好换乘交通，保证各交通系统间的有效衔接，应遵循以下原则。

（1）换乘过程的连续性

旅客完成各交通方式间的搭乘转换，应是一个完整连续的过程。换乘的连续性是组织换乘交通最基本的要求和条件。枢纽的位置应为旅客换乘提供方便的最佳交通工具及交通线路的机会，保证出行连续、减少延误。

（2）客运设备的适应性

应保证各交通方式的客运设备（包括各种交通工具的数量、客运站和枢纽中的站屋、站台、广场、人行通道、乘降设备、停车设施等）的运输能力相互适应和匹配；优化枢纽衔接设施、完善信息发布及信息诱导系统。

（3）客流过程的通畅性

要使乘客尽可能均匀分布在换乘过程的每一环节上，不要在任一环节滞留、集聚、保证换乘过程的紧凑和通畅。

（4）换乘的舒适性和安全性

换乘过程的舒适、安全性不仅对乘客个人的生理、心理产生影响，同时也可能对社会产生意想不到的影响。应严格分离枢纽内部及周围各种交通方式的流线，以保证行人安全及车辆行驶不受干扰，尤其是避免大货车与小客车之间的冲突。

（5）一体化的服务原则

不同方式之间协调票价，建立优惠换乘价格体系，采用一体化自动售检票系统，方便乘客换乘。

2. 枢纽内交通接驳方式的组织管理

（1）步行

一般来说，人们所能接受的乘车步行时间为约为10min，相当于600m的距离。倘若能提供通往枢纽车站的完善直达的步行通道，以上可以接受的步行距离还可以得到进一步的延伸。人行步道尽量与机动车流分道，除了满足客流集结和疏散要求，还要设置良好的导向标志、过街横道线和中央安全岛以及交通标示系统。此外，还应为方便残疾人出行设置无障碍设施。

（2）地面公交运营组织模式

轨道交通与地面公交是市内公共客运系统中最为重要的两大组成部分。轨道交通以其准点、快速、大容量等优势，必将成为重庆未来公共客运系统的骨干。同时，地面公交则凭借其相对低廉的成本投入和大范围网络覆盖达成较高的可达性服务，成为与轨道交通骨干相配合的枝叶。两者相辅相成、紧密衔接，形成一个紧密整合的大众运输网络，提供更快速、更方便、更有效率的大众运输服务。

从换乘枢纽内不同交通方式动态衔接的角度出发，提出换乘枢纽内公交运营组织模式，如图 7–12 所示。

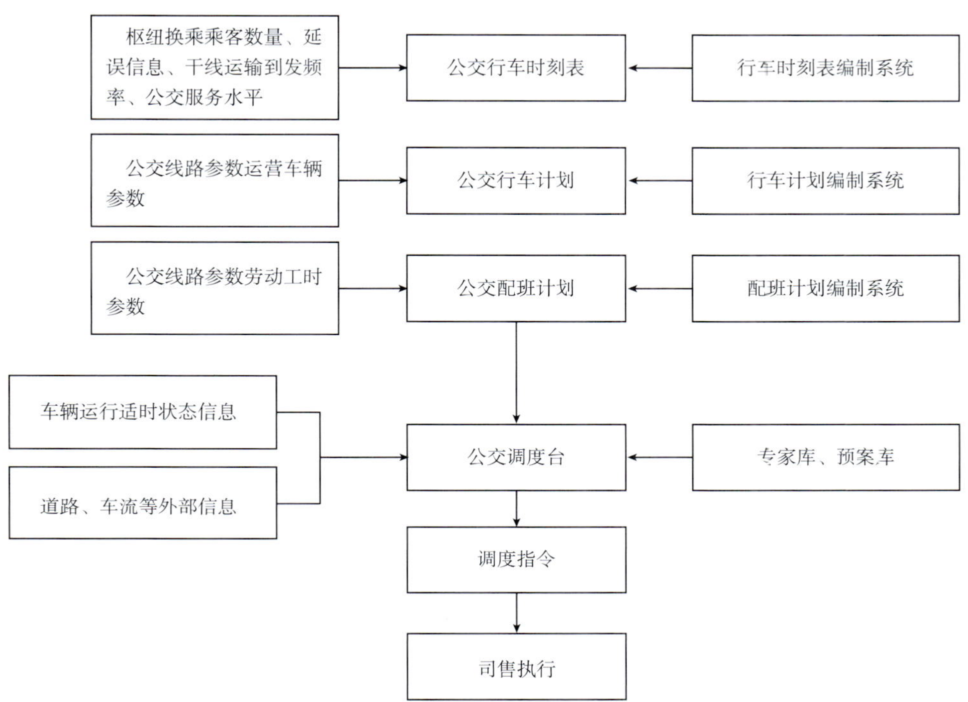

图 7–12　换乘枢纽公交运营组织模式

（3）小汽车组织管理

一个规划合理的换乘站点，停车场——换乘站方式是吸引客流换乘的有效措施。重庆市内用地紧张，小汽车换乘比例较小，小汽车停车场可利用绕城高速公路沿线社会停车场布置。主城其他地区、地铁乘降量较大以及住宅区比较密集的站点周围应配建一定量的小汽车停车场，特别是主城边缘地带、轻轨线路两端、主城与新市区之间主要轨道交通站点周边应配建较大规模的小汽车停车场，鼓励外围居民换乘轨道交通进入主城内部。

（4）出租车组织管理

对出租车在高速公路沿线的换乘枢纽站点的运营，要合理引导，指派专人管理。出租车在换乘站的经营只属于整个城市出租车运营的一个方面，且这种运营有它自己的特殊性。在大城市铁路客运站土地利用紧张，停车场容量有限，对出租车必须严格管理，一是对出租车进站的管理，二是对出租车出站的管理。

（5）货车的组织管理

绕城高速公路换乘枢纽的主要目的是缓解市内交通压力，因此，对货车的服务与管理主要是进城方向的车辆。尽量通过对货车，特别是大型货车做好组织管理，控制他们的进城率和进城时间段，通过合理的衔接组织，达到双赢的目标。

三、一体化换乘衔接组织

1. 组织原则

一体化的设计理念是城市客运枢纽换乘衔接组织的一个重要原则。该理念是指综合考虑不同层面的交通联系、疏解与引导功能，通过优化整合各类交通资源及对各类交通方式流线的合理设计，实现铁路、航空、水运、公路、城市轨道交通、常规公交、小汽车等交通方式中至少两种方式间实现无缝换乘。一体化换乘枢纽已经成为大城市客运交通系统中具有重要意义和突出作用的组成部分，一体化理念的优化以及一体化枢纽的规划建设，已经成为优化城市交通出行环境、缓解城市交通问题的关键环节。一般来讲，一体化换乘衔接组织设计包括以下几点。

（1）换乘距离最短

布置枢纽时应尽量保证结构紧凑，充分利用空间，以缩短客流换乘距离，减少换乘时间。当枢纽设计位于十字路口附近时，应使其出入口分布在路口的四个方向，尽可能减少换乘客流横穿街道次数，使地面公交车站尽量靠近城市轨道交通枢纽出入口。

（2）交通分流

实现交通分流的主要手段是通过平面流线分离设置和立体设计。平面流线分离设置对地面空间的需求较大，并且会不可避免地产生各种交通流之间的交叉。

立体化设计理念的落实应以充分发挥各层面功能、保证设施的高效利用为基本原则；流线设计与换乘组织应本着安全、高效、便捷的思想，充分考虑乘客在枢纽中进行换乘时的需求及心理特征。

（3）与周边交通体系协调

通过各种交通方式换乘系统的合理布局，促进动、静态交通的均衡分布。枢纽的地理位置及其周边道路的疏解条件，设施配套情况应与枢纽的功能、规模、能力相适应；设施与导向系统的配套应充分体现人文关怀，保证人在枢纽内行动的舒适、安全。减少公共交通与其他交通方式的相互干扰，使居民的出行选择由低效的私人交通工具向高效的公共交通方式转化，实现道路网络运送人流的最大化。

（4）集中布置，统一管理

交通综合体系的建设应考虑将交通换乘与商业等功能相结合，通过潜在引导，使枢纽与相关物业相互带动、相互促进，并尽最大可能地利用地下空间。在控制地面土地利用规模的同时，创造通达便捷的集散吸引空间，结合周边条件刺激相关物业的开发。

综上所述，绕城高速公路换乘枢纽的交通换乘衔接组织原则主要考虑两方面：一方面是物理上的一体化设计，即从布局上使换乘乘客的走行距离尽可能的短；另一方面是在运营管理上一体化换乘组织，使各种交通方式运能相互协调匹配，使交通参与者最方便利用换乘设施。

2. 组织措施

从一体化的角度，可以将枢纽换乘组织措施分为系统措施和细化措施。系统措施主要从规划布局角度考虑，而细化措施主要从建设和运营体系来考虑。

（1）系统措施

系统措施主要包括以下几个方面：

①综合换乘枢纽的合理布局；

②公共交通线网的优化设计；

③公交车（包括 BRT）首末车站的合理布局；

④运能的合理配置；

⑤停车换乘系统的合理布局；

⑥小汽车和出租车停车场容量规模配置；

⑦货车停车位的合理布局。

（2）细化措施

细化措施主要包括以下几个方面：

①换乘联系通道的布置与建设；

②共用站厅站台与换乘联系通道的布置与建设；

③站前广场等换乘设施的建设；

④建立城市对内交通和对外交通联运体系，包括联运措施的建立、联运票价的制订、联运利益的合理分配方案；

⑤建立城市内外交通一卡通体系；

⑥停车优惠政策及安全管理措施。

第八章　绕城高速公路北碚至江津段通行能力扩充方案

第一节　通行能力与服务水平分析

一、通行能力分析

1. 道路基本条件

绕城高速公路江津到北碚路段起自北碚的绕城高速公路渝武互通，止于九龙坡区与江津市交界的滴水岩，设计速度 120km/h，路基宽 34.5m，双向六车道，路线全长 51.060 1km。

路基横断面形式：路幅划分为 3m（中央分隔带）+2×0.75m（左侧路缘带）+2×3×3.75m（行车道）+2×0.5m（右侧路缘带）+2×2.5m（硬路肩）+2×0.75m（土路肩），桥梁与路基同宽。

根据工程可行性研究报告，在绕城高速公路中，北碚至江津段基础年交通量大，增长最为迅速，将最先达到饱和。为保证其服务水平，开展该路段通行能力扩充方法研究是十分必要的，并将为绕城路未来全线通行能力扩充提供技术支撑。

2. 影响高速公路通行能力的主要因素

高速公路上对通行能力构成影响的主要因素包括：车道宽度及侧向净空、车道数量、设计速度、交通组成和驾驶员总体特性等。

（1）车道宽度及侧向净空

当车道宽度不足时，车辆行驶时的横向间距比在理想条件下小。为此，驾驶员将拉大与同向车辆间的行驶间距，或者降低行驶速度，以保证安全，导致该路段的通行能力有所下降。当左侧路缘带宽度和右侧路肩宽度受限时，也会导致类似的情况发生。

（2）车道数量影响

当单向车道数量从理想条件下的 2 车道变为 3 车道或 4 车道之后，其通行能力不会按车道数线性增加。其原因在于车道增多，将使交通量在各车道上的分布发生变化，即使是在拥挤的情况下，交通量分布也不均匀。导致每增加一条车道，其通行能力增长不会到一条车道的基本通行能力，即 2 200pcu/（h·ln），也就是说平均每车道的通行能力相对于理想条件有所下降。

（3）设计速度影响

当设计速度低于 120km/h 时，高速公路的运行条件将产生变化。因此，在任何特定的交通量条件下，车速观测值都低于 120km/h，其速度—流量—密度关系曲线和通行能力值也将发生相应的变化。

（4）交通组成影响

中型车、大型车和拖挂车在外形尺寸和车辆行驶性能上与小客车存在显著差别。中型车、大型车和拖挂车比小客车占用更多的道路行驶空间；中型车、大型车和拖挂车的加速、减速和保持速度的能力低于小客车。因此，中型车、大型车和拖挂车会在交通流中占用更大的动态空间。在长距离的持续上坡路段，由于中型车、大型车和拖挂车动力特性比小客车差，它们不得不减速行驶，导致交通流中

出现很大空隙。

（5）驾驶员总体特征影响

理想条件之一是驾驶员都是职业驾驶员。当驾驶员由职业和业余驾驶员组成，或者驾驶员的技术熟练程度、遵守交通法规的程度、高速公路驾驶经验、对所在高速公路的熟悉程度以及驾驶员健康状况与理想条件存在差别时，都将使交通流的速度降低，导致速度—流量—密度关系曲线和通行能力发生变化。

3. 高速公路通行能力与服务水平

服务水平是衡量交通设施提供的运行质量好坏的定性指标，它通常与行车速度、行驶时间、驾驶自由度、交通阻塞程度以及舒适和方便程度等因素有关。

高速公路服务水平可表示为相应的最大交通量与通行能力之比，即 V/C。

$$\frac{V}{C}=\frac{\mathrm{MSF_d}}{C_\mathrm{R}} \tag{8-1}$$

式中：$\mathrm{MSF_d}$——实际道路条件和交通条件每车道的最大服务交通量，pcu/（h·ln）；

C_R——实际设计速度相对应的通行能力值，辆小客车/（h·ln）。

（1）实际道路条件和交通条件下每车道的最大服务交通量

实际道路条件和交通条件下每车道的最大服务交通量 MSFd 按下式计算。

$$\mathrm{MSF_d}=\frac{\mathrm{SF}}{(f_\mathrm{HV}\cdot f_\mathrm{p}\cdot N)} \tag{8-2}$$

式中：SF——实际道路和交通条件下，单方向 N 条车道的服务交通量，辆/h；

f_HV——交通组成影响对流率的修正系数；

f_p——驾驶员总体特性影响对流率的修正系数；

N——高速公路单向车道数。

SF 按下式计算：

$$\mathrm{SF}=\frac{\mathrm{DDHV}}{\mathrm{PHF_{15}}} \tag{8-3}$$

式中：DDHV——单方向小时交通量，辆/h；

$\mathrm{PHF_{15}}$——15min 高峰小时系数，具体取值见表 8-1。

不同地区的交通小时系数　　表 8-1

地形条件	东部地区	中部地区	西部地区	全国平均
平原微丘	0.935	0.926	0.928	0.927
山岭重丘	0.901	0.875	0.846	0.874

单方向小时交通量，可以通过下式计算得到：

$$\mathrm{DDHV}=\mathrm{AADT}\cdot K\cdot D \tag{8-4}$$

式中：DDHV——预测的单方向设计小时交通量，辆/h；

AADT——年平均日交通量，辆/h；

K——设计小时交通量系数，具体取值见表 8-2；

D——方向不均匀系数，通常取 0.5，即按两个方向交通量无明显差异进行处理。

不同地区条件下设计小时交通量系数（单位：%）　　表 8-2

公路位置	华北	东北	华东	中南	西南	西北
近郊高速	8.0	9.5	8.5	8.5	9.0	9.5
城间高速	12.0	13.5	12.5	12.5	13.0	13.5

f_{HV} 的计算：

$$f_{HV}=\frac{1}{1+\sum p_i(E_i-1)} \tag{8-5}$$

式中：p_i——车型 i 的交通量占总交通量的百分比；

E_i——车型 i 的车辆折算系数，高速公路中车型包括中型车、大型车和拖挂车，见表 8–3。

高速公路基本路段小客车当量值　　表 8–3

车　型	流量［辆 /（h · ln）］	设计速度（km/h）			
		120	100	80	60
中型车	≤ 500	1.5	2.5	4	5
	500~1 000	2	3	4	5
	1 000~1 500	3.0	5	7	10
	≥ 1 500	1.5	3	5	7
大型车	≤ 500	2	3	5	6
	500~1 000	4	5	6	7
	1 000~1 500	4	7	11	13
	≥ 1 500	2	5	9	11
拖挂车（含集装箱）	≤ 500	3	4	6	7
	500~1 000	5	6	8	10
	1 000~1 500	6	10	13	15
	≥ 1 500	3	7	11	13

f_p 的确定：驾驶员总体特征的影响通过修正系数 f_p 来反映，取值范围为 0.85~1.00。驾驶员总体特征影响修正系数的使用应该非常谨慎，可以通过调查工作日和休息日的交通流率和速度来确定该修正系数取值；或通过专家对道路、交通状况的综合分析，提出合理的修正系数。

（2）实际通行能力 C_R

首先按下式对速度进行修正：

$$v_R=v_0+\Delta v_w+\Delta v_N \tag{8-6}$$

式中：v_R——实际道路条件下的设计速度，km/h；

v_0——理想条件下的设计速度，km/h；

v_w——车道宽度和路侧净空对设计速度的修正值，km/h；

Δv_N——车道数对设计速度的修正值，km/h，车道数对设计速度的修正值见表 8–4。

车道数对设计速度的修正值　　表 8–4

车道数（单向）	设计速度修正值 Δv_N（km/h）
≥ 4	0
3	–4.0
2	–8.0

车道宽度和侧向净空对设计速度的修正值见表 8–5。根据实际条件下的设计速度，通过内插法计算实际设计速度对应的实际通行力，或通过作图法计算实际设计速度对应的实际通行能力。

绕城高速公路北碚之江津段为双向六车道，单向车道宽度为 3 × 3.75m，内侧路缘带宽度为 0.75m，通过对速度进行修正，得到重庆绕城高速公路速度为 116km/h。不考虑路线纵坡影响，通过查表 8–6 得到设计速度对应的实际通行能力为：

$$2\,100+\frac{(2\,200-2\,100)}{(120-100)}\times(116-100)=2\,180[\mathrm{pcu}/(\mathrm{h}\cdot\mathrm{ln})]$$

车道宽度和侧向净空对高速公路设计速度的修正值 Δv_{w}（km/h）　　表 8-5

道 路 条 件	车道宽度（m）	设计速度修正值 Δv_{w}（km/h）
车道宽度	3.25	-5.0
	3.5	-3.0
	3.75	0.0
左侧路缘带	0.25	-3.0
	0.5	-1.0
	0.75	0.0
右侧路肩	≤ 0.75	-5.0
	1.0	-3.0
	1.5	-1.0
	≥ 2.0	0.0

理想条件下的通行能力参数　　表 8-6

设计速度（km/h）	120	100	80	60
通行能力［pcu/（h·ln）］	2 200	2 100	2 000	1 800

二、服务水平分析

根据设计速度，绕城高速公路江津至北碚路段服务水平分级如表 8-7 所示。

设计速度 120km/h 的高速公路服务水平分级　　表 8-7

服务水平等级		密度［小客车/（km·ln）］	速度（km/h）	V/C	最大服务交通量［小客车/（h·ln）］
一级（自由流）		≤ 7	≥ 109	0.34	750
二级（稳定流上段）		≤ 18	≥ 91	0.74	1 600
三级（稳定流）		≤ 25	≥ 78	0.88	1 950
四级	（饱和流）	≤ 45	≥ 48	接近 1.00	2 200
	（强制流）	> 45	< 48	>1.00	

根据工可报告，基于四阶段法预测得到的北碚至江津段各特征年车型交通量如表 8-8 所示。

北碚至江津段各特征年车型交通量　　表 8-8

年份＼车型	小客车	大客车	小货车	中货车	大货车	合计	折算合计（小客车）
2010 年	5 557	563	1 806	1 111	587	9 624	14 278
2020 年	1 2303	1 320	3 301	1 800	1 891	20 616	30 818
2030 年	2 3447	2 708	5 583	2 512	4 089	38 338	57 320

根据交通量的预测和交通组成的分析，通过式（8-5）得到交通组成影响对流率的修正系数 f_{HV}，通过式（8-2）得到道路的实际最大服务交通量 MSF_{d}，并结合道路的实际通行能力 C_{R} 得到其饱和度 V/C，以及根据《公路通行能力手册》中对设计速度 120km/h 下饱和度的分级，得到绕城高速公路的服务水平

预测值。根据表 8–8，结合表 8–6 计算得到 2010 年、2020 年和 2030 年的服务水平，如表 8–9 所示。

北碚之江津段预测服务水平预测表　表 8–9

年限（年）	单方向小时交通量［辆小客车 /（h · ln）］	大型车比例（%）	中型车比例（%）	小型车比例（%）	饱和度	服务水平
2010	502	11.95	30.3	57.75	0.125	一级
2020	1076	15.58	24.75	59.67	0.269	一级
2030	2 001	17.7	21.1	61.2	0.502	二级

客车、货车的弹性系数呈逐渐下降的趋势，且达到一定年限后将基本保持不变。从以上的大中型车辆的比例变化可以看出，大型车和小型车的比例增加，而中型车的比例在逐渐减小，说明中型车的弹性系数下降速率要高于其他两种车型。结合弹性系数的变化规律得到绕城高速公路达到一定服务水平时的交通量，见表 8–10。

重庆绕城公路一定服务水平下的交通量　表 8–10

服 务 水 平	大型车比例（%）	中型车比例（%）	小型车比例（%）	交通量（辆小客车 /d）
三级	18	20	62	56 810~67 213
四级	18	20	62	≥ 67 213
三级	18	15	67	57 737~68 661
四级	18	15	67	≥ 68 661
三级	20	15	65	56 498~67 558
四级	20	15	65	≥ 67 558
三级	25	15	60	54 687~65 033
四级	25	15	60	≥ 65 033

通过以上三、四级服务水平下的交通量对比得到：在保持大型车比例不变的情况下，中型车比例的增加会使得同一服务水平下交通量减少；同样，在保持中型车比例不变的情况下，大型车比例的增加使得同一服务水平下交通量减少；结合服务水平决策知，交通组成是影响服务水平的一个重要因素，而交通组成的发展则与各种车型的弹性系数相关。

根据对高速公路通行能力影响因素的分析可以看到，提高高速公路通行能力的途径主要有两条：一是通过增加车道数改善道路条件，二是通过提高交通管理水平改善交通条件。显然，通过增加车道数改善道路条件是提高高速公路通行能力的最根本措施。

第二节　基于行车轨迹的横断面组成要素分析

一、多车道高速公路车辆横向分布

1. 内侧车道车辆与中央分隔带间距分析

行车过程中驾驶员的视野是一个等腰三角形，中央分隔带上快速移动的护栏对驾驶员来说无疑是一种流体刺激，速度越快，这种流体刺激越强烈。随着车速的提高驾驶员会下意识地选择远离这种流体刺激，使车辆逐渐远离护栏。

2. 车辆间距分析

驾驶员在超车时，首先要考虑有足够的纵向和横向安全间距。车辆在内侧车道超车时，需要考虑

两侧的间距，而高速车辆在外侧超车时，由于右侧硬路肩的设置，车道超车的安全距离会有所增加。通过对重庆市内环高速公路数据观测得到大型车与小型车在进行互相超越时不同车道下的车辆间距值如下：

在内侧两车道中在较外侧车道有车辆时车辆间距样本值的平均值为187.56cm，众数及中位数均为187.5cm。其样本分布如图8-1a）所示，样本标准差为31.2cm。

在内侧两车道中较外侧车道无车辆干扰的情况下车辆间距样本值的平均值为188.7cm，众数及中位数均为187.5cm。其分布情况如图8-1b）所示，样本的标准差为28.01cm。

外侧两车道中在较内侧有车及无车的情况下车辆间距样本的平均值分别为201.6cm及209.03cm，其分布如图8-2a）和图8-2b）所示，样本的标准差为40.0cm及36.0cm。

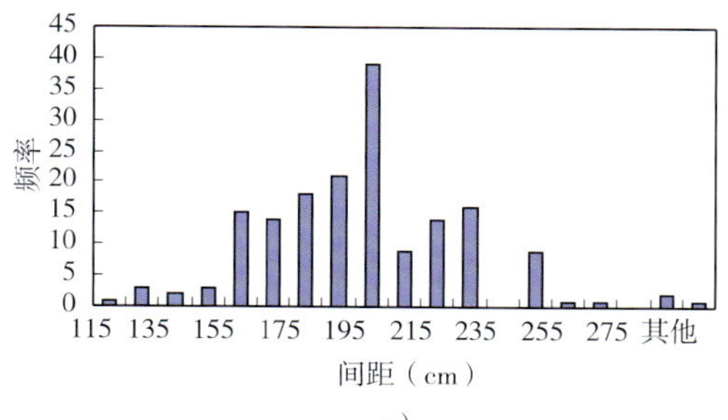

a）

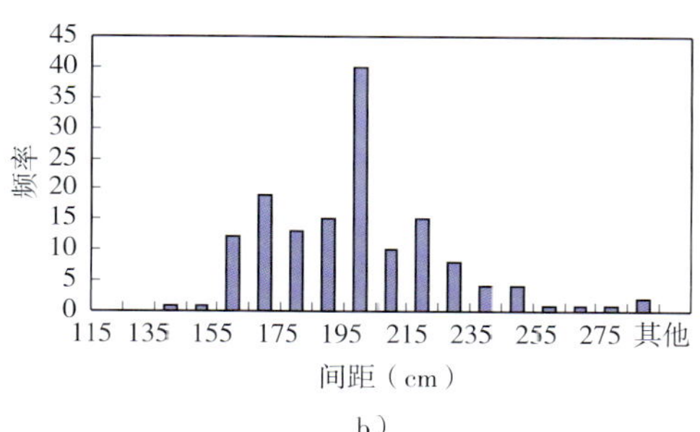

b）

图8-1　内侧两车道车辆间距分布

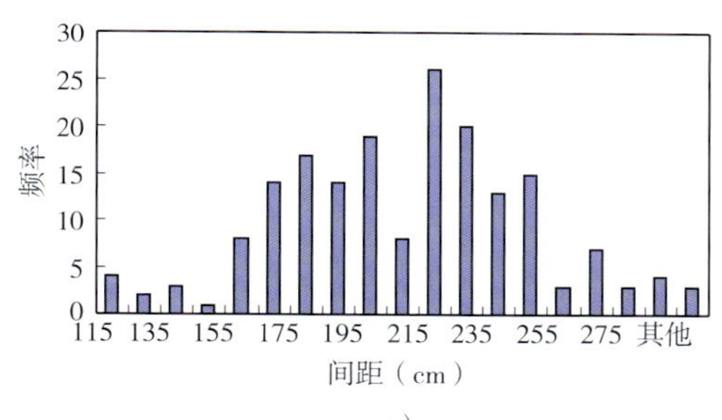

a）

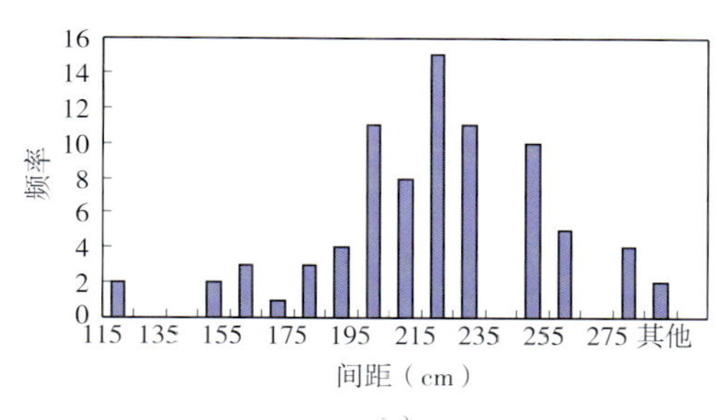

b）

图8-2　外侧两车道车辆间距分布

由以上分析得到，最外侧两个车道在进行超车时车辆间距略大于内侧两个车道在进行超车时的间距。这是因为内侧车道与中间车道进行超车时需要考虑车辆两侧的宽度，而当车辆在外侧车道进行超车时，由于硬路肩的存在，车辆在超车时可能会偏向硬路肩一侧，造成车辆间距的增大。由于重庆绕城高速公路六车道改为八车道可能采用窄硬路肩，与内侧两车道在进行超车行为时方式较为接近，而外侧两车道在进行超车行为时车辆间距会偏大。

二、基本交通特性的车道宽度确定

1. 高速公路超车时车辆安全间距

首先考虑三车并行的情况，其次是根据车型的划分，分析三车并行的情况下对车辆间距影响较大的情况。由于小汽车（A）的速度快，而大型车（C）宽度较宽，因此，采用了A—C、A—A及C—C三种情况作为安全间距分析的依据。

根据对重庆内环高速公路平直路段交通观测，不同车道上的车速及横向间距分布情况见表8-11。将表8-11中的数据整理得到内侧两车道上以上三种情况下的车速与间距的关系表，见表8-12。

不同车道的车速与车辆间距 表 8-11

内车道车速（km/h）	车型	间距（cm）	中间车道车速（km/h）	车型	间距（cm）	外车道车速（km/h）	外车道车型
121.80	A	171.5	107.28	A	196.0	94.18	B
93.64	C	175.0	90.00	A	175.0	101.25	A
108.00	A	154.0	62.54	A	276.5	72.64	A

三车道情况下不同车型车辆运行轨迹 表 8-12

车速（km/h）	车　型	间距（cm）	车　型	车速（km/h）
93.64	C	175	A	90.00
81.00	A	122.5	C	71.05
71.05	A	227.5	C	81.00
114.08	A	192.5	C	84.82
84.81	C	224	B	60.00
81.00	A	224	C	82.23
83.50	A	161	C	81.82
81.82	C	164.5	C	67.22
103.84	A	136.5	C	64.80

车辆在进行超车时，超车车速与被超车车速具有一定的相关性，因此，将两个变量化解为一个变量。通过对比日本和美国的模型，建立间距与速度差及间距与速度平方差的关系。具体方法为：将表 8-12 中速度进行大小划分，得到超车速度 v_1 和被超车速度 v_2，并得到表 8-13。

车 速 与 间 距 表 表 8-13

车速 v_1	间距（cm）	车速 v_2	车速 v_1	间距（cm）	车速 v_2
93.64	175.0	90.00	81.00	168.0	62.55
103.84	136.5	64.80	78.26	143.5	57.65
81.00	227.5	71.05	79.80	115.5	57.65
114.08	192.5	84.82	72.65	157.5	68.35
84.82	224.0	60.00	68.35	164.5	54.73
82.23	224.0	81.00	76.05	129.5	61.36

通过对重庆内环高速公路的交通观测，以及对车辆安全距离和超车与被超车之间的速度进行分析，得到内侧两车道上不同车型之间进行超越时的关系如下。

（1）小车与小车之间

通过数据采集分析并整理得到小车与小车之间速度差与车辆间距之间的关系如图 8-3 所示。

通过散点图观察，车辆间距样本与速度差主要分布具有图 8-4 的特点。给定车速差内车辆间距所在区间与出现的频率见表 8-14 和表 8-15，对应的直方图如图 8-5 和图 8-6 所示。可以看出，在速度差为 10~15km/h 情况下，车辆间距分布近似服从正态分布。通过计算可知，此速度差之间样本的均值为 197.53cm，样本的标准差为 42.18cm，偏度为 0.34，车辆间距样本的分布偏于两侧。在速度差为 15~20km/h 情况下，样本的均值为 194.4cm，样本的标准差为 47.01cm，偏度接近 0.43，这说明车辆间距样本分布为偏于两侧的钟型。

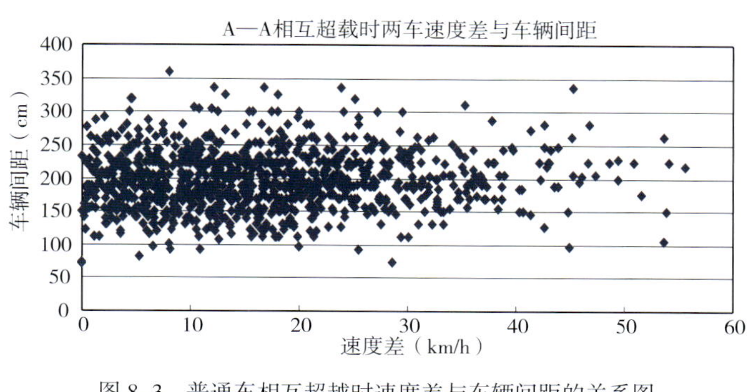

图 8-3　普通车相互超越时速度差与车辆间距的关系图

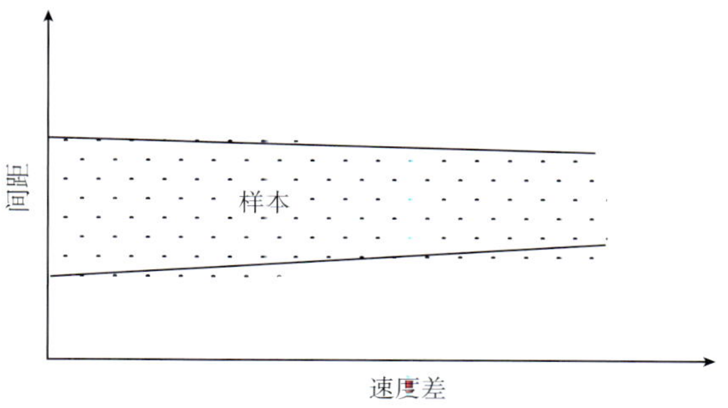

图 8-4　普通车相互超越时车辆间距样本分布特性

通过以上分析和对其他速度差区间内车辆间距样本的分析，知同一速度差区间内车辆间距样本近似服从正态分布，偏度基本为正，说明样本为偏于两侧分布的钟型。

A—A 组合下速度差在 10~15km/h 下车辆间距所在区间与出现的频率　　表 8-14

车辆间距所在区间（cm）	出现频数	出现频率	车辆间距所在区间（cm）	出现频数	出现频率
(90，100]	1	0.005	(200，210]	28	0.144
(100，110]	1	0.005	(210，220]	11	0.057
(110，120]	3	0.015	(220，230]	20	0.103
(120，130]	4	0.021	(230，240]	9	0.046
(130，140]	8	0.041	(240，250]	5	0.026
(140，150]	15	0.077	(250，260]	6	0.031
(150，160]	6	0.031	(260，270]	7	0.036
(160，170]	17	0.088	(270，280]	1	0.005
(170，180]	18	0.093	(280，290]	0	0.000
(180，190]	16	0.082	(290，300]	1	0.005
(190，200]	17	0.088			

A—A 组合下速度差在 15~20km/h 下车辆间距所在区间与出现的频率　　表 8-15

车辆间距所在区间（cm）	出现频数	出现频率	车辆间距所在区间（cm）	出现频数	出现频率
(110，120]	4	0.022	(210，220]	10	0.054
(120，130]	7	0.038	(220，230]	15	0.086
(130，140]	10	0.054	(230，240]	9	0.049
(140，150]	14	0.076	(240，250]	6	0.032
(150，160]	8	0.043	(250，260]	9	0.049
(160，170]	17	0.092	(260，270]	4	0.022
(170，180]	13	0.070	(270，280]	4	0.022
(180，190]	18	0.097	(280，290]	3	0.016
(190，200]	11	0.059	(290，300]	6	0.032
(200，210]	16	0.086			

同一速度下的间距样本的均值与速度差关系如图 8-7 所示。经过回归得到车辆间距与速度差之间的关系为：

$$D=0.3388(v_1-v_2)+191.31 \tag{8-7}$$

式中：D——车辆间距；

v_1——超车速度；

v_2——慢车速度。

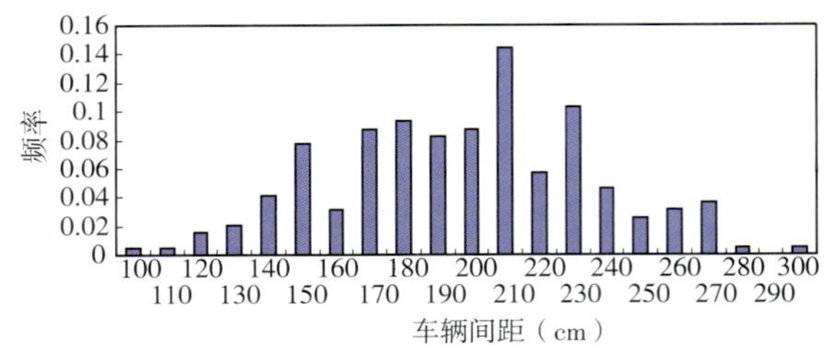

图 8-5　A—A 组合下速度差在 10~15km/h 下车辆间距频率直方图

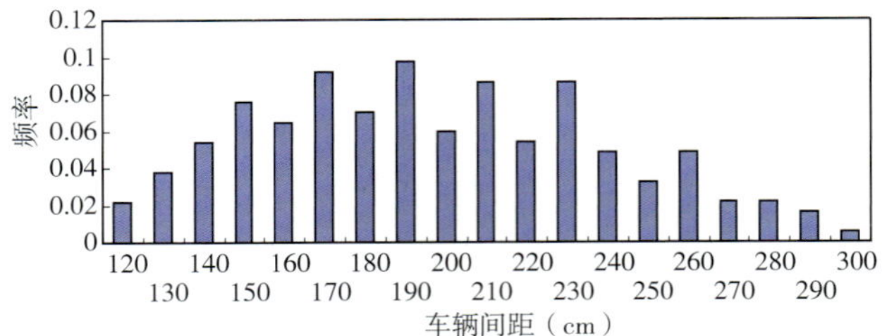

图 8-6　A—A 组合下速度差在 15~20km/h 下车辆间距频率直方图

同一速度差下近似服从正态分布，因此对样本均值取（μ−1.5σ），即 86.6% 区间内下限取值，得到速度差与车辆间距的安全限值的关系如图 8-8 所示。经过回归得到车辆安全限值与速度差之间的关系为：

$$D=0.3814(v_1-v_2)+127.05 \tag{8-8}$$

式中各符号意义同前。

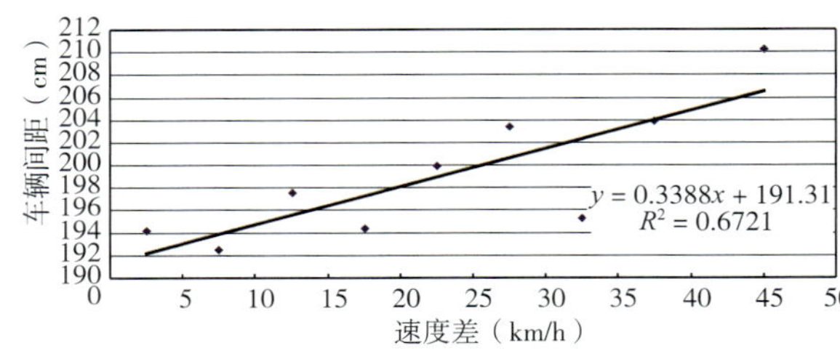

图 8-7　车辆间距样本均值与速度差关系图

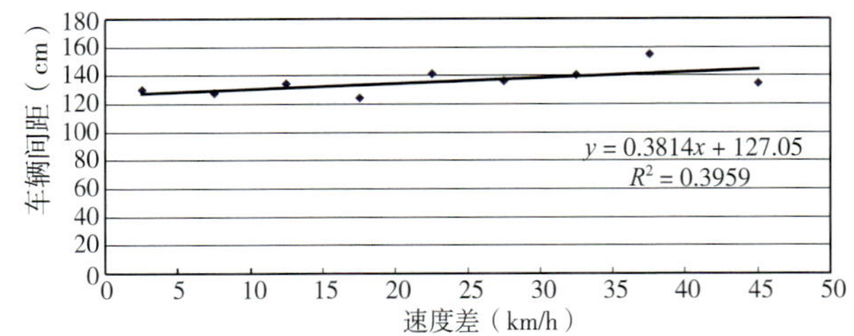

图 8-8　安全限值与速度差值

从图 8-9 散点图知，速度差的取值基本保持在 50km/h 以下，车辆在进行超车时会根据间距而调整速度，据此建立速度差与超车速度的关系。

经过回归得到超车速度与速度差得关系：

$$\Delta v=0.4028v_1-17.162 \tag{8-9}$$

式中：Δv——超车与被超车的速度差；

v_1——超车速度。

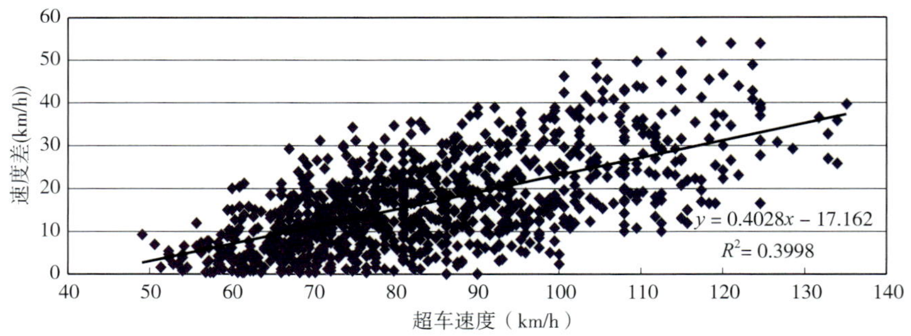

图 8-9　A—A 组合下超车速度与速度差的关系

（2）小车与大车之间

通过数据采集得到，小车与大车之间速度差与车辆间距之间的关系如图 8-10 所示。通过散点图观察，车辆间距样本与速度差主要分布具有图 8-11 的特点。不同速度差条件下的车辆间分布情况见表 8-16、表 8-17、图 8-12、图 8-13。

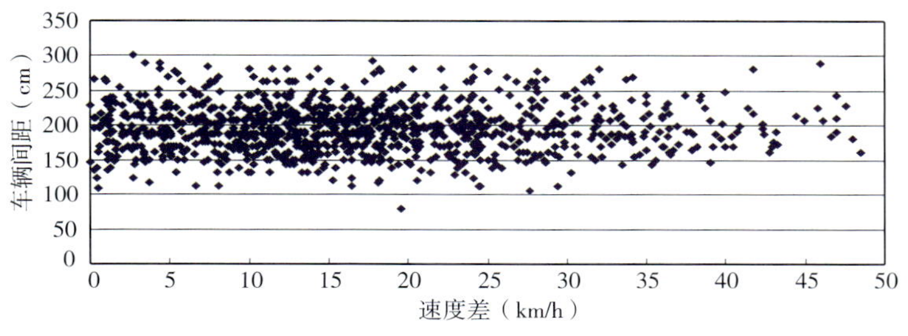

图 8-10　普通车与大型车相互超越时速度差与车辆间距的关系图

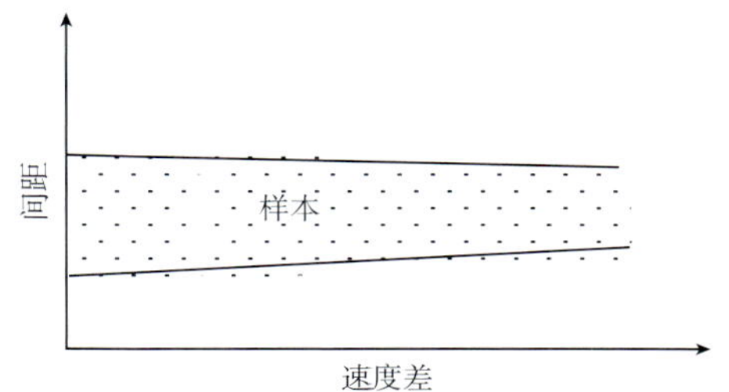

图 8-11　普通车相互超越时车辆间距样本分布特性

A—C 组合下速度差在 10~15km/h 下车辆间距所在区间与出现的频率　　表 8-16

车辆间距所在区间（cm）	出现频数	出现频率	车辆间距所在区间（cm）	出现频数	出现频率
(120，130]	2	0.009	(200，210]	28	0.132
(130，140]	6	0.028	(210，220]	17	0.080
(140，150]	12	0.057	(220，230]	17	0.080
(150，160]	14	0.066	(230，240]	9	0.042
(160，170]	19	0.090	(240，250]	11	0.052
(170，180]	19	0.090	(250，260]	9	0.042
(180，190]	27	0.127	(260，270]	0	0.000
(190，200]	18	0.085	(270，280]	4	0.019

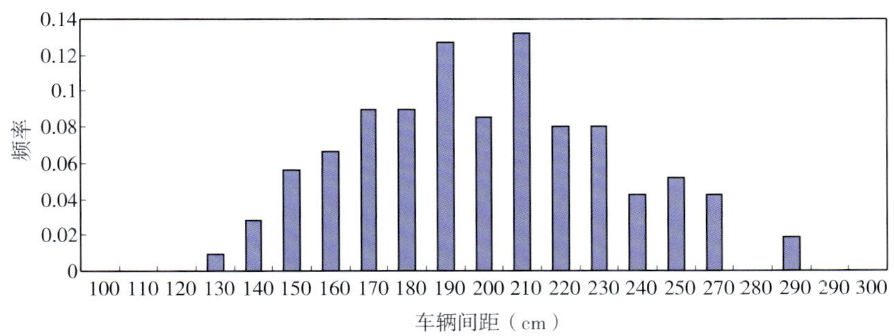

图 8-12　A—C 组合下速度差在 10~15km/h 下车辆间距频率直方图

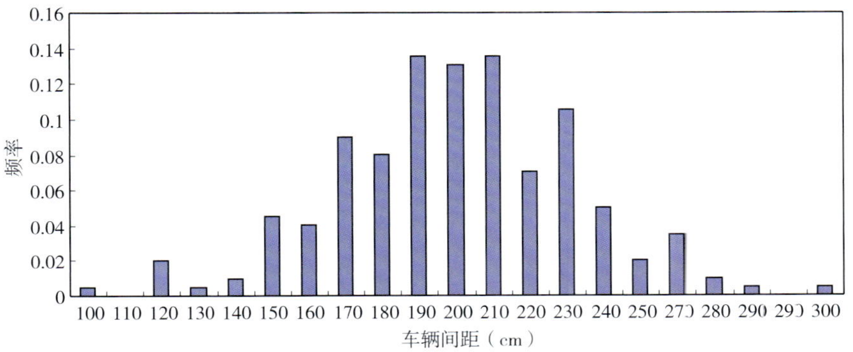

图 8-13　A—C 组合下速度差在 15~20km/h 下车辆间距频率直方图

A—C 组合下速度差在 15~20km/h 下车辆间距所在区间与出现的频率　　表 8-17

车辆间距所在区间（cm）	出现频数	出现频率	车辆间距所在区间（cm）	出现频数	出现频率
(90，100]	1	0.005	(200，210]	27	0.136
(100，110]	0	0.000	(210，220]	14	0.070
(110，120]	4	0.020	(220，230]	21	0.106
(120，130]	1	0.005	(230，240]	10	0.050
(130，140]	2	0.010	(240，250]	4	0.020
(140，150]	9	0.045	(250，260]	7	0.035
(150，160]	8	0.040	(260，270]	2	0.010
(160，170]	18	0.090	(270，280]	1	0.005
(170，180]	16	0.080	(280，290]	0	0.000
(180，190]	27	0.136	(290，300]	1	0.005
(190，200]	26	0.131			

从这些结果可以看出：在速度差为 10~15km/h 的情况下，车辆间距近似服从正态分布，样本的均值为 195.1cm，样本的标准差为 34.2cm，偏度为 0.32，车辆间距样本的分布偏于两侧。在速度差为 10~15km/h 的情况下，车辆间距近似服从正态分布，样本的均值为 196.47cm，样本的标准差为 33.09cm，偏度接近 0，车辆间距样本的分布基本为标准正态。

通过以上分析和对其他速度差区间内车辆间距样本的分析，知同一速度差区间内车辆间距样本近似服从正态分布，偏度基本为正，说明样本为偏于两侧分布的钟型。

通过同一速度下的样本间距的均值与速度差对比，得到散点图 8-14。经过回归得到车辆间距与速度差之间的关系：

$$D=0.0898(v_1-v_2)+193.59 \tag{8-10}$$

式中：D——车辆间距；

v_1——超车速度；

v_2——慢车速度。

通过以上分析知同一速度差下近似服从正态分布，因此对样本均值取（$\mu-1.5\sigma$），即 86.6% 区间内下限取值，得到速度差与车辆间距的安全限值的关系如图 8-15 所示。

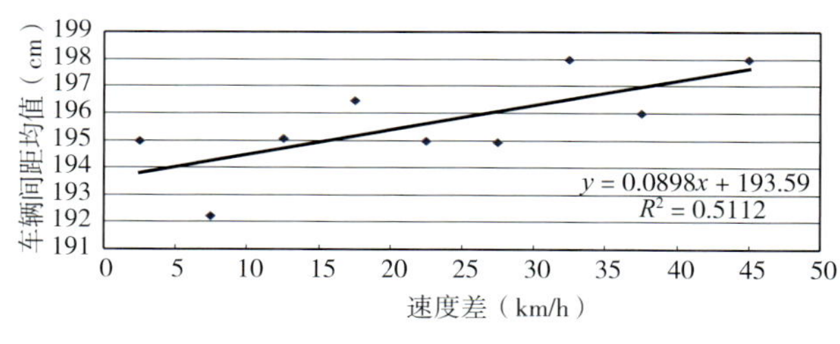

图 8-14　车辆间距样本均值与速度差关系图

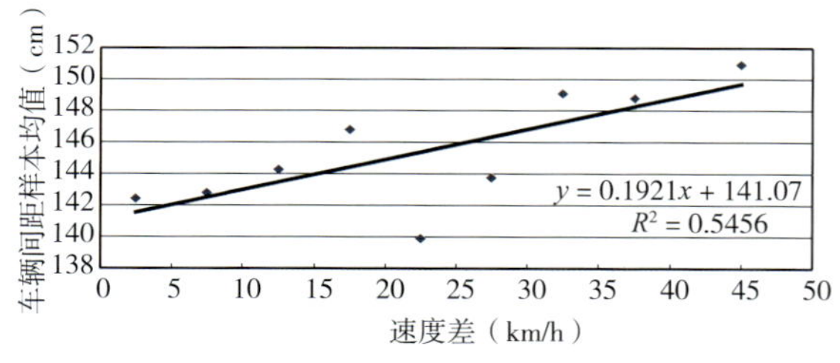

图 8-15　安全限值与速度差值

经过回归得到车辆安全限值与速度差之间的关系如下：

$$D=0.1921(v_1-v_2)+141.07 \tag{8-11}$$

式中各符号的意义同前。

从图 8-16 散点图得知，速度差的取值基本保持在 50km/h 以下，车辆在进行超车时会根据间距而调整速度，据此建立速度差与超车速度的关系。

经过回归，得到超车速度与速度差的关系如下：

$$\Delta v = 0.5233v_1 - 24.417 \tag{8-12}$$

式中：Δv——超车与被超车的速度差；

v_1——超车速度。

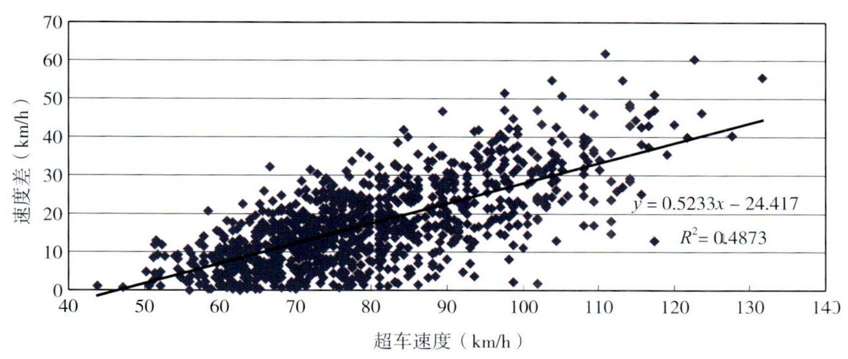

图 8-16　超车速度与速度差关系图

（3）大车与大车之间

同样，通过数据采集分析，得到大车与大车之间的有关相关关系，见图 8-17~ 图 8-23 及表 8-18、表 8-19。

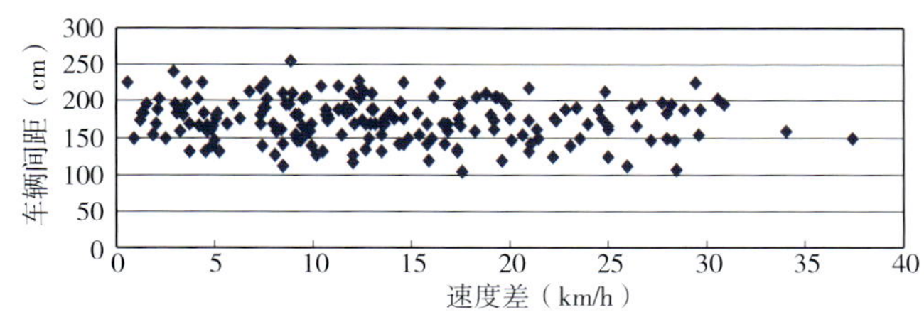

图 8-17　大型车相互超越时车辆间距与速度差之间的关系

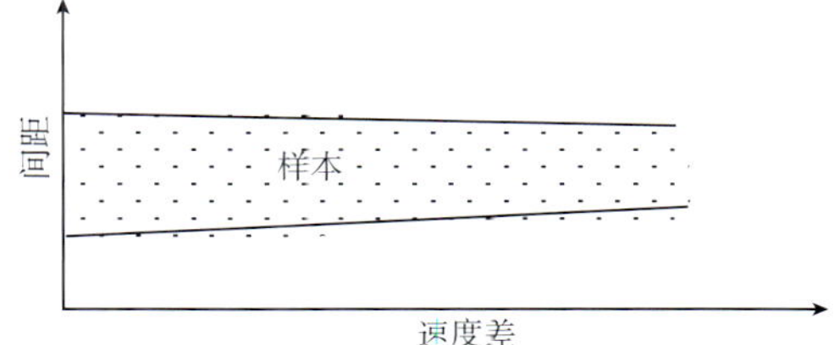

图 8-18　普通车相互超越时车辆间距样本分布特性

C—C 组合下速度差在 5~10km/h 车辆间距所在区间与出现的频率　　表 8-18

车辆间距所在区间（cm）	出现频数	出现频率	车辆间距所在区间（cm）	出现频数	出现频率
（110，120］	0	0.000	（190，200］	18	0.085
（120，130］	2	0.009	（200，210］	28	0.132
（130，140］	6	0.028	（210，220］	17	0.080
（140，150］	12	0.057	（220，230］	17	0.080
（150，160］	14	0.066	（230，240］	9	0.042
（160，170］	19	0.090	（240，250］	11	0.052
（170，180］	19	0.090	（250，260］	9	0.042
（180，190］	27	0.127	（260，270］	0	0.000

A—C 组合下速度差在 10~15km/h 车辆间距所在区间与出现的频率　　表 8-19

车辆间距所在区间（cm）	出现频数	出现频率	车辆间距所在区间（cm）	出现频数	出现频率
（110，120］	1	0.02	（180，190］	8	0.17
（120，130］	2	0.04	（190，200］	3	0.06
（130，140］	3	0.06	（200，210］	3	0.06
（140，150］	4	0.09	（210，220］	2	0.04
（150，160］	3	0.06	（220，230］	2	0.04
（160，170］	7	0.15	（230，240］	1	0.02
（170，180］	8	0.17			

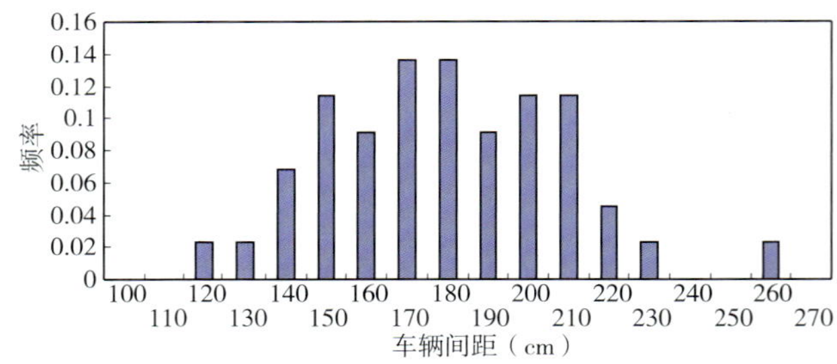

图 8-19　C—C 组合下速度差在 5~10km/h 下车辆间距频率直方图

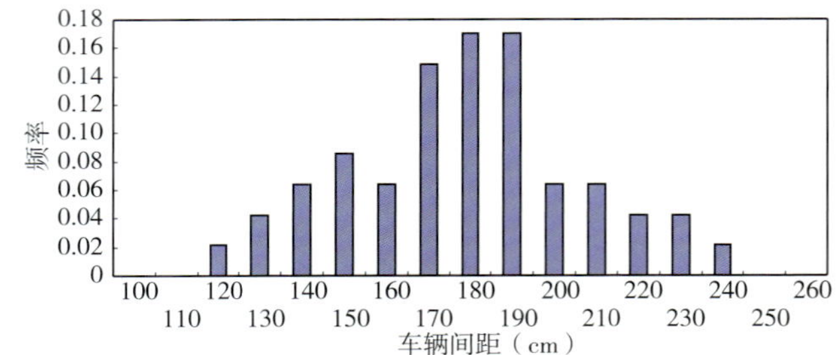

图 8-20　C—C 组合下速度差在 10~15km/h 下车辆间距频率直方图

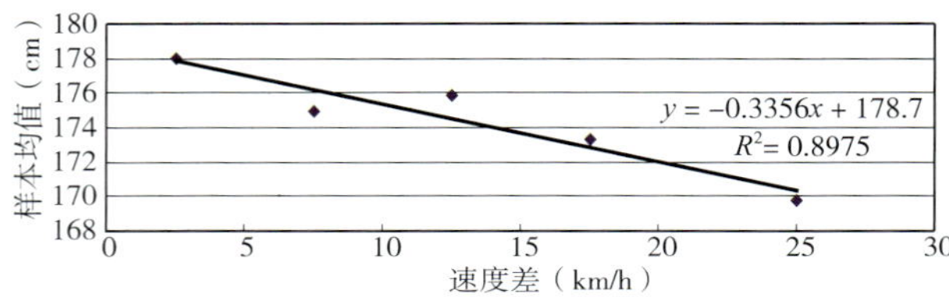

图 8-21　车辆间距样本均值与速度差的关系图

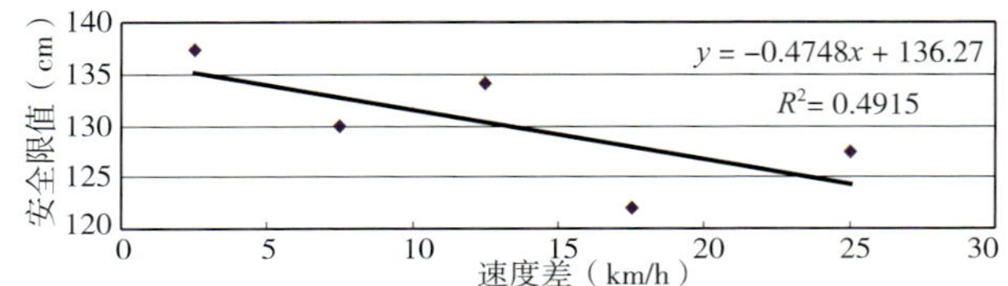

图 8-22　安全限值与速度差的关系图

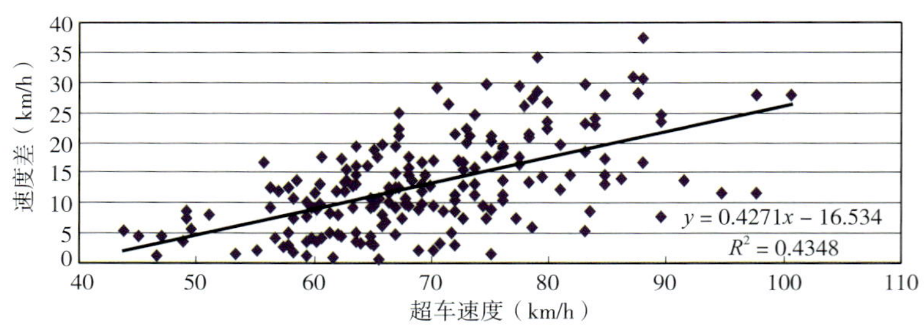

图 8-23　C—C 相互超越时超车速度与速度差的关系图

从这些结果可以看出：5~10km/h 速度差条件下，车辆间距近似服从正态分布，样本均值为 174.8cm，标准差为 29.9cm，偏度为 0.28，车辆间距样本的分布偏于两侧；10~15km/h 速度差条件下，车辆间距近似服从正态分布，样本均值为 175.8cm，标准差为 29.9cm，偏度近似为 0，车辆间距样本的分布近似正态；同一速度差区间内车辆间距样本近似服从正态分布，偏度基本为正，说明样本为偏于两侧分布的钟型。

经过回归得到车辆间距与速度差之间的关系如下：

$$D=-0.3356(v_1-v_2)+178.7 \tag{8-13}$$

式中各符号的意义同前。

同样对样本均值取（μ-1.5σ），即 86.6% 区间内下限取值，得到速度差与车辆间距的安全限值关系如下：

$$D=-0.4748(v_1-v_2)+136.27 \quad (8\text{-}14)$$

式中各符号的意义同前。

速度差的取值基本保持在 30km/h 以下，超车速度与速度差的关系为：

$$\Delta v=0.5233v_1-24.417 \quad (8\text{-}15)$$

式中：Δv——超车与被超车的速度差；

v_1——超车速度。

通过以上三种情况下，超车速度与速度差的分析知，超车速度与速度差具有一定的正相关性。随着超速速度的增加，速度差也增加，同时速度差的离散区间也增大。不同车型间进行相互超越时速度差与车辆间距的关系如表 8-20 所示。

不同车型间车辆间距样本与速度差关系　　表 8-20

相互超越的车型	条　件	关　系　式
A-A	舒适值	$D=0.3388(v_1-v_2)+191.31$
	安全限值	$D=0.3814(v_1-v_2)+127.05$
A-C	舒适值	$D=0.0898(v_1-v_2)+193.59$
	安全限值	$D=0.1921(v_1-v_2)+141.07$
C-C	舒适值	$D=0.3356(v_1-v_2)+178.7$

2. 安全距离的确定

根据绕城高速公路北碚至江津段设计车速 h，取超车速度 v_1 为 80~120km/h，被超车速度 v_2 为 60~100km/h。速度差取值可由以上公式计算得到，运用上述分析进行计算，结果如表 8-21。不同车型下车辆间距的安全限值取值范围见表 8-22~ 表 8-24。

国内外高速公路行驶车辆安全距离　　表 8-21

指　标	速度差（km/h）	绕城高速公路（cm）	日本（cm）
安全距离值 D（cm）	30（120-90）	190.58	168.8
安全距离值 D（cm）	20（120-100）	178.04	162.2
安全距离值 D（cm）	30（110-80）	186.62	168.8
安全距离值 D（cm）	20（100-80）	172.76	162.2
安全距离值 D（cm）	10（95-85）	160.88	156.6
安全距离值 D（cm）	0（90-90）	149	149
安全距离值 D（cm）	20（80-60）	167.5	162.2
安全距离值 D（cm）	10（80~70）	158.9	155.6

小车超越小车车辆间距取值（A—A 组合）　　表 8-22

v_2（km/h） \ v_1（km/h）	120	110	100	90
110	1.309~1.946			
100	1.347~1.980	1.309~1.946		
90	1.385~2.014	1.347~1.980	1.309~1.946	
80	1.424~2.048	1.385~2.014	1.347~1.980	1.309~1.946
60	1.501~2.116	1.463~2.082	1.385~2.014	1.385~2.014

小车与大车相互超越时的安全间距取值（A—C 组合） 表 8-23

v_1（km/h） v_2（km/h）	120	110	100	90
110				
100	1.449~1.953	1.429~1.945		
90	1.468~1.962	1.449~1.953	1.429~1.945	
80	1.488~1.972	1.468~1.962	1.449~1.953	1.429~1.945
60	1.529~1.989	1.506~1.981	1.488~1.972	1.468~1.962

大车超越大车安全间距取值（C—C 组合） 表 8-24

v_1（km/h） v_2（km/h）	100	90	80	70
90	1.315~1.753			
80	1.268~1.720	1.315~1.753		
70	1.220~1.680	1.268~1.720	1.315~1.753	
60		1.220~1.680	1.268~1.720	1.315~1.753

综合所有速度差情况下，得到不同车型间相互超越时安全距离的取值见表 8-25。取小型车车轮外缘间距为 1.6m，大型车辆的车轮外缘间距为 2.3m，由下式计算得到不同情况下车道的宽度取值见表 8-26~ 表 8-28。

$$Z = \frac{A + 2D}{2} \tag{8-16}$$

式中：Z——车道宽度；

A——两车辆外轮宽度和；

D——车辆间距取值，与车道等宽。

不同车型相互超越时安全限值 表 8-25

车 型	A—A	A—C	C—C
车辆间距	1.5	1.53	1.32

不同车速组合下行车道宽度取值（小型车与小型车） 表 8-26

v_1（km/h） v_2（km/h）	120	110	100	90
110	2.91~3.55			
100	2.95~3.58	2.91~3.55		
90	2.99~3.61	2.95~3.58	2.91~3.55	
80	3.03~3.64	2.99~3.61	2.95~3.58	2.91~3.55
60	3.10~3.72	3.07~3.68	3.03~3.64	2.99~3.61

不同车速组合下行车道宽度取值（小型车与大型车） 表 8-27

v_1（km/h） v_2（km/h）	120	110	100	90
110				
100	3.40~3.75	3.38~3.75		

续上表

v_2（km/h） \ v_1（km/h）	120	110	100	90
90	3.42~3.75	3.40~3.75	3.38~3.75	
80	3.44~3.75	3.42~3.75	3.40~3.75	3.38~3.75
60	3.48~3.75	3.46~3.75	3.44~3.75	3.42~3.75

不同车速组合下行车道宽度取值（大型车与大型车）　　表 8-28

v_2（km/h） \ v_1（km/h）	100	90	80	70
90	3.62~3.75			
80	3.57~3.75	3.62~3.75		
70	3.52~3.75	3.57~3.75	3.62~3.75	
60		3.52~3.75	3.57~3.75	3.62~3.75

第三节　扩 充 方 案

一、用地条件约束下横断面几何尺度的确定

1. 基本原则

横断面几何尺度的确定应遵循以下原则。

（1）安全原则

扩建后首先应保证车辆运行的安全性，对横断面而言，包括车辆间的安全间距；外车道车辆与外侧护栏的安全间距；内车道车辆与内侧护栏的安全间距。

（2）畅通原则

扩建的目的是在保证安全的基础上，提高道路的通行能力和服务水平，增加车辆运行的舒适性。

（3）经济原则

扩建工程既要有良好的社会效益又要重视其经济效益，即在尽量减少扩建工程费用的基础上最大限度地提高道路的通行能力和服务水平，同时要有利于道路后期的养护和交通管理。扩建方案选择中要认真考虑道路后期养护的成本和其对正常交通的影响。

2. 行车道

根据《公路路线设计规范》（JTG D20—2006）（下称规范）中对车道宽度的规定，高速公路为八车道时，内侧车道可采用 3.50m。因此，在重庆绕城公路北碚至江津段增加车道数时，确定其内侧车道宽度采用 3.50m。

通过对内环高速公路观测得知，当交通量大时，高速公路外侧车道平均车速只有 52.37km/h，通过计算速度样本的众数为 47.37km/h，中位数为 50.58km/h，偏度值为 0.4，其 85% 车速为 66.66km/h。因此，结合交通管理将外侧车道车速限制在 60~80km/h，将外侧车道设置为 3.50m 的宽度。

对于中间两个车道，其宽度以超车时车辆所需要的安全间距来确定。根据不同车型车辆间距的取值范围：A—A：1.5~2.00m；A—C：1.53~1.8m；C—C：1.32~1.45m，得到不同车型进行相互超越时车道宽度的取值区间 3.4~3.75m。

3. 中央分隔带

应符合《公路工程设计标准》（JTG B01—2003）中规定的高速公路中间带各部分宽度的规定，如表 8-29。

中间带宽度　　表 8-29

设计速度（km/h）		120	100	80	60
中央分隔带宽度（m）	一般值	3.00	2.00	2.00	2.00
	最小值	2.00	2.00	1.00	1.00

重庆绕城高速公路北碚至江津段设计车速 120km/h，现中间带宽度为 4.5m，中央分隔带宽度为 3.00m，中央分隔带下埋设了管线，因此，不宜采用 1.00m 的中央分隔带最小宽度，建议中央分隔带宽度取值范围为 2.00~3.00m。

4. 硬路肩和土路肩

《公路工程设计标准》（JTGB01—2003）规定路肩宽度如表 8-30 所示。硬路肩和土路肩统称路肩，它给车辆行驶提供了侧向余宽，其宽度值会对运行车速和道路通行能力产生影响。

路肩宽度　　表 8-30

设计速度（km/h）		高速公路			
		120	100	80	60
右侧硬路肩宽度（m）	一般值	3.0 或 3.50	3.00	2.50	2.50
	最小值	3.00	2.50	1.50	1.50
土路肩宽度（m）	一般值	0.75	0.75	0.75	0.50
	最小值	0.75	0.75	0.75	0.50

国内外资料显示，当路肩宽度达 1m 以上时，对车速影响不大。路肩宽度对道路通行能力的影响可按下式计算。

$$C_{日}=CNK_d \tag{8-17}$$

$$C=C_{日}(V/C)f_{cw}f_{sw}f_{hv}f_p \tag{8-18}$$

式中：$C_{日}$——基本路段设计通行能力，pcu/d；

C——单车道通行能力，pcu/d；

N——单向车道数；

K_d——设计小时交通量系数；

V/C——不同服务水平下的流率与通行能力之比的最大值；

f_{cw}——行车道宽度对通行能力的修正系数；

f_{sw}——侧向余宽对通行能力的修正系数；

f_{hv}——交通组成对通行能力的修正系数；

f_p——驾驶人总体特征影响修正系数。

从表 8-31 可以看出，0.5m 以上的窄路肩对道路通行能力的影响较小，在 5% 以内。

侧向余宽对通行能力的修正系数 f_{sw}　　表 8-31

美国《通行能力手册》规定值				日本《道路技术标准》规定值						
侧向余宽（m）				侧向余宽（m）						
1.8	1.2	0.6	0	1.75	1.5	1.25	1.0	0.75	0.5	0
1.0	0.99	0.97	0.90	1.0	1.0	0.99	0.98	0.97	0.95	0.9

《降低造价公路设计指南》（以下称《指南》）中指出：窄硬路肩宽度的一般为 1.0m，最小为 0.5m。若将高速公路硬路肩减窄为 0.75~0.5m，则 f_{sw} 为 0.95~0.97。这说明在其他条件相同时，硬路肩的减窄对通行能力的影响程度为 3%~5%，表明窄的硬路肩宽度虽对通行能力有一定的影响，但影响不大，因此重庆绕城公路可以采用窄的硬路肩宽度。

根据通行能力分析及《指南》中规定，重庆绕城高速公路六车道改为八车道扩建时，硬路肩宽度可取到最小值 0.5m。

5．路缘带

路缘带是硬路肩或中间带的组成部分，与行车道连接，用行车道的外侧标线或不同的路面颜色来表示。其主要作用是诱导驾驶员视线和分担侧向余宽功能，以利于行车安全。《公路工程设计标准》（JTGB01—2003）中关于左路缘带宽度的规定如表 8-32 所示。

不同设计速度下左侧路缘带宽度　　表 8-32

设计速度（km/h）		120	100
左侧路缘带宽度（m）	一般值	0.75	0.75
	最小值	0.75	0.5

由于内侧车辆主要为小型车辆行驶，这里取得在有车辆干扰的情况下内侧小车在不同车速下与中央分隔带护栏间距。

从图 8-24 可知，间距的分布在一个范围内，且随着运行车速的增加，样本的最小间距呈增加趋势，这符合驾驶员对流体刺激的分析。

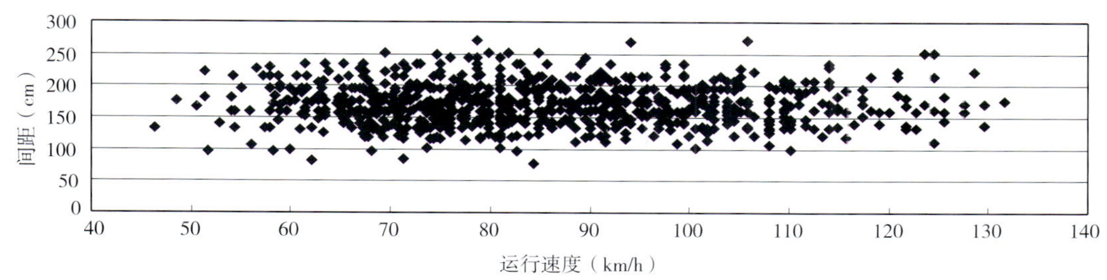

图 8-24　内侧小车与中央分隔带间距

采用车辆间距的方法进行分析，得到图 8-25 的结果，其表达式为：

$$M=-0.1717v+190.03 \tag{8-19}$$

式中：M——小车与中央分隔带的距离，cm；

v——小车运行车速，km/h。

取样本（μ-1.5σ）作为区间范围的下限取值，其表达式为：

$$M=-0.1503v+141.9 \tag{8-20}$$

回归得到图 8-26。

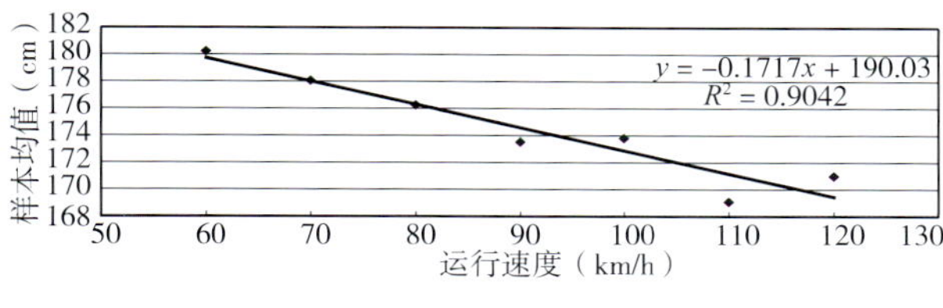

图 8-25　样本均值与速度关系图

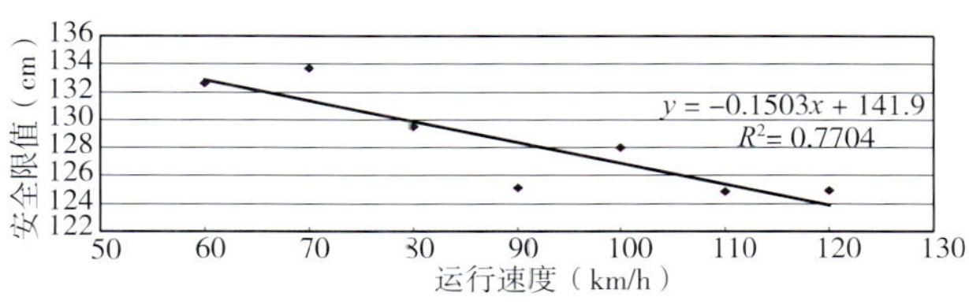

图 8-26　安全限值与运行车速关系图

由此可知，车辆与护栏的安全间距与速度的关系为负相关，这违背驾驶员的视野特征，分析认为车辆与护栏的安全间距主要是受到右侧行驶车辆干扰。在考虑右侧车辆干扰的情况下，内侧运行车辆与护栏的安全限值见表 8–33。

不同速度下小车的内侧安全限值　　表 8–33

运行速度（km/h）	120	100	80
舒适值（cm）	169.5	172.7	176.3
安全限值（cm）	123.9	126.9	129.9

通过以下计算可以得到路缘带的安全取值范围。

$$L=M-\frac{(R-A)}{2} \tag{8-21}$$

式中：L——路缘带宽度，cm；

M——小车车轮与中央分隔带的距离，cm；

R——内侧车道宽度，cm；

A——小车两车轮外侧间距，cm。

二、断面布置方案

通过以上分析，得到了在保证安全行驶的情况下横断面各组成部分的宽度，并结合交通管理，通过对最外侧车道车速的限制，取土路肩的最小宽度为 0.5m，硬路肩的宽度 0.5m，路肩总宽度 1.0m。车道划分如图 8–27 所示。

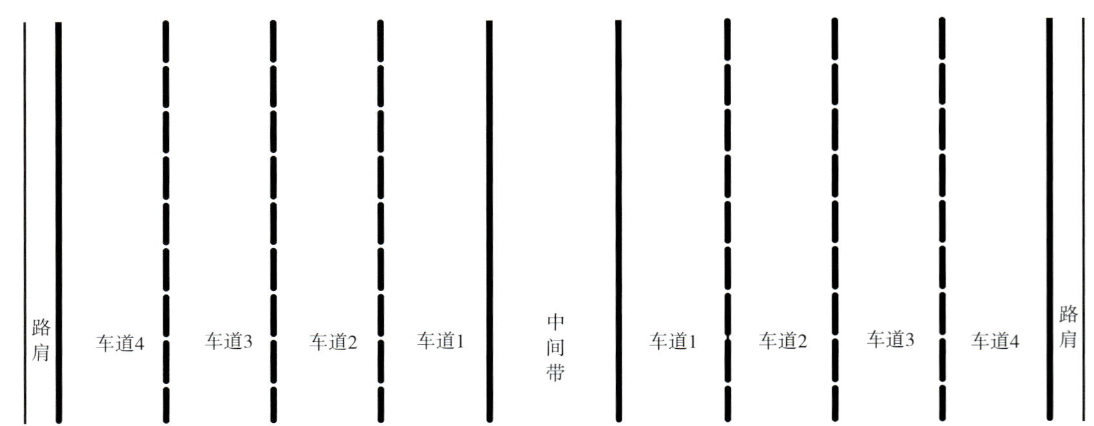

图 8–27　车道划分

根据交通组织方案中车道限速的讨论，这里对四个车道的车速进行假定，车道 1~ 车道 4 运行速度限制依次假定取 120km/h、100km/h、80km/h、80km/h，然后进行安全宽度的设置。

1. 方案一

通过对内外侧车道取值的确定，主要通过车辆的安全间距判断车道 3、车道 4 的宽度。此方案结合管理设置，车道 1、车道 2 为小车行驶专用道，禁止大型车行驶，车道 3、车道 4 不限制车型，则此条件下所需要的车辆间距区间为 1.32~1.45m，因此，取车道 3 的宽度为 3.75m。

车辆速度取 120km/h 时，由车辆与护栏的间距取值区间 1.3~1.75，按式（8–17）计算得到在保证安全的条件下左侧路缘带的宽度取值区间为 0.45~0.8m，结合对重庆机场高速公路行驶轨迹分析，左侧路缘带宽度采用 0.5m。由于内侧车道限制为小车通行，通过对内侧安全间距与速度的模型的建立，得

到内侧车道为 3.50m 时的断面布置如图 8-28 所示。

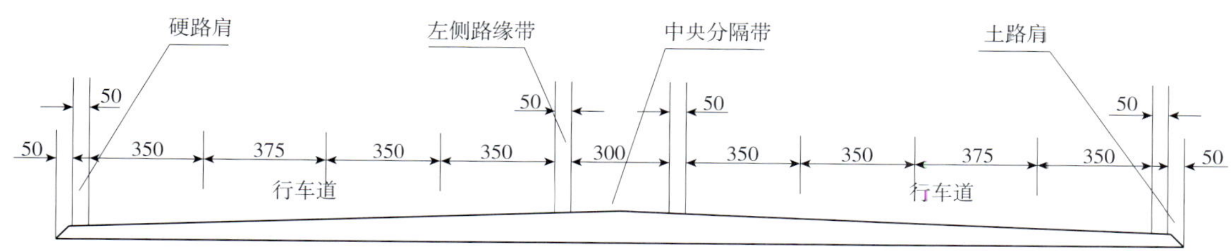

图 8-28　高速公路扩充断面方案一（尺寸单位：cm）

2. 方案二

此方案车道 1、车道 2、车道 3 以《公路路线设计规范》（JTG D20—2006）为设置依据，车道 4 则通过上述速度分析，可将其设置为 3.5m，如图 8-29 所示。此方案减小了车辆与右侧的侧向余宽，但增加了车辆间的安全距离。

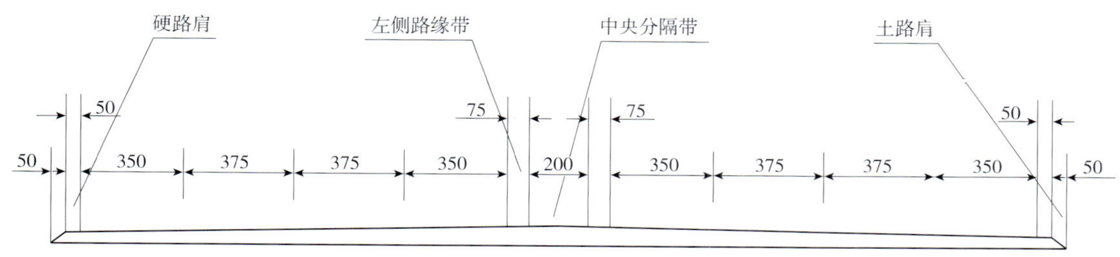

图 8-29　高速公路扩充断面方案二

3. 方案三

计算方法同方案一，同样设置车道 1、车道 2 为小车专用道，只是这旦取中央分隔带宽度的最小值 2.00m，如图 8-30 所示。同方案一相比，方案三增加了左侧与护栏的间距，增加了车道 3、车道 4 运行车辆间的车辆间距。

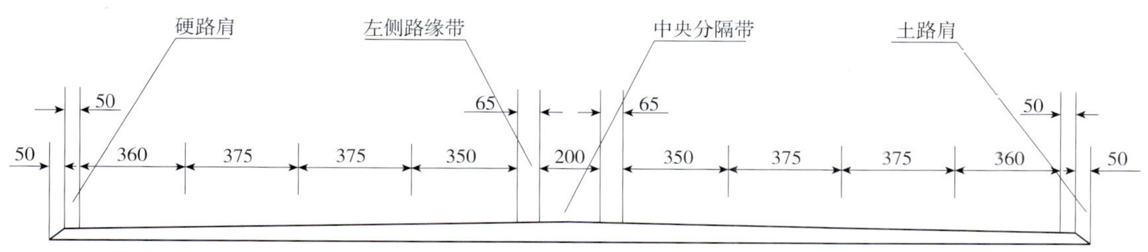

图 8-30　高速公路扩充断面方案三

4. 方案四

由于内侧为小型车专用车道，根据表 8-18 中得到 120km/h 与 100km/h 的组合下车道的宽度为 3.4m，如图 8-31 所示。此方案增加了外侧车道大型车辆并行时的安全距离，外侧大型车辆安全距离为 1.375m。

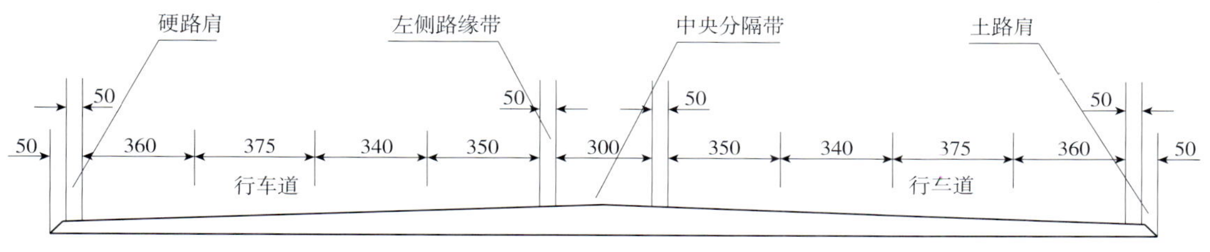

图 8-31　高速公路扩充断面方案四

三、扩充方案的通行能力分析

用 VISSIM 仿真软件对以上方案的通行能力进行分析。设计道路条件为平直路段，道路等级为高速公路，设计速度 120km/h，通过对设定的路网进行仿真得到 MOEs 指标如表 8-34 所示。

交通仿真高速公路通行能力 MOEs 值 表 8-34

输入流量（pcu/h）	设计速度：120km/h，交通组成：小型车为 70%，大型车为 30%								
	标准三车道 3×3.75m			行车道 4×3.55m			行车道 4×3.65m		
	流量（检测）（pcu/h）	平均速度（km/h）	平均延误［s/（pcu·km）］	流量（检测）（pcu/h）	平均速度（km/h）	平均延误［s/（pcu·km）］	流量（检测）（pcu/h）	平均速度（km/h）	平均延误［s/（pcu·km）］
5 000	4 972	80.0	1.9	4 982	84.1	1.0	4 979	83.4	1.0
5 200	5 169	79.3	2.1	5 179	83.7	1.1	5 180	83.8	1.1
5 300	5 271	78.4	2.1	5 279	83.5	1.1	5 281	83.4	1.1
5 400	5 369	76.0	2.6	5 380	82.7	1.1	5 380	84.2	1.1
5 500	5 467	77.4	2.2	5 482	82.5	1.2	5 479	82.4	1.2
5 600	5 566	75.3	2.6	5 581	82.4	1.2	5 579	82.8	1.2
5 800	5 770	74.9	2.6	5 779	82.6	1.3	5 779	82.9	1.3
6 000	5 478	70.0	9.9	5 983	81.1	1.4	5 980	81.3	1.4
6 200	5 478	67.5	9.9	5 983	80.3	1.4	5 980	79.4	1.4
6 400	5 312	67.6	13.6	6 378	79.3	1.5	6 377	78.7	1.6
⋮	⋮	⋮	⋮	⋮	⋮	⋮	⋮	⋮	⋮
7 400	5 254	65.8	14.6	7 377	73.6	2.5	7 373	75.5	2.1
7 800	5 257	65.7	14.8	7 775	70.0	2.6	7 774	71.8	2.4
8 000	5 266	65.8	14.6	7 825	63.2	10.6	7 971	70.8	3.4
8 200				7 824	63.2	10.6	8 176	67.4	3.4
8 400				7 826	62.3	10.7	7 940	63.8	9.3

因为 VISSIM 无法直接得到道路的通行能力，因此，对输入流量进行由小到大的输入，通过对交通仿真输入交通量与路段末检测交通量的对比分析，可以较好地诠释饱和状态与非饱和状态。

（1）如果路段的交通流处于非饱和状态，路段末检测交通量与输入的交通量相等或稍微偏大，进入路段起点的车辆原则上可以一定车头时距驶入并通过检测路段驶离检测终端。

（2）如果路段的交通流处于临界饱和状态，路段末检测交通量与输入的交通量相等或在一定幅度内波动，进入路段起点的车辆原则上以最小车头时距驶入并通过检测路段驶离检测终端。

（3）如果路段的交通流处于饱和状态，路段末检测交通量会小于输入的交通量，进入路段起点的车辆由于前方流量过大，速度较慢，无法以最小车头时距驶入，一部分车在检测路段缓慢行驶，另一部分车由于等待时间过长，被仿真发生器溢出，以摒弃交通流紊乱这一现象，由此则会在一定时间内驶离检测终端的流量小于起点输入的流量。

通过对比，标准三车道在输入交通量为 6 000pcu/h 左右时，检测交通量明显小于输入交通量，平均延误达到 9.9s/（pcu·km），仿真生成 err 文件，说明已达到饱和状态；行车道 4×3.5m 的路网在输入交通量为 8000pcu/h 左右时，出现同样的情况，而行车道为 4×3.6m 的路网在输入交通量为

8 400pcu/h 左右时才出现类似情况。得出结论：在同样的交通组成下的道路通行能力对比：行车道 4×3.6m> 行车道 4×3.5m>3×3.75m（现状）。

由于方案中出现了小型车辆 3.4m 宽的车道，这里分析对比标准三车道下和行车道 4×3.4m 的情况下的通行能力。

以同样的方法进行仿真，路网条件：高速公路平直路段，设计速度为 120km/h；交通组成为 100% 小车。仿真得到标准三车道下，当输入交通量为 7200pcu/h 左右时，检测交通量为 7000pcu/h，出现了测交通量明显小于输入交通量的情况，同样仿真生成 err 文件；而对于行车道为 4×3.4m 宽度下出现同样情况则在输入交通量为 10000pcu/h 时，对于行车道为 4×3.5m 宽度下也出现在输入交通量为 10000pcu/h 时。因此，可以认为在全小车情况下，3.4m 以上宽度下通行能力的影响不大，行车道 4×3.4m 通行能力要大于 3×3.75m。

通过以上仿真分析，得到：

①四车道 4×3.5m 通行能力要大于三车道 3×3.75m 通行能力。

②在低于标准车道宽度 3.75m 时，行车道宽度的增加会增加道路的通行能力；在仅有小车情况下，3.4m 以上宽度对通行能力的影响不大。

③改扩建方案均能够明显的提高通行能力。

与既有断面几何布置相比，四个通行能力扩充方案将使北碚至江津段的通行能力分别平均增长 33.2%、35.6%、34.9% 和 33.3%，推荐方案二。

四、交通工程设施设置

由于车道的增加，横断面各组成要素的设置取值较标准低，为保证道路的安全畅通，一些交通工程的设置需要进行改变，必要时增加新的交通设施。

1. 路段衔接处设置

由于六车道和八车道下横断面几何布置有所不同，因此，需要考虑单向三车道向四车道的衔接变化及四车道向三车道变化的渐变段的设置。

三车道变四车道方向，四车道设置在立交匝道入口处。这样设置的主要原因为：主线车辆由于考虑入口处会有车辆进入而偏离外侧护栏，而入口车辆则主要出入加速阶段，车辆会在硬路肩上行驶一段的时间，在立交入口后适当位置设置门架式标志，提示驾驶员注意前方为四车道设置。

四车道变三车道则选择立交入口匝道区进行设置，在入口匝道末端设置车道减少标志，提示驾驶员注意前方为三车道设置，具体设置方式如图 8-32 所示。

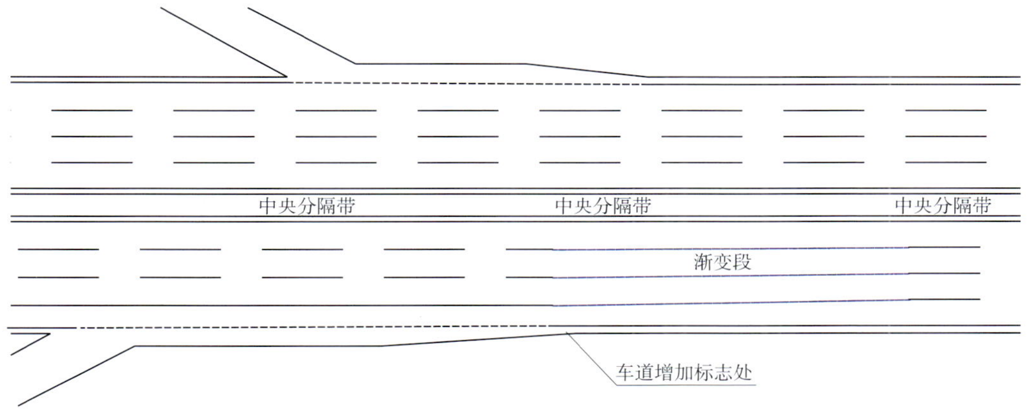

图 8-32 车道变更处衔接段设置图

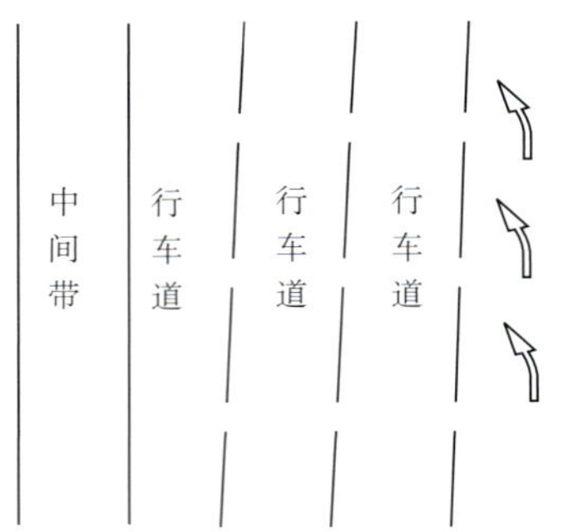

图 8-33 四车道变三车道标线设置

衔接路段的标志标线设置，车道变化处标志应简洁明了，让驾驶员及时掌握车道变化的信息，进行必要的车道的选择，出入口由四个车道变为三个车道，应在渐变段处设置车道减少标志，指示前方路段为三车道路段，同时辅以车辆换道的指示标线，如图 8-33 所示。

由三车道向四车道变化时，同样在渐变段开始处设置车道增加标志，在渐变段后增加车道的门架式标志，提示表明前方车道布置。

渐变段标线设置用以警告车辆驾驶员车道数的变化，标线颜色为黄色，渐变段长度按下式计算：

$$L=\begin{cases}\dfrac{v^2W}{155} & (v\leqslant 60\text{km/h})\\ 0.625V\cdot W & (v>60\text{km/h})\end{cases} \tag{8-22}$$

式中：L——渐变段的长度，m；

v——设计速度，km/h；

W——变化宽度，m。

式中计算结果大于表 8-35 中所示最小值时，采用计算结果作为实际渐变段长度，反之采用表中最小值为实际渐变段长度。

不同设计速度下最小渐变段长度 表 8-35

设计速度（km/h）	渐变段最小值（m）	设计速度（km/h）	渐变段最小值（m）
60	40	80	85
70	70	>80	100

对于设计速度与运行速度偏离较大的道路，可采用运行速度值代替设计速度值来计算渐变段的长度。

2. 港湾式停车带设置

港湾式停车带需要满足以下条件：一般故障发生后，驾驶员能尽量利用港湾停车处理，港湾式停车区宽度能满足正常停车需要。清障救援事故车辆临时停放、养护维护作业临时停车、交警交通管理也能充分利用港湾式停车区。

《标准》中规定：八车道高速公路宜设置左侧硬路肩，其宽度应为 2.5m。左侧硬路肩内包含左侧路缘带。

考虑绕城高速公路八车道情况，重庆绕城公路路基宽度为 34.5m，进行八车道设置时不能满足上述情况进行左侧硬路肩的设置。为保证安全运行、养护和管理要求，考虑设置左侧港湾式停车带，设置间距为 2km，内外侧交替设置，主要为小车设置，有效长度 30m，渐变段长度取 120m，宽度不小于 2.5m。

由于左侧港湾式停车带处与对向车辆的间距变小，可将护栏设置为刚性混凝土护栏。刚性混凝土护栏的长度可根据渐变率计算出中央分隔带的宽度变化，从而得到其设置长度，具体设置见图 8-34。

刚性混凝土护栏的长度可通过下式计算：

$$L=\frac{l}{\rho} \tag{8-23}$$

式中：L——刚性混凝土护栏长度；

l——波形护栏防撞宽度；

ρ——渐变率。

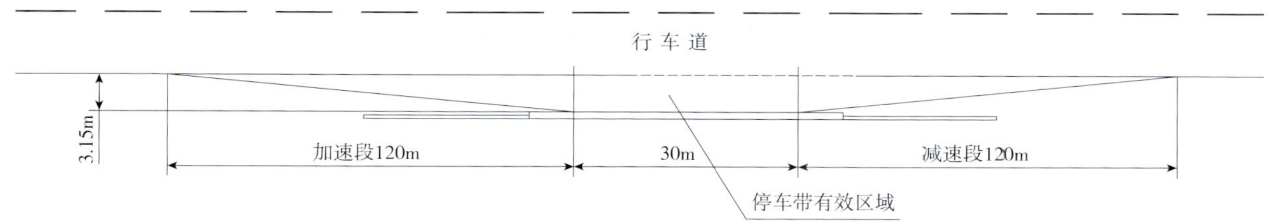

图 8-34 中间带 4.5m 时设置的左侧港湾式停车带宽度

《公路工程技术标准》(JTG B01—2003)中规定：高速公路、一级公路的右侧硬路肩宽度小于 2.5m 时，应设置紧急停车带，紧急停车带宽度应为 3.50m，有效长度不应小于 30m。《公路路线设计规范》(JTG D20—2006)中对紧急停车带做了相应的调整，当高速公路、一级公路右侧硬路肩小于 2.50m 时，应设置紧急停车带，间距不宜大于 2km，宽度一般为 5.00m，有效长度一般为 50m，并设置 100m 和 150m 左右的过渡段。

《降低造价公路设计指南》中针对道路条件受限时，规定紧急停车带的有效长度为 50m，左右过渡段可设置为 50m 长度。

鉴于重庆绕城高速公路的扩建方案可能需要设置窄硬路肩，结合重庆绕城公路地形，设置间距可采用 750~1.5km。其设计参数可采取图 8-35 和图 8-36 两种方案。

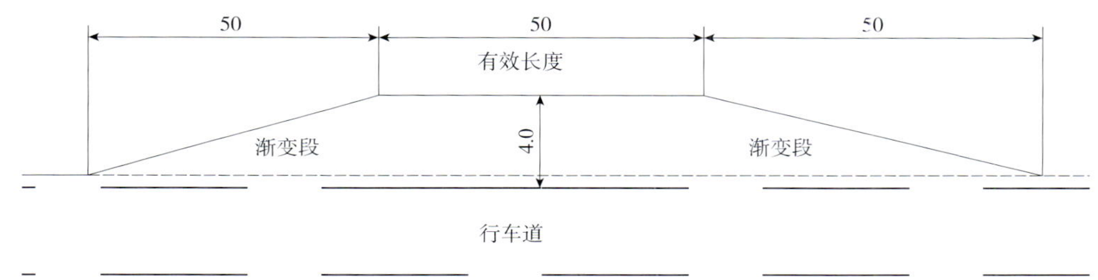

图 8-35 地形受限时较小方案（尺寸单位：m）

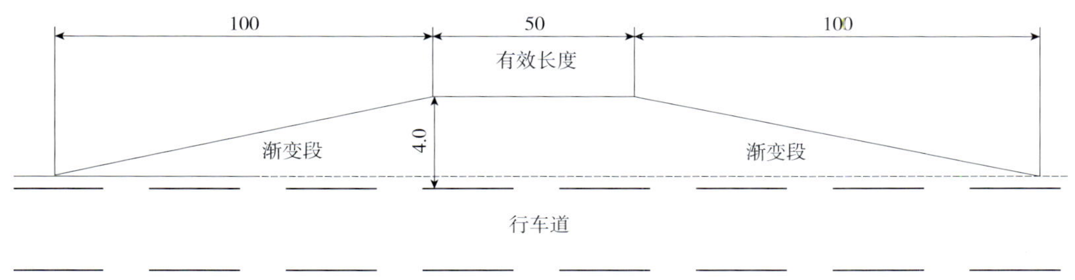

图 8-36 港湾式停车带设置（尺寸单位：m）

由于硬路肩较窄，内侧车道车速较快，为保证车辆在使用港湾式停车带时的安全性，扩建后的安全畅通，增加紧急停车带的诱导标志标线。

根据对绕城高速公路现场观察，结合挖方路段分布，给出了港湾式停车带挖方路段的布置方案见表 8-36。

3. 标志与护栏设置

(1) 护栏设置

对于护栏的变化，在设置左侧港湾式停车带处的护栏，由于与对向车流的间距减小，因此需要设置刚性混凝土护栏。

绕城高速公路港湾式停车带设置方案　　表 8-36

北碚至江津方向			江津至北碚方向		
桩号		挖方长度（m）	桩号		挖方长度（m）
K52+280.00	K52+410.00	130	K97+910.00	K97+765.00	145
K53+090.00	K53+220.00	130	K96+600.00	K96+420.00	180
K53+600.00	K53+750.00	150	K95+700.00	K95+500.00	200
K54+600.00	K54+800.00	200	K94+950.00	K94+740.00	210
K55+350.00	K55+600.00	250	K93+600.00	K93+400.00	200
K56+500.00	K56+620.00	120	K93+080.00	K92+850.00	230
K57+550.00	K57+720.00	170	K89+840.00	K89+730.00	110
K60+590.00	K60+980.00	390	K89+050.00	K88+920.00	130
K61+610.00	K61+920.00	310	K88+520.00	K88+380.00	140
K62+760.00	K63+120.00	360	K87+880.00	K87+780.00	100
K63+570.00	K63+820.00	250	K85+200.00	K85+050.00	150
K64+800.00	K65+050.00	250	K82+550.00	K82+400.00	150
K65+300.00	K65+550.00	250	K79+530.00	K79+410.00	120
K71+210.00	K71+550.00	340	K78+780.00	K78+680.00	100
K72+050.00	K72+200.00	150	K77+710.00	K77+550.00	160
K72+630.00	K72+780.00	150	K76+760.00	K76+510.00	250
K73+250.00	K73+370.00	120	K75+900.00	K75+670.00	230
K74+550.00	K75+050.00	500	K74+600.00	K74+350.00	250
K75+250.00	K75+440.00	190	K73+690.00	K73+530.00	160
K76+450.00	K77+120.00	670	K72+600.00	K72+380.00	220
K77+280.00	K77+810.00	530	K71+950.00	K71+710.00	240
K78+760.00	K78+890.00	130	K65+540.00	K65+350.00	150
K79+530.00	K79+720.00	190	K65+000.00	K64+750.00	250
K82+120.00	K82+300.00	180	K63+820.00	K63+400.00	420
K84+800.00	K84+950.00	150	K61+920.00	K61+810.00	110
K87+650.00	K87+800.00	150	K61+000.00	K60+800.00	200
K88+380.00	K88+520.00	140	K60+100.00	K59+900.00	200
K89+680.00	K90+000.00	320	K57+730.00	K57+420.00	310
K93+400.00	K93+600.00	200	K56+705.00	K56+580.00	125
K94+800.00	K94+990.00	190	K55+950.00	K55+700.00	250
K95+550.00	K95+700.00	150	K54+800.00	K54+600.00	200
K96+490.00	K96+600.00	110	K53+750.00	K53+600.00	150
K97+580.00	K97+700.00	120	K52+850.00	K52+750.00	100
K98+590.00	K98+750.00	160	K51+800.00	K51+410.00	390
K98+750.00	K98+480.00	270			

由于方案选择了 0.5m 宽的土路肩，因此在长度小于 50m 的中、小桥上，为了桥梁与路基断面的一致性，0.75m 波形梁护栏建议改为 0.5m 宽的防撞护栏，全线中桥 14 座，小桥 4 座。另外增加的港湾式停车带，一些路段需要拆除护栏，同时增加渐变段。

（2）标志设置

单向三车道到变为四车道，车道限速的标志也应作出相应的变化，三车道变为四车道限速，限速方式选择最高和最低限速。例如，车道 1 限速为 100~120km/h 进行限制，辅以车道车型的限制，将车道 1 设置为小型车道，限制大客车通行；车道 2 限制大货车通行，保证小型车在内侧车道高速行驶，避免慢速行驶车辆占用内侧车道，造成高速车辆借车道 3、车道 4 进行超车，增加安全隐患，降低道路的通行能力。

随着交通量的增加，大型车辆遮挡路侧标志的几率增加，一旦造成外侧大车对右侧标志的遮挡，车辆将不能及时地掌握前方的路网信息，容易造成损失，甚至影响道路的安全运营。

五、通行能力扩充后交通组织方案分析

八车道公路交通组织主要是对车流的合理管理，侧重点在于对车辆车速的控制和车道车型的管理。国外研究表明，交通事故发生概率或交通事故严重程度，通常会随着限速值的降低而减小；与之不同的是，随着限速值的增加，交通事故数量通常会增加，交通事故造成的后果通常会更严重。

1. 车道车速限制分析

1）车速限制的原则

高速公路限速应遵循以下原则。

（1）安全有效

限速应遵循在保障安全的前提下尽可能发挥道路应有功能和效率的原则，寻求安全与效率的最佳平衡点。限速值的确定应综合考虑车辆实际运行速度、道路几何线形条件、历史事故资料、驾驶员的可接受程度以及执法的可行性等多方因素，确保限速标志的有效性。

（2）以人为本

限速标志的设置应符合绝大多数驾驶员的速度预期，在使大多数驾驶员能够自觉遵守限速标志的同时，也使得限速标志的驾驶引导作用得到充分的发挥。限速标志信息应明确、不存在多义性现象，易被驾驶员识别和理解。速度控制注重强制限速与建议速度相结合，体现以人为本理念。

（3）依法限速

限速标志的设置不应与现行国家法律、法规相违背或抵触。

2）限速标准分析

相关研究表明，车速的离散性越小，发生道路交通事故的可能性便越小。Solomon 于 1964 年研究了车速和平均车速的差值与事故率的关系，得出一条 U 形曲线，表明车辆的速度无论是高于还是低于平均车速，其车速差值越大，事故率就会越高，具体的关系模型如下：

$$I=10^{0.000\,602\,\Delta v^2}-0.006\,675\,\Delta v+2.23 \tag{8-24}$$

式中：I——10 万车公里事故率，次 /10 万车公里；

Δv——车速与平均车速之差，km/h。

蒙纳斯大学事故研究中心在 1993 年也对车速和平均车速的差值与事故率的关系进行了研究。结果表明，车速与平均车速的差值越大，事故率越高。这与 Solomon 研究结果是一致的，但是该研究并没有得出车速低于平均车速时其差值与事故率的关系。具体的关系模型如下：

$$I=500+0.8\,\Delta v^2+0.014\,\Delta v^3 \tag{8-25}$$

式中符号意义同前。

根据中国部分高速公路车速标准差与事故的统计数据，对车速标准差和亿车公里事故率进行回归分析。事故率随着车速标准差的增大而增长，即车速分布得越离散，事故率越高，这与国外的研究结果是一致的。具体的关系模型为：

$$AR=9.583\,9e^{0.055\,3\sigma} \tag{8-26}$$

式中：σ——为车速标准差；

AR——亿车公里事故率，次 / 亿车公里。

从已有的研究成果来看，车速分布越离散，事故率会越高。因此，从交通安全角度出发，高速道路车速限制原则应以尽量降低车速分布的离散性为准则。为量化分析车速离散性，国内一些研究提出了车速离散度的概念。

$$SD=\frac{(v_{max}-v_{min})}{v_{max}} \tag{8-27}$$

式中：SD——车速离散度，取值范围为 0 到 1；

v_{max}——最高运行车速，km/h；

v_{min}——最低运行车速，km/h。

同样，通过对国内部分高速公路车速离散度和事故率进行回归，得到亿车事故率与车速离散度的模型：

$$AR=\begin{cases}61.239SD^{0.5186} & SD\leqslant 0.08\\ 297.53SD^2-49.663SD+22.401 & SD>0.08\end{cases} \tag{8-28}$$

从以上分析可知，对于八车道高速公路的限速管理，如果不进行分车道限速，对四个车道进行统一的限速，那么即使对于同一车道上的速度，车速离散度将有可能较大。按照《中华人民共和国道路交通安全法》及其实施条例，高速公路的最高时速不得超过 120km/h，最低时速不得低于 60km/h。

同一车道或相邻车道间车速离散度过大，将使车辆变换车道频繁，不利于行车安全，因此，对于多车道高速公路应分车道限速。

以内环高速公路为参照，选择观测地点的道路条件尽量接近绕城高速公路北碚至江津段，观测得到一定时间内三个车道的断面车速分布如图 8-37 所示。

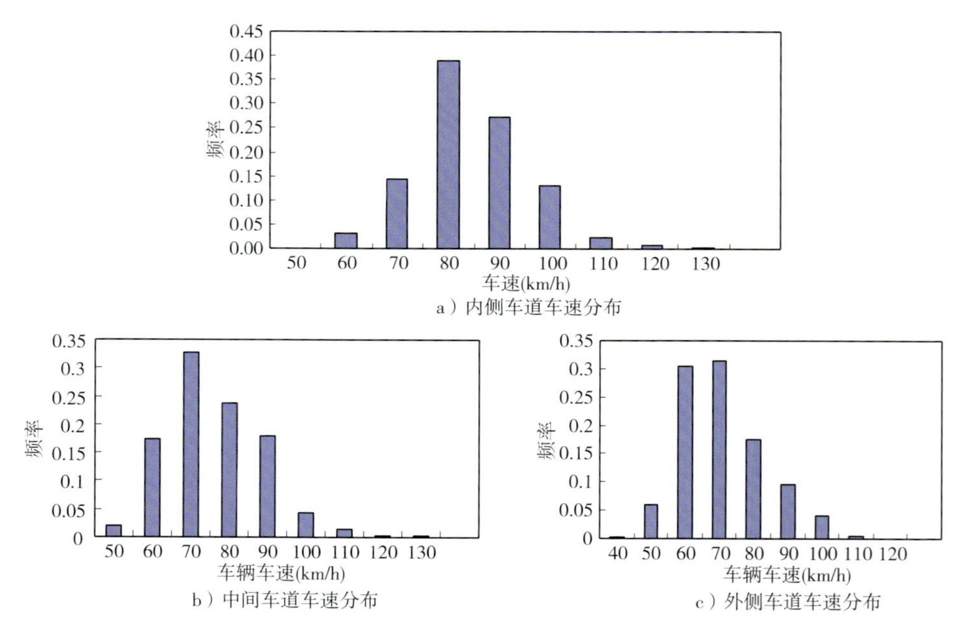

图 8-37　重庆内环高速公路 C 点观测点处三车道车速分布

通过对同一时间内三个车道的车速计算，得到三个车道车速分布情况，如表 8-37 所示。

重庆内环高速公路 C 观测点处车道速度分布　表 8-37

车　道	样本标准差（km/h）	平均值（km/h）	85% 车速（km/h）	大型车所占比例（%）
内侧车道	11.07	79.28	91.01	5.83
中间车道	12.49	70.9	84.3	17.23
外侧车道	12.27	65.9	79.3	20.88

重庆内环高速公路外侧车道的平均车速为 65.9km/h，因此，对通行能力扩充后的最外侧车道的限速可以选择 60~80km/h 的组合。

由于大型车辆比例的不同对车速有一定的影响，车速的限制可结合车辆构成进行。例如，第一车道（内侧）最高车速为 120km/h，最低车速为 110km/h；第二车道最高车速为 120km/h，最低车速为 90km/h；第三车道最高车速为 100km/h，最低车速为 90km/h；第四车道最高车速为 100km/h，最低车速为 60km/h。这样的处理降低了同一车道上和相邻车道间的车速离散度，降低事故率，计算例中第一车道与第二车道间的车速离散度 SD 为 0.25，明显降低了车速度的离散度。

与车速事故数的关系不同，车速与事故严重度的关系是基于物理学的，运动车辆的能量是其质量与速度平方的乘积的关系。碰撞中消散的能量越多，乘员所受的危害越大。当汽车的质量一定时，其具有的动能与车速的平方成正比，车速增加 2 倍，动能增加 4 倍，车速增加 3 倍，则动能增加 9 倍。动能越大，发生碰撞造成的损失越大。Solomon 研究表明：车速超过 96km/h 后事故严重度随速度增加快速增加，车速超过 112km/h 后致命伤亡的可能性迅速增加。因此，在速度由内侧的最高车速 120km/h 向外侧车道的最低限速 60km/h 变化的过程中，建议速度大时，同一车道上速度及相邻车道的速度差的变化稍小，随着车速度的降低车速的变化可稍大，直至最小速度 60km/h。

2. 车道使用方案

分车道车型限制是指根据不同类型车辆运行安全及运营管理需要，对不同车型实施不同车道限制行驶的措施，是分车道限速的一种辅助方法。

通过大型车辆对车道的使用率的分析进行车道上车型的限制，从而可对车道进行不同宽度的设计，使得应用较合理的行车道宽度达到增加到路的通行能力。日本对单向三车道时不同交通量下不同车型对车道的使用率见图 8-38（注：日本为左线行驶）。

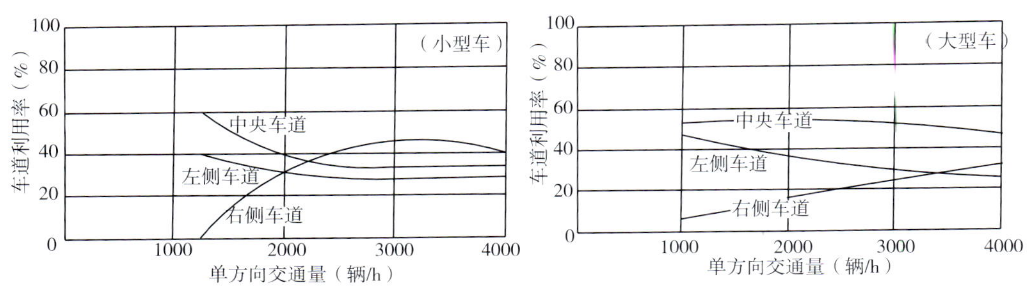

图 8-38　日本单向三车道不同交通量下不同车型对车道的使用率

从车道的使用率可以得到：无论是哪种车型，三车道高速公路中间车道的使用率均较高，随着交通量的增加，内侧超车道的使用率增加，而对于大型车而言，当达到一定的交通量时大型车辆对内侧车道的利用率与外侧基本相同。对比重庆内环高速公路的 C 观测点处大型车辆对车道使用情况，C 观测点处内侧大型车辆的比例为 5.83%，中间车道和外侧车道大型车的比例分别为 17.23% 和 20.88%（以上三个比例在相同交通量下），可见大型车辆对内侧超车道使用较小，而对中间车道和外侧车道使用率较高。对于八车道高速公路，大型车辆要进入内侧超车道，又需要增加一次换道，因此，八车道高速公路大型车辆使用率应当更低。

《道路交通安全法》实施条例明确规定：高速公路上行驶的除小型载客汽车以外的其他机动车不得超过 100km/h，这说明大客车最高限速为 100km/h。

在进行车道划分时，以车种所占比例为主要依据，考虑当交通量达到设计服务水平下要求的状态来分析，原则上保证小型车辆的高速行驶，大中型车辆在外侧车道行驶。

根据交通组成的预测分析，以及前面进行的车速和车道车型的分析，可以对八车道高速公路进行以下方案设置。

限速方案一：车道限速由内侧车道向外侧车道依次降低，内侧车道为小型车车道，形成了从左到右车速由快到慢的分布规则，驾驶员有较大的行驶自由度，符合车辆在驶入、驶出高速公路时的运行特点。建议从左到右，各车道限速依次为 100~120km/h，90~110km/h，80~100km/h，60~90km/h。

限速方案二：限速与限制车道相结合，对货车实行车道使用限制。将内侧两车道设为小汽车专用车道，限制货车使用，外侧两个车道为混合车道，共各型车辆共用。该方案的优点是能有效减少交通流中大型车的混入影响，交通量较大时容易形成稳定的车流。各车道限速标准不变。

通过对不同交通组织下交通仿真得到不同输入交通量下的平均延误值对比，分析较好的车辆限行方案（大型车辆限行），如图 8-39~ 图 8-41 所示。

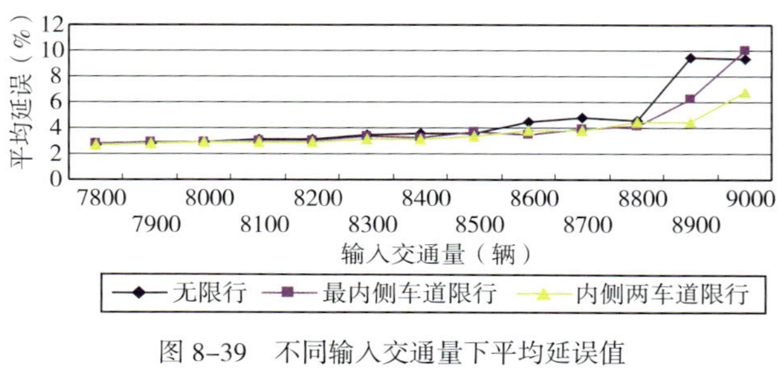

图 8-39 不同输入交通量下平均延误值（10% 大型车，90% 小型车）

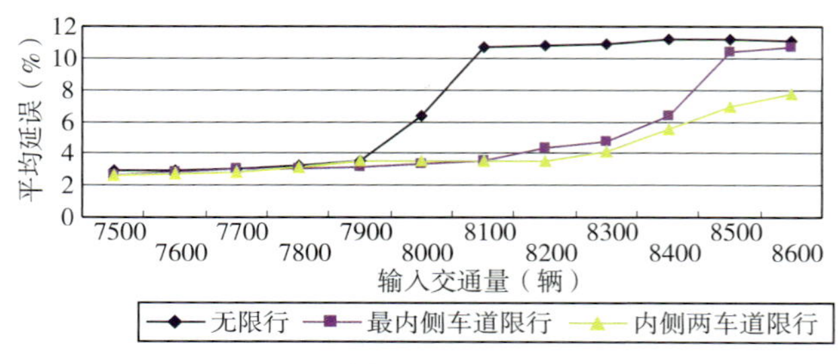

图 8-40 不同输入交通量下平均延误值（20% 大型车，80% 小型车）

通过以上平均延误对比知，在大型车辆所占比例较小时，各管理模式对平均延误的影响较小；当大型车辆的比例为 20% 时，对大型车辆进行车道限行管理效果非常明显，限行管理下的平均延误要小，而内侧两车道限行要比最内侧车道限行模式效果好；当大型车辆的比例增加到 30% 时，最内侧车道限行要比内侧两车道限行模式效果好。因此，大型车辆比例是进行车道使用限制的一个主要依据。

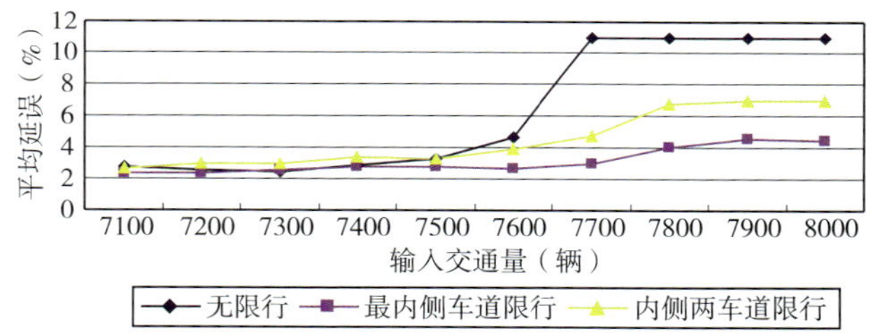

图 8-41 不同输入交通量下平均延误值（30% 大型车，70% 小型车）

第四节 通行能力扩充时机分析

一、通行能力扩充时机决策方法

1. 基于服务水平的通行能力扩充时机决策

高速公路通行能力扩充时机应在项目现有的生产条件下，在未来年社会经济发展对该项目服务能

力需求预测的基础上求得项目建设启动点，既可确保高速公路项目的服务水平处于理想水平，又可有效地防止项目能力过剩。运用触发点机制原理和方法确定高速公路的通行能力扩充时机，可有效避免高速公路通行能力扩充可能出现的问题。

交通量是高速公路运营过程中最为显著的特征量，在一定程度上能反映高速公路的拥挤情况。但是，在相同运营交通量情况下，设计速度、规模和几何特征相同的两条高速公路，由于地理位置和交通组成等的不同，拥挤程度是不相同的。因此，交通量不能直接作为触发点机制中控制参数。鉴于此，选取高速公路服务水平作为触发点机制中控制参数。

V/C 反映了道路的拥挤程度状况。根据交通部编写的《通行能力手册》，当高速公路处于四级服务水平上半部分时，高速公路的运行条件等于或接近通行能力值，所有车辆的速度都降到很低。四级服务水平下半部分是通常意义上的强制流或阻塞流。这一服务水平下，交通设施的交通需求超过其允许的通过量，车流排队行驶，队列中的车辆出现停停走走现象，运行状态极不稳定。

根据对绕城高速公路交通量的预测进行服务水平的预测，得到服务水平的变化趋势。当重庆绕城高速公路北碚至江津段 V/C 接近 1.0，即四级服务水平下半部时，就需要考虑增加道路的通行能力，以满足不断增加的交通需求，提高服务水平。

2. 基于经济效益的通行能力扩充时机决策

目前，高速公路改扩建项目经济评价方法主要有总量评价法和增量评价法。

总量评价法是分别计算进行有项目和无项目两种情况下的企业总体效益，然后进行对比分析。有项目与无项目实际上是互相排斥的两个备选方案，对这类项目的评价，实际是对互斥方案的研究，因此在进行评价时要用价值型指标，如净现值。

净现值计量模型：

$$\begin{aligned} NPV(t) &= \sum_{i=t}^{t+M+N} \{ [B(i,t) - C(i,t)] \cdot (1+R)^{-i} - C_t \} \\ &= \sum_{i=t}^{t+M+N} [B(i,t) - C(i,t) \times (1+R)^{-i}] - \sum_{i=t}^{T} \{ [B'(i,t) - C'(\iota,t) \times (1+R) \end{aligned} \quad (8\text{–}29)$$

式中：$C(i,\ t)$——为基期（t=0）后第 t 年开始建设时第 i 年将发生的投资额；

C_t——为基年后第 t 年原有高速公路的固定资产评估现值；

T——剩余经营年限（收费年限）；

M、N——分别为工期和扩建后经济寿命期；

$NPV(t)$——基年后第 t 年开工方案项目的净现值，亿元；

$B(i,\ t)$——基年后第 t 年开工方案第 i 年可获得的净效益，亿元；

$C(i,\ t)$——基期后第 t 年开工方案第 i 年将发生的投资额，亿元；

$B'(i,\ t)$——基年后第 t 年开工方案不进行改扩建原有高速公路第 i 年可获得的净效益，亿元；

$C'(i,\ t)$——基期后第 t 年开工方案不进行改扩建原有高速公路第 i 年将发生的投资额，亿元；

R——折现率。

通过上述模型，计算得到不同改扩建时机的净现值，通过比较使得净现值最大的年度即为改扩建的时间。

模型中影响改扩建项目净现值的因素主要有：年度运营利润 $B(i,\ t)$、各年度工程投资 $C(i,\ t)$、折现率、原有高速公路的固定资产评估值。

二、通行能力扩充时机

1. 基于服务水平的改扩建时机

通过四阶段法进行交通量预测，得到绕城高速公路北碚至江津段的交通量，以及不同车型的一个年均增长率，见表 8–38。

北碚至江津段交通量年均增长率　　表 8–38

年均增长率（%）/ 车型 / 年份（年）	小客车	大客车	小货车	中货车	大货车
2010~2020	8.3	8.9	6.2	4.9	12.4
2020~2030	6.7	7.5	5.4	3.4	8.0

影响交通增长率的因素包括国民生产总值、人均国民生产总值以及客、货车的弹性系数。通过不同年份下的生产总值及弹性系数的分析得到图 8–42 和图 8–43 的结果。

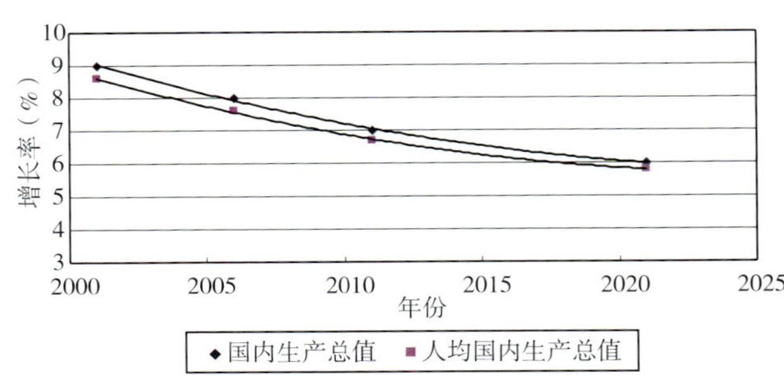

图 8–42　国内生产总值及人均生产总值增长率变化规律

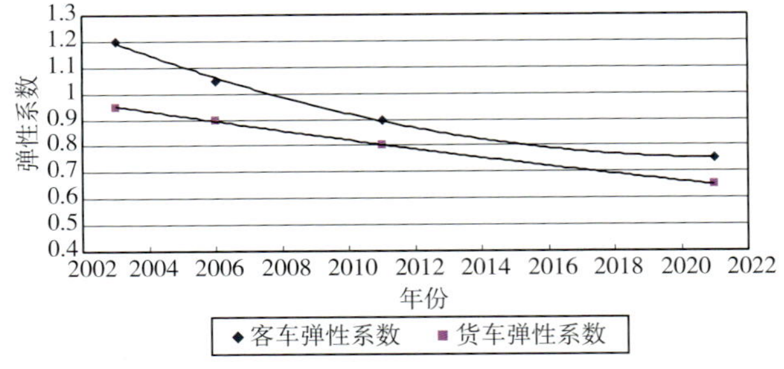

图 8–43　弹性系数的变化规律

由以上变化规律知，国内人均生产总值增长率逐年降低，到达一定年限后保持稳定，弹性系数随着经济的发展也呈现逐年降低的趋势，并最终趋于稳定。

结合此前研究，可以得到不同车型远景交通量增长率的范围如表 8–39 所示，进而计算得到不同年限下的交通量（小增长率下交通量），如表 8–40 所示。

不同车型远景交通量增长率　　表 8–39

年均增长率（%）/ 车型 / 备注	小客车	大客车	小货车	中货车	大货车
最小取值	5.4	6.2	4.7	2.3	5.2
最大取值	6.7	7.5	5.4	3.4	8.0

小增长率下交通量　　表 8–40

车型 / 年份（年）	小客车	大客车	小货车	中货车	大货车	折算合计（小客车）
2028	21 983	2 520	5 297	2 430	3 786	53 833
2029	20 610	2 345	5 026	2 350	3 505	50 566
2030	23 447	2 708	5 583	2 512	4 089	57 320
2031	24 705	2 877	5 844	2 570	4 301	60 191
2032	26 030	3 057	6 118	2 630	4 524	63 210

续上表

年份（年）＼车型	小客车	大客车	小货车	中货车	大货车	折算合计（小客车）
2033	27 426	3 247	6 405	2 691	4 758	66 386
2034	28 898	3 450	6 705	2 754	5 004	69 727
2035	30 448	3 665	7 019	2 818	5 263	73 241
2036	32 081	3 894	7 347	2 883	5 536	76 938

由式（8-1）~式（8-4）计算得到不同基年下的服务水平 *V/C*，如图 8-44 所示。从预测的重庆绕城高速公路的服务水平知，在 2036 年重庆绕城高速公路的 *V/C* 值接近 1.0，因此考虑改扩建的年份为 2036 年。

高交通增长率下的预测交通量见表 8-41，不同基年下的服务水平 *V/C* 见图 8-45。

高交通增长率下交通量　　表 8-41

年份（年）＼车型	小客车	大客车	小货车	中货车	大货车	折算合计（小客车）
2028	21 983	2 520	5 297	2 430	3 786	53 833
2029	20 610	2 345	5 026	2 350	3 505	50 566
2030	23 447	2 708	5 583	2 512	4 089	57 320
2031	25 009	2 910	5 884	2 597	4 417	61 042
2032	26 675	3 127	6 202	2 685	4 771	65 014
2033	28 452	3 359	6 536	2 776	5 153	69 256
2034	30 347	3 610	6 889	2 870	5 567	73 785
2035	32 369	3 879	7 261	2 968	6 013	78 621

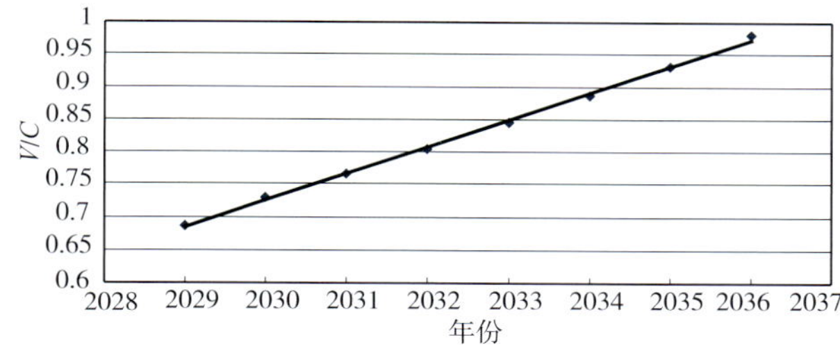

图 8-44　低增长率下各年份的服务水平

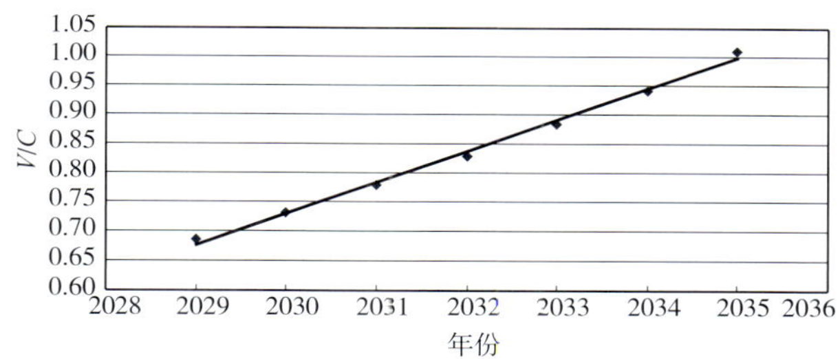

图 8-45　高交通增长率下各年份的服务水平

从预测的重庆绕城高速公路的服务水平知，在 2035 年重庆绕城高速公路的 V/C 值接近 1.0，因此考虑改扩建的年份为 2035 年。

2. 基于经济效益下的改扩建时机

（1）交通量预测

不扩建下交通量预测见表 8-42，对于改扩建下交通量的增加，采用类比法计算。对比国内其他高速公路改扩建后交通量的增长比例，对重庆绕城高速公路改扩建后交通量进行预测，得到不同基年下改扩建后江津至北碚的交通量预测值，见表 8-43。

重庆绕城高速改扩建后吸引交通量增长率　　表 8-42

改建前后参数	车道数（单方向）	通行能力变化	交通量比（均值）
石安高速	2 ：3	1.5 ：1	1.18 ：1
重庆绕城高速	3 ：4	1.21 ：1	1.14 ：1

改扩建后不同年份交通量预测值 表 8-43

年份（年）	2028	2029	2030	2031	2032	2033	2034	2035
交通量	57 645	61 370	65 345	68 618	72 059	75 680	79 489	83 495
年份（年）	2 036	2 037	2 038	2 039	2 040	2 041	2 042	
交通量	87 709	92 143	96 807	101 715	103 723	103 725	103 725	

（2）收费标准

根据重庆市相关文件，重庆高速公路将车辆分为五类。一类车：2t 或以下货车，9 座以下客车；二类：2~5t 货车，10~25 座客车；三类：5~10t 货车，26~50 座客车；四类：10~20t 货车，50 座以上客车；五类：20~40t 货车。收费标准以一类车为基准 0.5 元 / 车公里，以 1：2：3：4：5 的比例增长，结合交通量的预测车型，将小客车化为一类，小货车为二类，中货车为三类，大客车与大货车为四类进行收费计算，得到表 8-44 的结果。

各车型收费标准 表 8-44

车型	小客车	大客车	小货车	中货车	大货车
收费（元 / 车公里）	0.5	2	1	1.5	2

（3）营运管理费用支出和养护大修费用

由于改扩建形式的特殊，改扩建后道路路基宽度不变，只增加了车道数量，因此对运营支出和养护费用采用改建前后一致，营运管理费用支出 2010 年取 500 万元，以后每年按上涨率 3% 递增；养护费用 2010 年取 350 万元，以后每年按上涨率 3% 递增。

折现率取社会折现率 8%；所得税税率取 25%；项目计算期参照重庆绕城高速公路工程可行性报告财务评价其投资回收年为 18.18，取为 20 年，即对绕城高速公路固定资产进行评估时，截止期为 2030 年；改扩建工期借鉴国内经验取 1 年，改扩建竣工后运营期按规定取 20 年。

改扩建投资计算，人工费与机械费用取 100 万元，材料费用按表 8-45 的单价进行计算。

改扩建材料单价 表 8-45

材料	沥青路面（元 /m^2）	护栏（元 /t）	标线（元 /100m^2）
价格	230.55	4 500	3 793

结合改扩建方案的形式，一种为拆护栏，将中央分隔带压缩成 2.00m；另一种为不拆护栏，保持原有的 3.00m 宽中央分隔带。其扩建投资见表 8-46。

投 资 材 料 费 用 表 8-46

方案类别	路面材料投资（万元）	护栏投资（万元）	标线投资（万元）	总计（万元）
压缩中央分隔带	1 173	378	280	1 708
不进行压缩	—	—	280	280

由于改扩建方案没有征地的费用，因此不计算其他工程费用，直接计算综合利用税费率 10%，同时加上建设单位管理费、工程质量监督费、监理费用等，合计压缩中央分隔带投资总额为 2 200 万元；不进行中央分隔带压缩方案投资总额为 440 万元。

根据以上数据，对两种不同改扩建方式下的不同改扩建时机下的财务净现值进行计算，得到表 8-47、表 8-48、图 8-46、图 8-47 的结果。

从这些结果可见，无论是否压缩中央分隔带，均在 2039 年出现净现值的最大值。因此，最佳改扩建时机均为 2039 年。

压缩中央分隔带情况下不同改扩建时机的财务净现值　　表 8-47

改扩建时机	2 028	2 029	2 030	2 031	2 032	2 033	2 034
财务净现值（万元）	272 921.7	282 714.1	303 754.9	312 304.3	320 369.9	327 352.1	334 639.3
改扩建时机	2 035	2 036	2 037	2 038	2 039	2 040	2 041
财务净现值（万元）	340 608	345 621.1	349 526.8	352 157	353 325.8	352 828.3	351 604.4

不压缩中央分隔带情况下不同改扩建时机下的财务净现值　　表 8-48

改扩建时机	2 028	2 029	2 030	2 031	2 032	2 033	2 034
财务净现值（万元）	274 671.7	284 551.6	305 684.3	314 330.1	322 497.1	330 085.6	336 984.5
改扩建时机	2 035	2 036	2 037	2 038	2 039	2 040	2 041
财务净现值（万元）	343 070.4	348 206.7	352 241.6	355 007.5	356 318.9	355 971.1	354 904.3

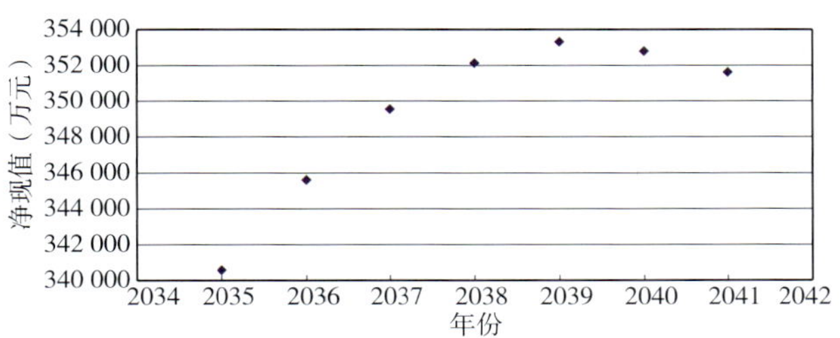

图 8-46　压缩中央分隔带情况下不同改扩建时机下的净现值

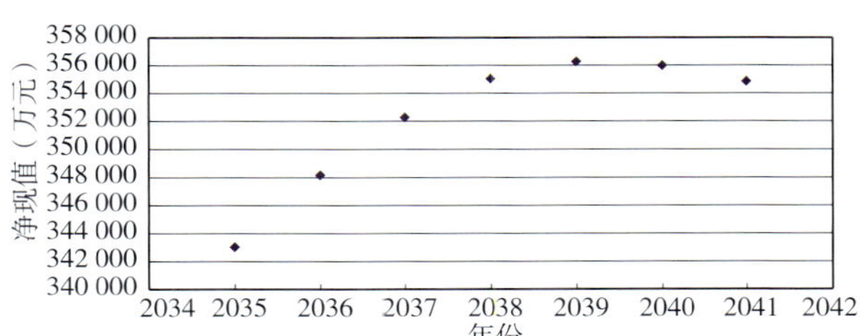

图 8-47　不压缩中央分隔带情况下不同改扩建时机下的净现值

根据对既有高速公路运营情况的调查和影响分析，当 V/C 接近 1.0 时，北碚至江津段的交通将接近饱和状态，交通流稳定性和安全性将受到显著影响，为此带来的行车延误和事故损失不仅影响运输效率，也将带来更多的社会负面影响和交通量的流失，对高速公路营运的经济效益的影响也不容忽视。

因此，建议采用基于服务水平的通行能力扩充时机决策方法。

参考文献

[1] 吴慈生，汪敏．高速公路经济带吸引区域与开发模式研究［J］．系统研究，2008（3）：17-20.

[2] 国家统计局重庆调查局．重庆市统计年鉴（1999–2008）［M］．北京：中国统计出版社，1999-2008.

[3] 重庆市北碚区统计局．2008 年北碚区统计年鉴［M］．2008.

[4] 重庆市沙坪坝区统计局．2008 年沙坪坝区统计年鉴［M］．2008.

[5] 重庆市江津区统计局．2008 年江津区统计年鉴［M］．2008.

[6] 重庆市巴南区统计局．2008 年巴南区统计年鉴［M］．2008.

[7] 重庆市南岸区统计局．2008 年南岸区统计年鉴［M］．2008.

[8] 重庆市江北区统计局．2008 年江北区统计年鉴［M］．2008.

[9] 重庆市渝北区统计局．2008 年渝北区统计年鉴［M］．2008.

[10] 国家发展改革委发展规划司．统筹城乡发展促进城乡经济社会一体化发展［J］．宏观经济管理，2008（6）：20-22.

[11] 揭新华．日本农村劳动力如何转移［N］．农民日报，2002，11.

[12] 梁晓滨．美国劳动市场［M］．北京：中国社会科学出版社，1992.

[13] 陈建安．日本的经济发展与劳动问题［M］．上海：上海财经大学出版社，1999.

[14] 王章辉，黄柯可．欧美农村劳动力的转移与城市化［M］．北京：社会科学文献版社，1999.

[15] 雷锡禄．借鉴国外经验搞好我国农业剩余劳动力的转移［J］．甘肃农业，1996（2）：56-58.

[16] 张玉阳．论重庆二元经济结构的转化与消解．重庆工学院学报（社会科学版）．2008（12）：70-72.

[17] ［美］阿瑟·刘易斯．二元经济论［M］．北京：经济学出版社，1989.

[18] 重庆社科院．2003 年经济社会形势分析与预测［M］．重庆：重庆出版社，2003.

[19] 史晓红．推进城市化是解决城乡居民收入差距问题治本之策［J］．经济研究参考，2008（36）：36-39.

[20] 陈柳钦．产业发展：城市化的动力［J］．重庆工商大学报：西部经济论坛，2005（1）：64-69.

[21] 北京市农村工作委员会．北京市农村产业发展报告（2008）［M］．北京：中国农业出版社，2008.

[22] 曹承忠，郭建强，刘娟，等．首都都市型现代农业发展研究［J］．北京农业职业学院学报，2007（2）：20-23.

[23] 汤平．朝阳产业：京郊农业旅游［J］．投资北京，2006（6）：13-15.

[24] 张文偿，金凤君，樊杰．交通经济带［M］．北京：科学出版社，2002.

[25] 姚士谋．高速公路建设与城镇发展的相互关系研究初探——以苏南地区高速路段为例［J］．经济地理，2001（3）：300-305.

[26] 韩增林．交通经济带的基础理论及生命周期模式研究［J］．地理科学，2000（8）：295-300.

[27] 尤飞.高速公路产业—经济带形成演化机制研究[J].中国软科学，2000（5）：99-103.

[28] Lewis，W Arthur.A Model of Dualistic Economics[J].American Economic Review，1954（36）：46-51.

[29] 何景熙.不充分就业：中国农村劳动力剩余的核心与实质[J].调研世界，2000（9）：9-10.

[30] [美]费景汉，拉尼斯.劳动剩余经济的发展[M].北京：华夏出版社，1989.

[31] Todaro M P. Amodel of laber migration and urban unemployment in less developed counties[J].American Economic Review，1969（1）：138-148.

[32] [美]托达罗.经济发展与第三世界[M].北京：中国经济出版社，1992.

[33] 张云峰，王录仓，王航.西方国家基于"二元"结构农村劳动里转移理论评述[J].西北师范大学学报：自然科学版，2006（3）：114-116.

[34] Zhao，yaohui（1999），Migration，Earnings Difference：The Case of Rual China，Economic Development and Cultural Change，47（4）：767-782.

[35] 陆学艺."三农论"——当代中国农业、农村、农民研究[M].北京：社会科学文献出版社，2003.

[36] 郭剑雄.二元经济与中国农业发展[M].北京：经济管理出版社，1999.

[37] 郭翔宇.关于农业比较利益偏低状态及其经济影响的实证分析[M].北京：中国农业出版社，1998.

[38] 郭翔宇.农业经济管理学[M].北京：中国农业出版社，2004.

[39] 郭翔宇.城乡统筹与县域经济发展[M].北京：中国农业出版社，2004.

[40] 郭翔宇，颜华.统筹城乡经济社会发展的理论思考与政策建议[M].北京：中国农业出版社，2004.

[41] 王景新.明日中国：走向城乡一体化[M].北京：中国经济出版社，2005.

[42] 张国.中国城乡结构调整研究——工业化过程中城乡协调发展[M].北京：中国经济出版社，2002.

[43] 张忠根，田万获.中日韩农业现代化比较研究[M].北京：中国农业出版社，2002.

[44] 朱文忠.小城镇发展导论[M].北京：立信会计出版社，2002.

[45] 白庆兰，费静.城乡二元社会结构的转变与农村社会保障关系初探[J].广西政法管理干部学院学报，2002（12）52-56.

[46] 崔洪军，刘孔杰.国外服务区建设及研究现状[J].现代公路，2008.

[47] 王英姿，高速公路服务区建筑与景观设计新理念研究[J].中外公路，2009（8）.

[48] 刘东，段晨.我国高速公路服务区现状和未来发展建议[J].交通标准化，2008（10）.

[49] 葛林.高速公路服务区的设计优化[J].中外公路，2005（6）.

[50] 闫天鹏，曾小军.高速公路服务区建设问题探讨[J].中外公路，2007（10）.

[51] 赵献卫.我国高速公路服务区经营现状与营销管理策略研究[J].财经管理，2009（7）.

[52] 蒋群.关于高速公路服务区功能完善与拓展的研究[J].建筑经济与管理，2007（5）.

[53] 周修亭.农产品品牌推广的有效途径——高速公路服务区[J].蔬菜，2008（11）.

[54] 宫金铃，杨中华."高速公路客运接驳站"建站问题探讨[J].交通企业管理，2007.

[55] 吴波.地域文化视野下的高速公路服务区设计初探[J].建筑论坛与设计，2009（8）.

[56] 郑东军，李炎.生态·功能·形象——高速公路服务区建筑设计探讨[J].工业建筑，

2006（7）.

[57] 重庆市交通委员会。重庆高速公路附属设施建设规模标准化及服务规范化管理研究报告［R］，2007.

[58] 秦建平．高速公路客运停靠站的规划与建设［D］．西安：长安大学学位论文．2000.

[59] 胡丛林，姚优胜．高速公路客运车辆安全管理之我见——以长常高速公路为例［J］．湖南公安高等专科学校学报，2009，21（1）：54-57.

[60] 贺炳庆．高速公路上汽车客运站点的建设［J］．湖南交通科技，1998，24（4）：28-30.

[61] 嘉善县交通局．当好学习实践科学发展观先行 http：//www.hcyjw.cn/html/kxfzg/4/2/20090319/12048.html.

[62] 陈盛雷，张宁庆，徐平．浅谈高速公路服务区运输管理［J］．交通企业管理，2005：24-25.

[63] 中华人民共和国行业标程．JTG B01—2003 公路工程技术标准［S］．北京：人民交通出版社，2004.

[64] 中华人民共和国行业标程．JTG D81—2006 公路交通安全设施设计细则［S］．北京：人民交通出版社，2006.

[65] 日本高速公路设计要领［M］．西安：陕西旅游出版社 .1991.

[66] Freeway Bus Station Area Development：Critical Evaluation and Design Guidelines. School of Police. Planning and Development University of Southern California.July 1，2005.

[67] 吴公勇．城乡公交一体化实施研究［D］．武汉：华中科技大学学位论文，2007.

[68] 王方，陈金川，陈艳艳．交通 SP 调查的均匀设计方法［J］．城市交通，2005，3（3）：69-72.

[69] 王方．基于 SP 调查的行为时间价值研究［D］．北京：北京工业大学学位论文，2005.

[70] 李姮．基于活动的节假日出行分析方法［D］．北京：北京交通大学学位论文，2008.

[71] 王瑞．城市居民出行调查若干问题研究［D］．西安：长安大学学位论文，2006.

[72] 赵鹏，藤原章正，杉惠赖宁 .SP 调查方法在交通预测中的应用［J］．北方交通大学学报，2000：29-32.

[73] 张明龙．区域经济发展模式的比较与思考［J］．郑州经济管理干部学院学报，2002，6（17）.

[74] 周茂权．点轴开发理论的渊源与发展［J］．经济地理，1992，12（2）：49-52.

[75] 杨京帅，张殿业．城市轨道交通车站合理吸引范围研究［J］．中国铁路，2008，3：72-75.

[76] 李纪治．抽样调查理论与技术应用［M］．北京：人民交通出版社，1997.

[77] 陈俊利．城市居民公交出行特征研究［D］．北京：北京交通大学学位论文，2008.

[78] 蒋寅，邹哲．出行时耗对天津公交出行的影响及其改善对策［J］．智能交通网.

[79] 吴钦阳．基于遗传算法的物流配送中心选址问题研究［J］．福建电脑，2009，6.

[80] 鲁晓春，詹荷生．关于配送中心重心法选址的研究［J］．北方交通大学学报．2002，24（6）：108-110.

[81] 于洋，何世伟，宋瑞，等．基于乘客换乘量和停车泊位的 BRT 站台规模研究［J］．重庆交通大学学报，2008，27（4）：634-637，664.

[82] 汪向峰．我国高速公路互通式立交变速车道设计参数的研究［D］．重庆：重庆交通大学学位论文，2007.

[83] 胡功宏．高速公路交通流状况安全性评价与对策研究［D］．重庆，重庆交通大学学位论文，2007.

[84] 曾逸林．公交停靠站站台尺寸的研究［J］．交通与运输，2005，7：65-69.

[85] 王建军等．公路交通安全设施系统设计理论与方法［M］．北京：科学出版社，2000：79-80.

［86］冯浩，席建锋，矫成武．基于前视距离的路侧交通标志设置方法［J］．吉林大学学报，2007，37（4）：782-785.

［87］中华人民共和国国家标准．GB 5768-2009　道路交通标志和标线［S］．北京：中国标准出版社，2009.

［88］何保红．城市停车换乘设施规划方法研究［D］．东南大学博士学位论文，2006.

［89］龚韵枝．城市外围停车换乘设施需求预测模型研究［J］．交通科技，2008，3.

［90］南京市城市交通规划研究所．北京市停车换乘系统（P&R）规划［R］，2005.

［91］林艳．城市综合交通体系中停车换乘系统研究［D］．东南大学硕士学位论文，2006.

［92］殷杰．城市停车换乘系统规划理论与应用［D］．南京林业大学硕士学位论文，2005.

［93］张锦．城市停车场规划方法及其应用研究［J］．城市交通，2003，1：23-27.

［94］熊萍等．基于非集计模型的停车换乘行为［J］．系统工程，2008，26（3）.

［95］黄一峰等．基于改进四阶段法的停车换乘系统需求预测模型研究［J］．交通与计算机，2007.

［96］裴玉龙．停车换乘站位置选择及换乘需求预测［J］．长安大学学报（自然科学版），2005，1.

［97］陈群．基于遗传算法的通道上停车换乘量确定方法［J］．计算机工程，2008，2.

［98］秦焕美．停车换乘（P&R）行为研究［D］．北京：北京工业大学硕士学位论文，2005，5.

［99］朱照宏等．城市群交通规划［M］．上海：同济大学出版社，2007.

［100］文国玮．城市交通与道路系统规划［M］．北京：清华大学出版社，2005.

［101］刘灿齐．现代交通规划学［M］．北京：人民交通出版社，2001.

［102］Monzon，A，.（2001）.Potential of Pricing Measures to Transfer Car Based Demandto Park+RideRail Services. Results for the Case Study of N-V Corridor in Madrid.9th WCTR World Conference on Transport Research.2001 WCTR Seoul.July 22-27 2001.LOEX Convention Center，Seoul Korea.Parsons Brinckerhoff Co. Park-and-Ride Facility Site Location Plan final report［R］. Adopted May 25.2005.

［103］FOO TUAN SEIK，Experiences from Singapore's Park-and-Ride Scheme（1975-1996）［J］. HABITATITNL.1997.21（4）：427-443.

［104］Georgina Santos.Park&Ride as a traffic calming policy：the case of Cambridge England［Z］.

［105］刘有军等．基于 GIS 的停车换乘设施优化选址方法的研究．交通科技．2003［4］：85-87.

［106］瞿伟．城市轨道交通停车换乘设施规划研究［J］．轨道交通．2008.8.

［107］刘彭飞，彭建春，高效，陈景怀，卜永红．基于单亲遗传算法的配电网络规划［J］．电网技术 2002.2.Vol.26，No.3.

［108］葛亮．城市综合客运换乘枢纽规划及设计方法研究［D］．东南大学．2004.

［109］J.M. 汤姆逊．城市布局与交通规划［M］．北京：中国建筑工业出版社，1982.

［110］徐循初．城市道路设计［M］．北京：科学技术出版社，2003.

［111］重庆绕城高速公路工程可行性研究报告［R］．重庆市交通规划勘察设计院，2005.

［112］余波．大城市公交换乘枢纽布局方法研究［D］．重庆：重庆交通大学，2008.

［113］徐磊，章兢．广义最小生成树的遗传算法求解及应用［J］. 系统工程与电子技术，2004，26（3）：390-392.

［114］严虹，陆化普．综合交通枢纽布局规划模型与方法研究［J］．公路交通科技，2001，6：101-105.

[115] 刘春晓.城市中心区外小汽车与轨道交通换乘研究[D].哈尔滨：哈尔滨工业大学，2002.

[116] 王雪等.停车换乘设施吸引强度研究[J].道路交通与安全，2007，7.

[117] 中交第一公路勘察设计研究院.高速公路交通工程及沿线设施设计通用规范[G].金盾出版社，2006.

[118] 过秀成.城市集约土地利用于交通系统关系模式研究[D].南京：东南大学，2001.

[119] 仇保兴.国外城市化的主要教训[J].城市规划，2004，5：8-13.

[120] 催叙.城市综合客运枢纽规划与设计理论研究[D].上海：同济大学，2005.

[121] 林兴强等.Modeling an Elastic-Demand Bimodal Transport Network with Park-and-RideTrips[J].清华大学学报（自然科学英文版），2007，2.

[122] 重庆市主城区综合交通规划办公室.重庆市主城区综合交通规划[R].2005.

[123] 邹文杰.公共交通枢纽选址模型研究[D].昆明：昆明理工大学，2006.

[124] 胡阿龙.城市内外交通换乘枢纽布局研究[D].成都：西南交通大学，2005.

[125] 重庆市交通委员会.重庆市高速公路网规划（2003—2020年）.2004.

[126] 重庆市人民政府.重庆市城乡总体规划（2007—2020年）规划文本图集.2007.

[127] G.parkhurst.Influence of bus-based park and ride facilities on users' car traffic Transport Policy，2000，7：35-37.

[128] David A，Hensher，Jenny King.Parking demand and responsiveness to supply，pricing and location inthe Sydney central business district.Transportation Research Part A35. 2001：177-196.

[129] Arne Risa Hole. Forecasting the demand for an employee Park and Ride service using commuter' stated chiices. Transport Policy 11（2004）：355-362.

[130] Georgina Santos.（2000）.Park&Ride as a traffic calming policy：the case of the case of Cambridge. England：4-10.

[131] Guan，H.Z.，K.Nishii.A modeling method for estimating the P&R demand.2nd International Conference on Traffic and Transportation Studies. 2000.8.

[132] Arne Risa Hole. Forecasting the demand for an employee Park and Ride service using commuter' stated chiices. Transport Policy 11（2004）：355-362.

[133] Transportation Reseach Board. Bus Rapid Transit：Implementation Guidelines. 2003.

[134] Dr Frank Nav in，Kanny chow. Speed and the probability of acrash.[J].Research Scientist Center for Transportation. 2001.

[135] 杜博英.道路交通事故与车速建模[J].公路交通科技，2002，19（6）：116-118.

[136] 应朝阳.美国关于行车交通安全的研究（上）[J].汽车与安全，2006，（6）：60-67.

[137] 王家义.突发公共事件应急管理体系研究[D].武汉：武汉理工大学学位论文，2006.

[138] 交通部公路司.降低造价公路设计指南[M].北京：人民交通出版社，2005.

[139] 张云.源节约型高速公路扩建项目的探索与实践[J].公路交通科技，2009.

[140] 王秀平.山西省高速公路准六车道设计探讨[J].山西交通科技，2007，3：35-38.

[141] 李健.关于六车道路幅横断面的研究[J].中南公路工程，1999：14-16.

[142] 吴艳玲，卓娅，刘炜.浅述美国的设计理念对我国公路设计的几点启示[J].交通标准化，2008.

[143] 交通部公路科学研究所.道路通行能力手册[M].北京：人民交通出版社，2004.

[144] 杜英，周恒，刘炳，沈琼.南邓高速公路改建车道布设方案设计[J].交通科技，2005：

28-30.

[145] 夏阳 . 改扩建高速公路交通量预测方法研究 [D] . 武汉：武汉理工大学硕士论文，2006.

[146] 刘铁鑫 . 高速公路改扩建时机决策研究 [D] . 武汉：武汉理工大学硕士论，2007.

[147] 张起森，张亚平 . 道路通行能力分析 [M] . 北京：人民交通出版社，2002.

[148] 韩宝睿 . 高速公路改扩建工程方案研究的关键技术分析 [D] . 南京：东南大学硕士论文，2005.

[149] AASHTO，A Policy on Geometric Design of Highways and Streets.1984.

[150] 日本道路公团 . 日本高速公路设计要领 [M] .1986.

[151] 胡安兵，凌九忠 . 浅析高速公路扩建方案 [J] . 江苏交通，2003：55-57.

[152] 杨智生 .《公路工程技术标准》调整刍议 . 公路，2006：34-38.

[153] 丁赛华 . 甬台温高速公路扩容方案研究 [D] . 杭州：浙江大学硕士论文，2008.

[154] 李四夫 . 公路设计中“标准”运用新理念 [J] . 林业科技情报，2008：83-84.

[155] 钟连德，荣建，孙小端 . 关于高架快速路车道宽度设置的探讨 [J] . 公路交通科技，2006：117-119.

[156] 方刚，谷正气 . 侧风对高速行驶汽车操纵稳定性影响初探 [J] . 湖南大学学报，2001：60-63.

[157] 冯道祥 . 连霍高速公路郑州段改建工程保通方案研究 [D] 南京：东南大学硕士论文，2006.

[158] 马涛锋，薛念文，李仲兴，等 . 对汽车操纵稳定性的影响因素分析及对操稳性的研究评价 [J] . 机械设计与制造，2005：122-123.

[159] 王剑 . 区域高速公路改扩建模式及交通分流技术研究 [D] . 西安：长安大学博士论文，2008.

[160] 傅立敏 . 汽车空气动力学 [M] . 北京：机械工业出版社，1998.

[161] 罗荣峰 . 高速汽车侧风稳定性及其影响参数研究 [D] . 长沙：湖南大学硕士论文，2005.

[162] 冯永华 . 高速汽车侧风稳定性研究 [D] . 南京：南京航空航天大学硕士论文，2007.

[163] 王浩 . 高速公路中间带安全侧向净距值的研究 [D] . 西安：长安大学硕士论文，2004.

[164] 谢承安 . 利用透视图进行高速公路优化设计 [J] . 湖南交通科技，2006：23-26.

[165] 彭桔志 . 钱塘江隧道车道宽度设置分析 [J] . 交通标准化，2007：218-219.

[166] 张雨化 . 道路勘测设计 [M] . 北京：人民交通出版社，1997.

[167] 侯荣国 . 复合式长寿命路面结构研究 [D] . 西安：长安大学博士论文，2008.

[168] 中华人民共和国行业标准 . JTGB01—2003 公路工程技术标准 . 北京：人民交通出版社，2003.

[169] Jack Stuster and Zail Cofbnan. Synthesis of safety research related to speed and speed management [J] . PublicationNo. FHWA-RD-98-154，1998，7.

[170] FILDES B N，RUMBOLD G，LEENINGA.Speed behavior and drivers attitude to speeding [R] . Sydney：Monash Unibersity，1991.

[171] Transportation Research Board. Special Report 254：Managing Speed Review of Current Practice for Setting and Enforcing Speed Limits [R]，1998：22-26.

[172] FMOH_FHWA，freeway management and operations handbook，2003.

[173] 马兆有，黎冈，李平凡 . 关于速度及速度限制的交通安全分析 [J] . 通运输系统工程与信息，2007.